KB150507

되돌아갈 길은 없다, 당신과 나의

페미니스트 모먼트

페미니스트 모먼트

발행일 초판1쇄 2017년 1월 10일 | 초판3쇄 2018년 10월 15일
지은이 권김현영 · 손희정 · 한채윤 · 나영정 · 김홍미리 · 전희경
펴낸곳 (주)그린비출판사 | **펴낸이** 유재건 | **신고번호** 제2017-000094호
주소 서울시 마포구 와우산로 180, 4층 | **전화** 02-702-2717 | **이메일** editor@greenbee.co.kr

ISBN 978-89-7682-799-9 03300
이 도서의 국립중앙도서관 출판시도서목록(CIP)은 서지정보유통지원시스템 홈페이지(http://seoji.nl.go.kr)와
국가자료공동목록시스템(http://www.nl.go.kr/kolisnet)에서 이용하실 수 있습니다.(CIP제어번호: CIP2016030867)

철학이 있는 삶 그린비출판사 www.greenbee.co.kr

되돌아갈 길은 없다, 당신과 나의

페미니스트 모먼트

권김현영
손희정
한채윤
나영정
김홍미리
전희경

그B
그린비

우리들의 울퉁불퉁한
페미니스트 모먼트

'쓴다.' 어쩌면 여기 모인 여섯 명의 필자들에게는 그렇게 힘든 일이 아닌지도 모르겠다. 우리는 모두 '쓰면서' 사는 사람들이고, '쓸 말'이 많은 사람들이기 때문이다. 하지만 이 글들은 쉽게 진전되지 않았다. 페미니스트로서의 삶을 여전히 지속하고 있으면서도 자신의 '어떤 페미니즘'과 '어떤 시간들'에 대해서 쓴다는 것은 생각보다 어려운 일이었다. 돌이켜 보면, 세계에 대해서 말할 수 있는 페미니즘의 언어를 쌓아 오면서도 공적인 지면에서 자기 이야기를 하는 방법에는 그다지 익숙하지 않았던 것도 같다.

김홍미리의 말처럼 '그럼에도 불구하고 우리는 첫 문장을 적었다'. 그리고 아주 개인적이고 구체적인 경험으로부터 '나의 페미니즘'에 대해서 썼다. 누군가 20~30대의 우리에게 들려주었다면 좋았을 것 같은 페미니즘의 어떤 순간들을 다른 이들과 나누기 위해서였다. '페미니스트 연결감' 혹은 "서로가 서로에게 용기가 되어 줄 거야". 우리의 기획은 그곳에서 시작했다.

책의 제목이기도 한 '페미니스트 모먼트'는 누군가가 세상을 바라보는 시각이 극적으로 변해 가는 시간들 — 지금까지 당연하다고 여겼던, 세상을 지배하는 법칙에 질문을 던지기 시작하는 시간들 — 이다. 그리하여 "저주받은 호기심과 환대받지 못한 질문들"을 운명처럼 끌어안고 자신을 깨고 부숴서 새롭게 구성하여 페미니스트로 거듭나게 되었던 순간들을 말한다. 권김현영이 쓰고 있듯이 우리는 어쩌면 "질문하지 않고는 살아갈 수 없"었던 여자들이다. 그런 우리에게 페미니즘은 "오랫동안 흐르지 못한 말, 얼어붙었던 질문들에 온기를 불어넣어 주는" 학문이자 실천이고 삶의 태도이자 철학이다.

하지만 페미니스트 모먼트도, 그리고 페미니즘도 전혀 균질적이거나 매끈하지 않다. 그것은 오히려 '울퉁불퉁'(전희경)한 것이다. 레즈비언 액티비스트인 한채윤은 「페미니스트이기보단, 페미니스트가 아니고 싶지 않은」에서 레즈비언(/레즈비어니즘)과 페미니스트(/페미니즘)라는 '별개의' 정체성 혹은 정치학이 어떻게 서로 갈등하고 단절되다가도 만나서 결국은 섞여 들었는가를 보여 준다. 그가 말하는 '의리로서의 페미니즘'은 페미니즘이 다양한 정체성의 정치학과 횡단하며 연대하는 길에 대해 상상할 수 있게 해준다.

물론 '나의 페미니즘' 역시 필연적으로 내적 동일성을 유지하는 것은 아니다. 액티비스트이자 연구자로서 파란만장한 길을 걸어 온

김홍미리와 전희경의 글은 "어디에도 '페미니스트 1등급 인정' 같은 승인 체계는 없"으며, 그렇기 때문에 "스스로 자신의 페미니즘을 끝없이 갱신"(전희경)해야 했던 과정에 대해서 이야기한다. 하지만 이 치열한 글들이 보여 주는 것은 결국 우리는 홀로 페미니스트일 수 없으며, 갱신의 과정 역시 혼자서만은 가능하지 않다는 사실이다. 동료 페미니스트들과도 서로의 옳고 그름을 경쟁하며 홀로 단단했던 '페미니즘 고딕체'(김홍미리)를 넘어서, 새로운 페미니스트 정주지에서 또 다른 동료들과 다시 만나게 되기까지, 그 변화와 갱신의 과정에 대한 묘사는 깊은 울림을 안고 있다.

'종북게이페미니스트'이자 장애여성 인권 액티비스트인 나영정의 글은 페미니즘의 변형 혹은 갱신과 확장의 순간에 경험했던 '다른 사람/타자'와의 스킨십과 그 '오염'의 과정에 대해서 적고 있다. 페미니스트 내부가 아닌 외부와의 관계에 대해 이야기한다는 점에서, 이 글은 또 다른 갱신 과정에 대한 묘사이기도 하다. 오염의 비유는 무엇보다 아름답다. 오염이야말로 우리를 해치는 소멸의 과정이 아니라, 우리를 다른 생명들과 연결해 확장되게 만드는 생성의 과정이기 때문이다. 나는 이 책 역시 여러분에게 '파괴적이기 때문에 창조적인' 오염의 경험이 되었으면 좋겠다.

다른 필자들에 비해 '스킨십'이 많지 않은 삶을 살아온 나는 내 할머니의 이야기를 경유해 나의 페미니즘에 대해 생각하기 시작했고, 필연적으로 '여성의 역사'에 접속하게 되었다. 그런 줌인과 줌아웃의 시선-운동이 페미니스트로서 내가 세계를 바라보는 방식이라는 것을 이 글을 쓰면서 깨달았다. 그리고 그 시선-운동은 생각보다 단순하지 않아, 와중에 많이 부서졌다. 어쩌면 내가 나 자신에게 오염물질이었던 시간을 보낸 것인지도 모르겠다. 다른 필자들도 마찬가지이지 않았을까?

우리는 각자의 '페미니스트 모먼트'에 대해서 썼다. 이는 한편으로는 어느 사이 자신의 경험에 대해 거리 두기가 가능해진 페미니스트들의 자기 기록이기도 하다. 나는 우리에게 말할 수 있는 이야기가 쌓였다는 것, 그렇게 이야기를 풀어낼 수 있는 공간이 열렸다는 것에 감사하다. 그리고 이처럼 기록할 수 있는 언어를 페미니스트 역사 안에서 우리의 것으로 만들 수 있게 된 것이 즐겁다. 이는 기념하고 축하할 만한 일이다.

무엇보다, 보고서도 아니고 학술논문도 아닌 개인적인 (그리하여 정치적인) 에세이를 세상에 내놓을 수 있게 되었다는 사실에 감사하다. 그건 기꺼이 이 이야기를 읽어 줄 여러분, 페미니스트이거나 페미니스트이기를 꿈꾸는, 혹은 적어도 페미니스트들의 삶이 궁금한 여러분이 존재하는 덕분이다. 우리가 우리들의 '하찮은' 이야기를 통해 당신들에게 용기가 되어 주고 싶었던 것처럼, 여러분은 우리에게 용기가 되어 주었다. 여러분 앞에 이 책을 내놓을 수 있어서 설렌다. 우리의 이야기가 당신들에게 어떻게 가닿을지 궁금하다.

이 책을 시작할 수 있었던 계기는 2015년으로 거슬러 올라간다.

'#나는페미니스트입니다' 운동이 촉발되고 새로운 여성 주체들이 등장하기 시작했을 때, 한국여성민우회에서 〈'그런' 페미니즘은 없다〉라는 제목의 강좌를 기획했다. 우리 중 일부는 그 강좌의 강사였다. 어쩌면 필연적이었을지도 모르는 이 책에 영감을 주고, 초기 기획에 함께했던 민우회에 감사드린다.

마지막으로 나영정의 말을 빌려 덧붙인다. 이 글들에 박혀 있는 '나'라는 말이 우리 개개인으로 환원되지 않고 한 시대 안에서 우리가 놓여 있었던 어떤 자리에 대한 좌표로 읽혔으면 한다. 그럴 수 있다면, 이 이야기들은 단절된 개인의 특수한 경험이라기보다는 서로 연결된 우리의 역사로 기록될 수 있을 것이다.

2016년 11월 20일
창조적인 파괴가 필요한 시절에
필자들을 대신하여
손 희 정

세계와의 불화, 피부의 연대
페미니스트, 소수자, 퀴어

통제 불가능한 각성된 타자 · 102　종북게이페미니스트의 시민권 · 105　소수자 되기: 비주류 여성 운동과 페미니즘 · 112　스킨십을 정치화하기 · 124　부딪히고 변하고 유연해진 몸으로 · 133

'페미니즘 고딕체' 권하는
세계를 살아가는 법

'처음'에 대하여 · 135　문제는 내가 아니었다 · 138　처음 만난 페미니즘과 나의 페미니스트 집착 · 141　옳은 나와 틀린 당신들: 단단한 페미니스트와 모자란 페미니스트들 · 146　2015년의 '영페미니스트'를 환영하며 · 153　낯선 질문을 향해 몸을 움직이는 페미니즘 · 158　'진짜' 페미니즘, '진짜' 페미니스트라는 덫에 걸리지 않기 · 165

계속, 끝까지, 페미니스트로

여성, 세대, 시대 · 170　분노의 조직화 · 172　"타임라인에 잠 못 이루는 페친들이 보인다" · 177　100인위가 한 것과 하지 않은 것 · 180　물러설 수 없으므로 앞으로 간다 · 184　개인 네트워크 조직의 이상(理想)과 고통 · 187　우리는 누구였는가?: 피해자/당사자/운동가 · 190　여성들 사이에서 나 자신을 다시 발명하기 · 195　'마이 페미니즘'의 세대성과 비혼 선택의 정치성 · 198　정치적·문화적 동질성의 힘과 칼: 액티비스트 조직의 '시간'과 '공간'에 대하여 · 201　몸으로 만드는 신뢰 · 205　계속, 끝까지, 페미니스트로 · 209

기획 대담 다시, 새롭게, 페미니스트 모먼트

페미니스트 모먼트

질문하지 않고는
살아갈 수 없다

권김현영

운명이야

어느 날 사학을 전공하는 친구인 B씨가 술자리에서 여성학을 왜 공부하냐고 물었다. 나는 어떻게 대답할지 망설이다가 농담 삼아 "운명이야"라고 답했다. 여자로 태어난 게 운명이 아니라, 성차별적 사회에서 여성학을 공부하고 페미니스트가 된 것이 운명이라는 말이었다.[1] 상대가 당연히 이 대답의 행간을 읽어 낼 거라 생각하고 한 말이었다. B의 유머감각은 언제나 나와 잘 통했으니까. 그런데 B는 나의 침묵의 시간, 망설임, 그리고 "운명이야"라는 문장을 듣고는 자기가 너무 사

---

1 정희진은 칼럼에서 "운명은 구조의 힘에 대한 나의 대응(re/action)"이라고 쓴 바 있다. "운명이다"라고 말한 건 바로 이 뜻이었다. 여성학을 공부하고 페미니스트가 된 것은 성차별적 사회의 구조적 힘에 대한 나의 대응(re/action)이었다(정희진, 「운명이다」, 『한겨레신문』, 2016년 5월 20일자).

적인 질문을 한 것 같다며 미안하다고 했다. 그 순간 나는 B의 머릿속에 무슨 상황이 펼쳐졌을지 알아차렸다. 그의 머릿속에는 한국사회에서 여성이 겪을 수 있다고 알려진 수많은 고난들이 스쳐 갔던 것이리라. 그리고 당연히 그런 고난의 경험들이 여성학을 선택하도록 필연적으로 이끌었을 거라고 생각했을 터였다. 여성으로서 겪은 차별과 폭력, 억압의 경험 때문에 여성학을 공부하게 되었을 거라고 생각한 B의 반응은 지극히 상식적이기도 했다. 그러고 보면 딸이 여성학을 공부한다고 하면 '집에서 차별 많이 했나 보네' 하면서 친구분들이 놀리신다며 어머니가 투덜거리신 적도 있었다.

하지만 차별에 대한 직접적인 경험들이 나를 여성학으로 이끌었다고 생각하지는 않는다. 오히려 여성학을 공부하게 된 것은 여자로서의 경험이 무엇인지를 몰랐기 때문이었다. 만약 모든 피억압 경험이 해방을 위한 이론적이고 실천적인 기획으로 이동하게 해주는 하이패스 카드가 되었다면 인문학과 사회과학처럼 인간을 이해하기 위한 학문은 아예 존재조차 하지 않았을 것이다. 지배와 피지배 구조가 한 치의 틈새 없이 모든 개인들의 삶에 그대로 적용되는 일은 벌어지지 않는다. 이미 모두 알고 있다시피 역사는 그런 식으로 진행되지 않는다. 경험은 해석 없이 그대로 적용되지 않는다. 만약 그랬다면 나는 절대 여성학을 시작하지 않았을 것이다. 오히려 내가 여자라는 것이 왜 이렇게 이상하게 느껴지는지, '나'의 경험과 '여자'로서의 경험이 각각의 인용부호 속에서 서로 겉돌고 있다는 위화감이 여성학을 공부해야겠다고 생각하게 된 계기였다.

나는 B에게 여자라는 성별이 내가 보고 듣고 만지고 느낀 것의 의미를 결정짓는 데 왜 그렇게 지대한 역할을 하는지, 그렇다면 경험이란 무엇이며, 내가 경험한 것을 스스로 말하고 정의 내릴 수 없을 때 나의 경험이라는 것이 애초에 성립할 수 있는 것인지, 만일 그렇지 못할 때 어떤 일이 벌어지는 것인지, 왜 나는 늘 '여자'라는 이름이 불편했는지, 그렇지만 한 번도 남자가 되기를 원했던 적도 없다면 대체 나는 누구인지…… 이런 끝없이 이어지는 질문들, 질문들, 질문들, 바로 그것들이 나를 여성학으로 이끌었다고 말했다.[2] "B, 나에게 사과할 필요는 없어. 다만 간단하게 대답할 수 없는 질문이었기 때문에 망설였던 거야. 만약 어린 시절 읽었던 여자들에 대한 이야기가 남자들에 의해서 쓰여진 얘기였다는 걸 조금 더 빨리 알았더라면 그렇게 헤매지 않았을 거야. 나는 알고 싶은 게 많았는데, 호기심이 많은 여자로 사는 게 무서웠어."

술에 취한 B는 어느새 졸고 있었던 것 같다. 하지만 나는 졸고 있는 그를 깨워서라도 말하고 싶었다. 사학을 공부하던 B가 어느 날 술자리에서 역사에 대한 자신의 사랑을 뜨겁게 고백했던 순간처럼, 내

---

2 생각이 막힐 때마다 생각의 길을 열어 준 것은 여성학자이자 인류학자인 김은실의 책과 글, 말이었다(김은실, 「조선의 식민지 지식인 나혜석의 근대성을 질문한다」, 『한국여성학』, 제24권 2호, 2008).

가 왜 여성학을 시작하고, 아직도 계속하고 있는지, 왜 여성학이 나를 그토록 오랜 기간 동안 매혹시켰는지 애기하고 싶었다.

저주받은 호기심과 환대받지 못한 질문들

마냥 거리에서 뛰어노는 걸 좋아했던 내가 다락방 서재에 들어가게 된 건 초등학교 5학년 때였다. 어정쩡하게 2학기 중반쯤 전학을 가게 되었던 탓에 같이 놀 친구를 찾지 못하고 다락방에서 시간을 보내던 나는 지루함을 견디지 못하고 급기야 오래된 세계문학전집을 하나씩 꺼내 들고 읽기 시작했다. 묵직한 양장본으로 만들어진 책들을 읽으며 보낸 시간들은 행복했다. 그 전집을 고등학생 때까지 몇 번이나 다시 읽었는지 모른다. 하지만 한 살 한 살 나이가 쌓여 가면서 주인공들에게 예전만큼 감정 이입이 되지 않기 시작했다.

펄 벅의 『대지』, 토머스 하디의 『테스』, 너새니얼 호손의 『주홍글자』, 샬럿 브론테의 『제인 에어』 등 세계문학전집에 나오는 여자들의 이야기는 대부분 운명의 덫에 걸린 불행한 여자들의 이야기였다. 지적(知的)이기를 열망하지만 외모에 대한 놀림에 민감하게 반응하고, 가장 순수한 영혼으로 나오지만 가장 더럽혀진 존재로 취급되어 모욕당하며, 여자라는 이유로 가족에게 버림받지만 결국 다시 가족을 살려내는 어머니가 되는 딸들의 이야기를 읽으며 나는 여자와 남자라는 구분이 대체 뭐길래 이렇게 다른 운명을 살게 되는 것인지 궁금해졌다. 그리고 내가 여자라는 사실에 미묘한 불안함을 갖기 시작했다. 그중에서 가장 날 불안하게 했던 건 이 모든 것을 자연스럽게 이해하지 못하고 있는 나 자신에 대한 불안이었다. 작은 목소리가 머릿속에서 울렸다. '너 좀 이상해'라고.

구약성서에 나오는 최초의 여자 이브와 그리스 로마 신화에 나오는 최초의 여자 판도라는 모두 금기를 깬 벌을 받는다. 이브는 호기심 때문에 에덴동산의 선악과를 먹고 고통스러운 출산이라는 벌을 받는 인물로, 판도라는 금지된 상자를 열어 보는 바람에 슬픔과 고통, 병과 절망 같은 나쁜 것들을 인간 세상에 퍼지게 만든 장본인으로 나온다. 동화책에서도 여성의 호기심을 경고하는 내용이 종종 나온다. 샤를 페로의 『푸른 수염의 아내』를 읽었을 때는 호기심이라는 죄로 살해당한 일곱 아내의 시체가 매달려 있는 장면이 종종 꿈에 나오곤 했다. 그림형제의 동화인 『성모 마리아의 아이』에도 호기심을 이기지 못하고 금지된 문을 연 소녀가 나온다. 여자와 아이의 호기심은 언제나 더 나쁜 상황을 만들어 내고, 알 필요가 없는 것을 알게 된 이들은 다시는 순수해질 수 없게 된다. 호기심이 인류를 무지의 몽매에서 깨어나도록 했고 이성적 능력이 근대의 문명을 만들어 내는 기반이 되었다는데, 왜 여성과 아이들의 호기심은 이토록 부적절한 것으로 묘사되는 걸까. 이런 질문을 하고 있는 나 자신은 괜찮은 걸까. 불행한 여자의 운명을 반복하게 되는 건 아닐까. 아무것도 모르는 편이 나은 걸까. 이런 생각조차 하면 안 되는 건 아닐까. 생각은 꼬리에 꼬리를 물었다.

여자의 호기심에 대한 오랜 저주가 나를 함정에 빠트린 것 같았다.

고등학교에 올라가면서 이런 불안은 현실로 나타났다. 당시 몇 번이고 다시 읽으면서 좋아했던 책들은 헤르만 헤세의 『데미안』, 루이제 린저의 『생의 한가운데』, 전혜린의 『이 모든 괴로움을 또다시』, 프란츠 카프카의 『유형지에서』였다. 그리고 이 책들은 모두 공교롭게도 독일에서 생산되었거나, 독일어로 쓰여진 것이었다. 책에서 본 뮌헨, 프랑크푸르트, 하이델베르크라는 도시 이름들을 하나씩 발음해 보았다. 그렇게 독일어에 대한 묘한 동경을 가지고 고등학생이 되어 제2외국어를 배울 날을 기다렸다. 하지만 진학한 고등학교에서는 여자는 불어, 남자는 독어를 배우도록 정해져 있었다. 실망한 나는 "왜 여자는 불어를 배우고 남자는 독어를 배워야 하나요?"라고 물었다. 담임은 한 치의 망설임도 없이 "독어는 논리적인 언어이고 불어는 감성적인 언어이기 때문"이라고 답했다. 지금도 담임의 단호하고도 확실한 목소리의 톤과 안정된 표정을 생생하게 떠올릴 수 있다. "그럼 국어는요?"라고 물었을 때 담임은 잠깐 얼굴을 찌푸리곤 아무 답을 하지 않고 조회를 마쳤다. 담임의 찌푸린 눈짓에 나는 말꼬리를 흐리고 입을 다물었다. 내가 끊임없이 왜냐고 묻는 어린아이처럼 느껴졌다. 그때 환대받지 못하는 질문을 가진 여자들이 모든 불행을 자초한다는 신화와 동화의 내용이 떠올랐는지는 정확히 기억나지 않는다. 하지만 단호하고도 확실한 담임의 표정이 나를 상당히 불안하게 만들었던 것만은 기억한다.

지금도 나는 지적인 열망을 가진 여자들의 불안에 대한 이야기에 언제나 밑줄을 친다. "지적인 것을 열망하는 동시에 지적인 나를 혐오한다"고 쓰는 배수아의 『독학자』를 읽으며,[3] "똑똑하고 독립적으로 보이고 싶었지만 바로 그렇기 때문에 버림받을까 봐 두려웠다"고 쓴 학생의 리포트에 밑줄을 긋는다. 환대받지 못한 질문과 호기심이라는 병을 얻은 여자들의 불안은 이토록 깊다. 그리고 "공부 많이 한 여자, 매력 없어"라고 말하는 '공부하는 남자'의 말과 문장을 만날 때마다 이 모든 것은 여성의 지적 능력에 대한 남자들의 오랜 두려움의 표현일 뿐 사실은 귀담아듣지 않아도 된다고 말한 다른 여자들의 글들을 꺼내 읽는다. 그 중에서도 삶의 수수께끼를 풀고자 하는 뜨거운 열망을 노래한 루 살로메의 시를 보약처럼 음미한다.

삶에의 기원[4]
루 살로메

나는 너의 행복과 독을 모두 받아들였다.
네가 나를 파멸시킨다 할지라도
나는 네게서 몸을 뺄 수는 없으리.
마치 친구가 친구의 팔을 뿌리칠 수 없는 것처럼
있는 힘을 다해 너를 안는다.

3 배수아, 『독학자』, 열림원, 2004.
4 루 안드레아스 살로메, 『우리는 어디에서 어디로 가는가』, 송영택 옮김, 문예출판, 2005.

네 자신의 불꽃으로 내 정신을 태워다오.

투쟁의 불길 속에서

내 본질의 수수께끼를 풀게 해다오!

수천 년의 사고와 삶 속에

너의 내용을 가득 던져 넣어다오!

고통을 두려워하지 않고 삶의 수수께끼를 풀고자 했던 용감한 여자들의 글은 나의 불안의 진정제였고 미래의 빛이었다. 그리고 대학에서 만난 여성학이 바로 호기심 어린 여자들의 질문을 환대하는 학문이라는 것을 알게 된 순간부터 나는 여성학을 공부하기 시작했고 내 불안은 점차 사그라들기 시작했다.

'여류'라는 딱지

"설치고, 떠들고, 생각하라."[5] 2015년 한국에서 가장 뜨거운 반응을 얻은 페미니즘 슬로건이다. 하지만 동서고금을 막론하고 이런 여자들은 언제나 어디에나 있었다. 초기 페미니즘 운동은 교육권과 참정권,

---

5 '남자들의 여자 이야기'라는 부제가 붙었던 〈마녀사냥〉이라는 제목의 토크쇼에서 한 남자 개그맨은 게스트로 출연한 여자 연예인에 대해 "설치고, 떠들고, 말하고 생각하고, 아무튼 (제가 싫어하는) 모든 걸 갖췄다"고 말했다. 이 발언은 'go wild, speak loud, think hard'라는 문장으로 다시 번역되면서 2015년 한국의 SNS 페미니즘을 대표하는 구호가 되었다.

즉 설치고 떠들고 생각할 권리를 쟁취하기 위한 투쟁이었다.[6] 메리 울스턴크래프트(1759~1797)는 1792년 출판한『여권의 옹호』에서 "여성이 남성과 같은 시민으로서의 권리와 의무를 하기 위해서는 참정권과 교육권이 필수적"이라고 주장했다.[7] 그러나 이후로도 오랫동안 여성이 한 분야의 대가나 작가로 인정받을 수 있는 기회는 열리지 않다가 1869년에야 영국에서 케임브리지 대학이 세계 최초의 여자대학인 거턴 칼리지(Girton College)를 설립하면서 여성의 대학 입학을 허용했다. 한국에서는 1886년 설립된 여성고등교육기관인 이화학당이 1910년 대학 인가를 받아 여성들도 대학 교육을 받을 수 있게 되었다.

그러나 여자가 대학에 입학할 수 있게 되었다고 여자들의 말과 글이 그에 걸맞은 인정을 받을 수 있게 된 것은 아니었다. 여자들에게는 줄곧 '여류'라는 딱지가 따라다녔던 것이다. 당시 작가, 기자, 의사, 학자 할 것 없이 대부분의 사회활동을 시작하는 여성들 앞에는 '여류'라는 딱지가 붙었다. 어딘가 전문성이 의심스럽고, 허영심이 가득하거나, 굉장히 볼썽사납거나, 아무와도 결혼하지 못한 그런 이미지가 '여류'라는 이미지를 만들어 내고 있었다. 이런 여류라는 딱지가 불편했던 몇몇 여성작가들은 차라리 여자라는 사실을 숨기는 걸 택했다. 빅

---

6 이 시기 서구 페미니즘의 역사에 대해서는 다음 책을 참고할 것. 쥬느비에브 프레스 외,『여성의 역사 4 , 19세기편 : 페미니즘의 등장』상/하, 권기돈·정나원 옮김, 새물결, 1998.
7 메리 울스턴크래프트,『여권의 옹호』, 손영미 옮김, 연암서가, 2014.

토리아 시대의 대표적인 영국 소설가 조지 엘리엇(1819~1880)의 본명은 메리 앤 에번스였다. 프랑스의 천재 여성작가 조르주 상드(1804~1876)의 본명은 루실 오로르 뒤팽이었다. 상드는 남장을 하고 다니는 것으로도 유명했는데 당시 이런 여성작가들의 행동을 둘러싸고 이들이 지나친 자의식의 소유자라거나 여자라는 걸 부끄러워하는 피해의식을 가졌다는 식으로 매도하는 이들도 있었다. 하지만 이런 세간의 뒷담화들은 이들의 천재성에 흠집 내려는 시도였을 뿐이다.

이들은 강인한 영혼과 불굴의 의지로 자신에게 재능이 있다고 믿어 의심치 않았다. 현대 여성들조차 이런 태도를 가지기가 얼마나 어려운지 모른다. 여성심리학의 창시자인 카렌 호나이(1885~1952)는 성차별적 환경의 영향으로 남자들은 업적을 통해 성취를 이루려고 하는 반면, 여자들은 사랑을 통해 성취를 이루려 한다는 경향이 있다고 보았다. 때문에 여자들이 자신의 재능과 꿈을 밀고 나아가기 위해서는 때로는 주변의 평가에 개의치 않겠다는 태도가 필요하다. 같은 시기 영미문학에서 대단한 명성을 누리던 헨리 제임스는 조르주 상드에 대해 이렇게 말하기도 한다. "상드의 재능이 천재적이라는 것은 의심의 여지없는 사실이다. 여성에게 천재성을 찾아볼 수 없다는 점을 고려한다면, 의심스러운 것은 상드가 정말 여자인가 하는 사실이다."[8] 당시 상드의 친한 친구였던 그는 자신이 상드에게 최고의 찬사를 바

---

8 쥬느비에브 프레스 외, 『여성의 역사 4 , 19세기편 : 페미니즘의 등장』.

쳤다고 생각했지만 이 말은 여성의 천재성을 전혀 인정할 수 없어 하는 대표적인 문장으로 두고두고 비아냥거리가 되었다. 조지 엘리엇은 "나는 확실히 여자들이 어리석다는 걸 안다. 신이 여자를 (어리석은) 남자에게 어울리게 만들었으니 당연하다"라며, 여자들이 어리석은 존재라면 남자 또한 반드시 그러할 것이라며 여자를 폄하하는 남성비평가들을 비웃었다. 한국에서도 여자의 글에 대한 남성비평가들의 편견은 지독했다. 『토지』의 박경리 작가는 "여류작가에게 찾아보기 힘든 서사적 짜임새를 가지고 있다"며 자신의 작품을 언급하는 평론가들에게 '여류작가'라는 말이 대체 무슨 뜻이냐고 되물은 바 있다.

여자대학이 설립되던 시기에 다른 대학들은 실제로 여자들을 입학시키지 않으면서도 남자대학이라고 불리지는 않았다. 이렇게 여자들 앞에만 여류라는 딱지가 붙는 일은 사라지지 않았다. 여성뿐만이 아니었다. 흑인의 역사, 제3세계 문학, 퀴어 비평 등 인종·지역·성 정체성 등의 차이에 따르는 이름은 한쪽에만 붙었다. 1970년대 미국의 흑인 민권 운동가들은 백인 작가의 작품만을 다루는 수업의 이름에 왜 백인 문학이 아니라 '영미 문학'이라는 이름을 붙이는지 질문하기 시작했다. 왜 서구 백인 중산층 남성들의 이야기는 특수한 인종·성별·계급·지역이라는 점이 생략될 수 있는 걸까. 이런 질문들이 사회적으로 광범위하게 퍼지기 시작했다. 인문학이나 사회과학뿐만 아니라 자연과학에서도 마찬가지였다. 페미니스트 진화생물학자들이 새롭게 발견한 지식들은, '수컷들이 가능한 한 더 많은 암컷들과 교미하고자

하며, 암컷들은 아이를 보호하기 위해 힘이 센 수컷과의 독점적 관계만을 맺는다'는 내용의 생물학 수업 내용을 바꾸어 놓았다. 영장류 학계의 여성 연구자들과 다윈주의 페미니스트들은 영장류 암컷들이 얼마나 성적으로 능동적인지에 대해 새로운 설명을 제공하기 시작했다.[9] 학문 내부에 있는 성차별주의와 맞서 싸우는 것도 중요했지만, 샌드라 하딩의 말처럼 '무엇이 지식인지 그리고 누구를 위한 과학인지'에 대한 더욱 근본적인 질문들은 여전히 해명되지 않았다.[10] 단지 기회의 평등만으로는 동등한 권리를 누리기가 어렵다는 사실이 점점 명백해져 가기 시작했다.

그 많던 여학생들은 어디로 갔는가

여성들은 더 많이 교육받을수록 오히려 남성과의 임금격차가 더 벌어진다.[11] 한국에서는 2009년 이후 여성들이 남성의 대학진학률을 역전했지만, 전체 성별 임금격차는 남성 대비 67.7% 수준에서 답보하고 있다.[12] 취업 기회의 불평등과 직장 내 차별 문제도 여성들의 발목을

---

9 세라 블래퍼 허디, 『여성은 진화하지 않았다』, 유병선 옮김, 서해문집, 2006.

10 샌드라 하딩, 『누구의 과학이며 누구의 지식인가』, 조주현 옮김, 나남출판, 2009.

11 미국 대졸 여성들은 대졸 남성들에 비해 76%의 임금을 받는 반면, 고졸 여성들은 고졸 남성들의 79%의 임금을 받는다(Janet Adamy and Paul Overberg, "Women in Elite Jobs Face Stubborn Pay Gap", *The Wall Street Journal*, May 17, 2016).

붙들었다. 여성들을 위한 대학 교육은 점차 '돈이 많이 드는 신부수업'
이라는 오명을 뒤집어쓰게 되었다. 대학 교육을 통해 여성들이 동등한
시민권을 확보할 수 있을 것이라는 기대도 점차 사그라들었다. 1970
년대 한국사회에서 고등교육을 받은 문정희 시인은 이렇게 노래한다.

그 많던 여학생들은 어디로 갔는가[13]
문정희

학창 시절 공부도 잘하고
특별 활동에도 뛰어나던 그녀
여학교를 졸업하고 대학 입시에도 무난히
합격했는데 지금은 어디로 갔는가

감자국을 끓이고 있을까
사골을 넣고 세 시간 동안 가스불 앞에서
더운 김을 쏘이며 감자국을 끓여
퇴근한 남편이 그 감자국을 15분 동안 맛있게
먹어치우는 것을 행복하게 바라보고 있을까
설거지를 끝내고 아이들 숙제를 봐주고 있을까

---

12 한국의 성별 임금통계와 성별 대학진학률은 통계청에서 발간한 『2015 한국의 사회지표』참조. 한국 여성들은 OECD 국가 중 남성 대비 임금을 가장 적게 받는다. https://www.oecd.org/gender/data/genderwagegap.htm

13 문정희, 『오라, 거짓 사랑아』, 민음사, 2001.

아니면 아직도 입사 원서를 들고
추운 거리를 헤매고 있을까
당 후보를 뽑는 체육관에서
한복을 입고 리본을 달아주고 있을까
꽃다발 증정을 하고 있을까
다행히 취직해 큰 사무실 한켠에
의자를 두고 친절하게 전화를 받고
가끔 찻잔을 나르겠지
의사 부인 교수 부인 간호원도 됐을 거야
문화 센터에서 노래를 배우고 있을지도 몰라
그리고는 남편이 귀가하기 전
허겁지겁 집으로 돌아갈지도

그 많던 여학생들은 어디로 갔을까
저 높은 빌딩의 숲, 국회의원도 장관도 의사도
교수도 사업가도 회사원도 되지 못하고
개밥의 도토리처럼 이리저리 밀쳐져서
아직도 생것으로 굴러다닐까
크고 넓은 세상에 끼지 못하고
부엌과 안방에 갇혀 있을까
그 많던 여학생들은 어디로 갔는가

'그 많던 여학생들은 어디로 갔는가'라는 시인의 개탄처럼 여성
은 단순히 남자와 동등하게 교육받을 권리만으로는 자유로워질 수 없
었다. 1949년 프랑스에서는 시몬 드 보부아르가 『제2의 성』에서 "여

성은 태어나는 것이 아니라 만들어지는 것"이라는 유명한 명제를 통해 여성이 놓인 상황적 조건을 개선하기 위해서는 정치·경제·사회·문화에 걸친 대대적인 변화가 필요하다고 주장한다.[14] 한편 1963년 미국에서는 베티 프리단이 『여성의 신비』를 출간하여 백인 중산층 여성들에 대한 이상적 이미지가 얼마나 여성들을 숨 막히게 하고 있는지를 고발한다.[15] 이 두 명의 걸출한 여성사상가들은 (비록 백인여성 중심성을 완전히 극복하지 못했다는 한계가 지적되기는 했지만) 전 세계 여성들에게 광범위한 영향을 미쳤다.

여성들은 이제 참정권과 교육권처럼 남자와 동등한 권리를 주장하던 데에서 나아가 임신, 출산, 성, 사랑, 결혼에 이르기까지 권리의 영역이 아니라 사생활의 영역이라고 취급되던 곳을 근본적으로 변화시켜야 한다는 생각을 하게 되었다. 바야흐로 "개인적인 것이 정치적인 것"(the personal is the political)이라는 슬로건을 앞세운 제2의 물결 페미니즘(second-wave feminism)이 시작된 것이다. 또한 1968년 베트남전쟁을 계기로 북미와 유럽에서 학생들을 중심으로 대규모의 반전 운동이 일어나게 되면서 이를 기점으로 대학 서열화와 커리큘럼 등 대학제도 전체에 대한 대대적인 문제 제기가 이루어졌다. 현재와 같은 형태의 여성학은 이렇게 68 운동이라는 시대적 흐름과 제2의 물

<hr>

14 시몬 드 보부아르, 『제2의 성』, 이희영 옮김, 동서문화동판, 2009.
15 베티 프리단, 『여성의 신비』, 김현우 옮김, 이매진, 2005.

결 페미니즘의 만남을 통해 태어나게 된다. 이렇듯 여성학은 당시 대학생들의 요구를 수용한 결과였으며 대학에서 최초로 일어난 아래로부터의 개혁의 성과 중 하나였다. 1969년 프린스턴 대학이 아이비리그 대학 중에서는 최초로 여성의 대학 입학을 허용했고, 1977년에는 하버드 대학이 문호를 개방한다. 이후 여성학 강좌는 미국 전역 350여 개의 대학에서 개설된다.

한국에서는 1977년에 이화여자대학교에서 처음으로 여성학 강좌가 만들어졌고 현재는 전국 60여 개의 대학에서 다양한 여성학 과목을 들을 수 있다. 한국의 여성학은 서구와 달리 아래로부터의 개혁이 아니라 선구적인 여성 지도자들에 의해 도입되었으나, 1990년대 이후 등장한 대학 내 여성 운동가들의 요구를 통해 확장되고 강화되었다고 볼 수 있다.[16] 1993년 한 서울대 교수에 의한 조교 성희롱 사건이 이슈화되면서 대학 내의 성차별주의에 대한 비판이 일어나기 시작했다. 학생 운동과 사회 운동 내의 가부장성에 대한 토론회가 연일 열렸고, 페미니즘과 성정치 문화제가 열렸다. 여학생회에서는 여성학 강좌를 개설해 달라는 서명 운동을 전개했고, 남자 교수들이 수업 시간에 하는 성적 농담들이 대자보를 통해 고발되기도 했다. 1997년에

16 1990년대 중후반 영페미니스트의 활동에 대해서는 다음을 참고할 것. 「페미니스트가 아니라 영페미니스트」, 『한겨레신문』, 2000년 5월 9일자; 권김현영, 「시대의 무게를 벗고 일상의 정치에 나서다」, 길밖세상, 『20세기 여성사건사』, 여성신문사, 2002; 젠더정치연구소 여세연, 『"응답하라 영페미니스트" 결과보고회 자료집』(미간행), 2016.

는 여자 대학생과 대학원생, 여자 교수들이 모여 『그 많던 여학생들은 어디로 갔는가』라는 책을 출간하기도 한다.[17] 이 책은 남초 현상이 심각한 공대에 입학한 여학생들이 '금속공주'나 '항공공주'라고 불리던 기억, 여자 교수가 없는 과에서 여자 대학원생으로 살아남는 것이 얼마나 어려운지에 대한 이야기, 교수에 의한 성희롱 사건들을 분석하며 "그 많던 여자 선배들은 다 어디로 갔는지"라는 질문을 대학 내의 성차별주의에 대한 문제 제기로 만들어 냈다. 그로부터 20년이 지났지만, 여전히 대학 내에서 여성들은 단체 채팅창 등을 통해 성적 모욕을 경험하고 있으며, 캠퍼스 성폭력이 줄어들었다는 보고는 들리지 않는다.

한편, 2014년 미국에서는 피해자들이 직접 영화에 출연하여 캠퍼스 성폭력 문제를 제기하고 교육에서의 성차별 문제와 대학의 강간 문화를 연결시켜 소송을 진행하면서 캠퍼스 성폭력 문제가 대대적으로 제기되었다.[18] 이뿐 아니라 프랑스를 비롯한 전 세계 30여 개국에서는, 여성들을 길거리에서 괴롭히는 이들에게 반격을 시도하는 할라-백(Holla-Back) 운동과 밤길 되찾기 시위(Take Back the Night)를 벌이

---

17 이은정 외, 『그 많던 여학생들은 어디로 갔는가』, 가지않은길, 1997.
18 레이디 가가(Lady GaGa)는 2015년 신곡 "It Happens to You"를 발표하여 캠퍼스 성폭력을 고발하는 열기에 동참했다. 영화 〈트와일라잇〉의 감독 캐서린 하드윅 감독이 만든 이 뮤직비디오는 "다음 장면을 보고 마음이 불편할 수도 있다. 하지만 이것이 지금 대학 캠퍼스에서 일상적으로 일어나는 현실이다"라는 자막으로 시작된다.

고 있다. 한국에서는 2016년 5월 17일, 강남역 부근 화장실에서 여성이 살해당한 사건이 일어났고, 이를 추모하기 위해 많은 시민들, 특히 여성들이 "여성혐오가 죽었다"는 내용의 포스트잇을 붙여 사회적으로 큰 화제가 되었다. 성차별적 사회에서 여성혐오 문화가 이런 비극적인 사건으로까지 치닫게 되자, 특히 젊은 여성들이 집단적으로 각성하기 시작한 것이다.[19]

질문하지 않고는 살아갈 수 없다

시민사회 단체에서 주관하는 아카데미나 여성 단체에서 주최하는 특강에서 강의를 하다 보면 내 강의를 듣는 이들은 대부분 여성이다. 물론 주제가 주제이니만큼 여성들이 더 많기도 하겠지만, 다른 주제의 강좌에서도 여성들은 어림잡아 70% 정도의 비율을 보인다고 한다. 각 분야에서 지식을 습득하고자 하는 여성들의 열의는 놀라울 정도다.[20] 수강생 중에 낯익은 얼굴을 오랜만에 만나는 경우도 드물지 않다. 한 번은 십수 년 만에 대학 선배 언니를 만난 적도 있었다. 선배는 아이를

---

19 경향신문사회부사건팀, 『강남역 10번 출구, 1004개의 포스트잇: 어떤 애도와 싸움의 기록』, 나무연필, 2016.

20 예술영화, 뮤지컬, 도서 시장 등 문화영역 전반에서 여성화 현상을 찾아볼 수 있다. 여자가 책 1권을 살 때, 남자는 0.6권 산다는 조사도 있다. 관련해서는 황미요조, 「문화영역의 여성화와 여성혐오」, 『여/성이론』 32호, 2015, 57~72쪽 참조.

낳아 키우면서 대학 때의 기억을 다 잊어버리고 있다가 이제 좀 살고 싶어서 강좌를 듣게 되었다고 했다.

한국 여성들의 우울증 증가 추세가 OECD 국가 중 최고라고 한다. 여성들이 우울증에 걸리기 쉬운 나이 대를 보통 10대, 30대, 60대로 보는데, 이 시기는 사춘기, 결혼과 출산, 완경이라는 여성으로서의 정체성에 극심한 변화가 일어날 때와 정확히 일치한다. 특히 산전·산후 우울증 2종 세트가 여성의 우울증 증가에 가장 혁혁한 공을 세우고 있다. 여자에서 어머니로의 변화는 엄청난 형질 전환을 필요로 한다. '여자는 약하나 어머니는 강하다'는 이상한 명제는 여자가 어떻게 어머니가 되는지는 설명해 주지 못한다. 어머니가 되는 걸 그냥 자연이 해주는 본능적 과정이라고 취급하는 바람에 여자들은 이에 대한 어떠한 질문도 하지 않고 이 변화를 그냥 수용하고 삼킨다. 시인 나희덕은 이를 "입속에서 뒤척이다가 / 간신히 삼켜져 좀처럼 내려가지 않는 것, / 기회가 있으면 울컥 밀고 올라와 / 고통스러운 기억의 짐승으로 만들어 버리는 것. 삼킬 수 없는 말"[21]이라고 표현한다.

많은 어머니들이 첫 자식에게 자신의 기대를 그대로 투사(projection)하면서 애증관계를 만들어 내는데, 나는 그것이 여자들이 어머니가 되는 과정을 당연하게 여긴 사회에 어머니가 복수하는 것이라고 생각하기도 한다. 씹지 않고 그냥 삼켜서 계속 목 안에 걸려 있는 느낌

21 나희덕, 「삼킬 수 없는 것들」, 『야생사과』, 창비, 2009.

을 심리학 용어로 내사(introjection)라고 하는데, 이는 외부의 대상을 내면의 자아체계에 비판 없이 수용하는 심리적 행위이다. 이렇게 경험과 자기 자신과의 관계를 정의하고 정립하는 과정이 생략되면 궁극적으로는 질문할 수 있는 능력을 상실하게 된다. 수용을 통해 상황에 적응은 하지만 소화되지 않은 상태로 그대로 남아 있는 이 '내사' 상태는 사실상 심리적 뇌사 상태이자 소위 여성적 우울증이라고 불리는 증상의 기저 원인이기도 하다. 그러므로 질문하는 능력 없이는 삶을 살아갈 수 없다. 어느 순간 "내 인생은 어디로 갔지?"라는 질문을 품은 채 여성학 강좌를 찾아오는 소위 '경력단절' 여성들을 만나게 될 때마다, 나는 여성학이 오랫동안 흐르지 못한 말, 얼어붙었던 질문들에 온기를 불어넣어 주는 학문이라는 생각을 다시 하게 된다. 나희덕의 표현대로 "이따금 봄이 찾아와 / 새로 햇빛을 받은 말들이 / 따뜻한 물속에 녹기 시작한 말들이 / 들려오기 시작"하면, "아지랑이처럼 / 물오를 말이 다른 말을 부르고" 부르게 되리라.[22]

제대로 질문하는 법

대부분의 지식은 질문하는 법을 알아가는 과정이라고 해도 과언이 아니다. 답을 아는 게 어렵지 질문하는 게 뭐가 어렵냐고 생각할지도 모

---

22 나희덕, 「이따금 봄이 찾아와」, 『어두워진다는 것』, 창비, 2001.

르지만 사실 가장 어려운 건 제대로 방향을 잡고 질문을 하는 것이다. 공부를 업으로 삼는 학자들조차 질문하는 법을 제대로 몰라 제국의 언어를 충실하게 번역해서 전달하거나 요약하는 식의 식민화된 공부만을 반복하기도 한다. 저자의 권위에 기대어 자신의 의견을 대신 말하게 하는 사람들은 서구 제국의 시선을 통해 만들어진 지식들로는 한국사회를 분석할 수 없다는 사실을 부인하고 싶어 한다. 이들의 질문은 대부분 한국은 왜 미국처럼 되지 못하는가라는 식의 질문이다. 이런 질문의 결과 우리는 외부의 시선에 따라 열등감과 우월감 사이를 춤춘다. 우리가 원하는 사회는 어떤 사회이고, 지금 한국사회의 문제는 무엇인가라는 질문은 오히려 너무 이상적이어서 어리석은 질문이 되어 버렸다. 요즘은 그래도 조금 달라졌지만 한국에 방문한 외국인들은 한국의 기자들에게 "한국을 어떻게 생각하냐, 한국에 대해 무엇을 알고 있냐"는 질문을 가장 먼저 들었다. 많은 외국인들은 한국에 대한 첫번째 인상으로 세계 유일의 분단국이라는 점과 한국전쟁의 비극을 떠올린다. 외국인들이 한국전쟁을 떠올리는 건 한국이 아직도 그렇게 비참하고 가난한 나라의 이미지로 보이기 때문이 아니다. 그만큼 그 전쟁의 참사가 광범위했기 때문이다. 하지만 정작 우리는 한국전쟁에 대해 거의 알지 못하고 제대로 배우지 않는다.

질문에는 나쁜 질문과 좋은 질문, 쉬운 질문과 어려운 질문이 있다. 나쁜 질문은 사실 대부분 질문이라기보다는 주장에 가깝다. "왜 그때 가만히 있었니?" 같은 질문은 사실 "가만히 있었기 때문에 네가 문제다"라는 주장이다. 이런 질문들은 적대적 대립 구조를 만들어 내고, 개연성에 불과한 것을 인과관계로 묶는다. "왜 여자의 적은 여자인가?" 같은 질문을 받으면 사람들은 '여자의 적은 여자다'라는 편향된 명제에 적합한 사례를 애써 떠올리게 된다. 질문 자체에 이미 편견이 숨어 있다. 이 질문을 통해 우리는 여자들 사이의 차이가 적대적으로 드러나는 순간, 즉 여자 상사와 부하직원, 어머니와 딸, 여자인 친구들 사이의 시기심, 인종과 계급 그리고 세대로 분리된 여자들 간의 갈등 등의 현실을 재각인한다. 이 질문은 어떤 여자들이 어떤 상황에서 서로 적개심을 가지게 되는가에 관심을 두지 않는다. 여자들 간의 차이 자체를 갈등으로 만든다. 반면 어떤 순간에 어떤 여자들이 서로 적이 되는지에 대한 질문은 이들이 각기 어떤 위치에 있으며 이 상황에서 서로를 적으로 만들지 않기 위해 그리고 연대하기 위해 어떻게 서로의 차이를 견디고 각자의 위치에 개방되어야 하는지에 대한 고민으로 이어질 수 있다. 다시 "한국에 대해 어떻게 생각하는지?"라는 질문으로 돌아와 보자. 이 질문은 그저 질문자의 지적 게으름을 드러내는 질문일 뿐이다. '한국'이 아닌 어떤 단어를 넣어도 마찬가지다. 여자에 대해 어떻게 생각하는가? 남자에 대해 어떻게 생각하는가? 전라도에 대해 어떻게 생각하는가? 서울대에 대해 어떻게 생각하는가? 이런 게으른 질문은 대부분 우리도 이미 답을 알고 있거나 상대가 어떻게 답해도 관계없는 것이다. 반면 좋은 질문은 대화와 토론, 논쟁을 열어 준다.

그런가 하면, 어떤 문제의 경우에는 질문은 고사하고 입 밖에 꺼내기조차 어려운 경우도 허다하다. 한번은 이런 경우가 있었다. 한국 사회의 젠더와 폭력에 대한 특강을 한 후였다. 강의 후에 한 수강생이 나에게 "성폭력 피해 경험이 있는지" 질문을 했다. 나는 있다고 하면 전의 모든 강의 내용이 이 경험을 바탕에 두고 있다고 생각되고, 없다고 하면 말할 자격이 없다고 생각될까 봐 우려스러웠다. 나는 "한국사회에서 성폭력 위기 상황을 겪었던 적이 한 번도 없는 여자가 있다면 그야말로 기적 같은 일이겠죠"라는 말로 이 질문을 받았다. 문제는 그 다음에 발생했다. 몇몇 수강생이 이 질문 자체가 강사에 대한 폭력이라며 질문자에게 사과를 요구한 것이다. 사태는 쉽게 진정되지 않았고 질문자는 결국 자신 역시 피해 경험이 있기 때문에 궁금했다고 울음을 터트렸다. 모두가 가해자가 되었고, 모두가 피해자가 되어 버렸다. 처음에 질문을 던진 그녀는 자신의 경험을 같이 듣고 공감해 줄 사람을 만들지 못했고, 나는 미궁에 빠졌으며, 또 다른 사람들은 가해와 피해의 위치를 널뛰듯 오가야 했다. 나는 성폭력이 얼마나 사회적인 문제가 되기 어려운 주제인지를 다시 한번 절감했다.

경험이라는 행위는 기억하는 주체의 위치에서 재구성된다. 어떤 경험이 공적인 장소에서 공통감각으로서 소통되기 위해서는 그 경험이 놓인 위치를 이해하고 있어야 한다. 하지만 성폭력 피해 경험은 어떤 이에게는 인생을 뒤흔드는 외상이며, 어떤 이에게는 잊어버리려 애쓰는 기억이고, 어떤 이에게는 가장 내밀한 사생활과 관련되어 있기 때문에 다른 이들과 공유할 수 없는 사건이며, 또 다른 이에게는 젠더 위계질서를 깨닫게 한 전환적 사건이다. 이런 사건들을 사회적으로 문제화하기 위해서는 더 많고 다양한 여성들이 그리고 남성들이 자기 자신의 경험에 대해서 스스로 말해야만 한다. 하지만 그 말들은 각기 다른 곳에서 뱉어질 것이다. 대화는 아마 상당히 오랜 시간 동안 어려울 것이다. 그래서 나는 '선언'은 말의 내용이 아니라 태도로서만 의미 있다고 생각한다. 이제부터 말을 시작하겠다는 선언, 침묵하지 않겠다는 선언, 생각하고 변화를 모색해 보겠다는 태도로서의 선언 말이다. 그러니 자신이 하는 말의 내용을 곧 진리라고 선언하지는 말자. 오랫동안 감춰져 있던 문제들이 말로 뱉어져 나오기까지, 좁은 공간에서 그 수많은 말들이 얼마나 숨죽여 있었겠는가. 그 숨들이 다시 피어나기 위해서는 태도로서의 선언뿐만 아니라, 그 말들의 사회적 의미를 함께 만들어 가는 '좋은 질문들'이 필요하다.[23]

좋은 질문은 알고 있는 지식의 기반을 스스로 묻고 상대의 대답이 대화의 시작이 되게 하는 질문이다. "여자란 무엇인가?"라는 오래된 질문이 있었다. 아리스토텔레스는 여자란 인간과 동물 사이의 존재라 답한 바 있다. 헤겔에게 여자는 공동체의 영원한 아이러니이며, 프

---

23 질문하는 힘에 대해 최근 나에게 가장 큰 지적 자극이 된 글은 한채윤의 다음 글이었다. 한채윤은 동성애를 죄라고 말하는 기독교인들을 대상으로 '기독교의 언어로' 총 41개의 물음표로 구성된 다음의 글을 썼다. 한채윤, 「혐오에 대처하는 기독교인에 대한 열두 가지 질문」, 청어람 매거진(http://ichungeoram.com/10384), 2016년 4월 22일자.

로이트에게 여자는 영원히 알 수 없는 검은 대륙이었다. 수많은 남성 철학자와 이론가들이 여자란 무엇인가라는 질문을 던져 왔다. 그러나 결국 이들이 남긴 말은 하나였다. 모르겠다는 말이다.

그렇다면 애초에 "여자란 무엇인가?"라는 질문에서의 '여자'는 누구인가? 초기 참정권 운동 시기에 많은 여성들은 남성들에게 '여자의 권리란 기껏해야 마차를 탈 때 드레스 자락이 바닥에 닿는 걸 문제 삼는 사소한 일들 아니냐'는 비웃음을 사야 했다. 보통 여성 운동을 하거나 여성학 공부를 한다고 하면 가장 많이 듣는 얘기 중 하나가 페미니즘은 부르주아적이라는 비판이다. 배부른 여성들의 헛소리라는 것이다. 이 같은 비난을 들은 한 흑인 여성인권 운동가는 이렇게 말했다. "내 팔을 보세요. 이 팔로 밭을 갈았으며 씨를 뿌리며 수확을 했습니다. 어떤 남자도 나보다 일을 잘하지 못했습니다. 남자들만큼 먹고 남자들만큼 일했습니다. 그리고 채찍도 맞았습니다. 그러면 나는 여자가 아닙니까?" 1851년 오하이오에서 열린 여성민권대회의 연단에 나선 소저너 트루스(1797~1883)의 유명한 연설이다. '여자란 무엇인가?'라는 질문에 누구도 제대로 답할 수 없는 것은 여자들은 단일한 집단이 아니기 때문이다. 그러나 한편 여자들은 여자라는 이유로 혹은 여자로서 살지 않으려 한다는 이유로 처벌받는다. 1972년 오노 요코와 존 레논의 〈여성은 세상의 검둥이〉라는 노래는 이러한 여성의 이중부정된 위치를 정확히 표현하고 있다.

그녀가 노예이기를 거부하면 남자를 사랑하지 않는다고 질책한다.
만약 그녀가 현실을 직시하면 남자가 되려고 애쓴다고 비난한다.
……여성은 노예 중의 노예다.[24]

인도의 탈식민주의 페미니스트 찬드라 탈파드 모한티의 표현대로 무지는 그 자체로 '특권'이다.[25] 누가 이 상황을 참아 내고 있는지 모를 수 있는 것, 이 모든 것을 자연스러운 과정이라고 생각할 수 있는 것은 오직 특권을 가진 이들에게만 가능하다. 서 있는 위치를 바꾸어 보기만 하면 얼마든지 다른 질문이 만들어지고, 다른 질문은 다른 지식으로 우리를 안내해 간다. 때로는 질문이 문제가 아니라 대답이 문제가 되기도 한다. '왜 위대한 여성예술가, 여성철학자는 없지?'라는 질문에 천재성은 남자들의 것이기 때문이라고 답했던 헨리 제임스가 있었는가 하면, 미국의 급진주의 여성미술 단체 게릴라걸스와 여성철학자들은 이 질문을 추적하던 중 기존 미술사에서 대가로 칭송받은 남성예술가들이 자신의 딸과 애인의 작품을 가로챘다는 걸 발견하기도 했다.[26]

~~~~~~

24 Yoko Ono & John Lennon, "Woman Is The Nigger Of The World", 《Sometime In New York City》, 1972.

25 찬드라 탈파드 모한티, 『경계 없는 페미니즘』, 문현아 옮김, 여이연, 2005.

26 게릴라걸스, 『게릴라걸스의 서양미술사』, 우효경 옮김, 마음산책, 2010.

우리에겐 더 나은 논쟁을 할 권리가 있다

여성학을 공부하고 가르치면서 언제나 듣는 질문 중 하나는 군대 문제이다. 남학생들은 여성학 수업시간에 "왜 남자만 군대를 가냐?"고 종종 묻는다. "왜 군대를 가냐"는 질문은 굉장히 중요하다. 현재 한국의 강제 징집제도는 병역 비리부터 양심적 병역 거부, 군대 내 다양한 인권 문제에 이르기까지 많은 문제를 안고 있고 이는 모두 사회적으로 중요한 문제로서 논의되어야 한다. 하지만 "왜 남자만 군대를 가냐"는 질문은 좀 이상하다. 정작 여성 징병제 관련 논의가 본격화되었던 2005년, 여자들은 "갈 수 있다면 가겠다"고 찬성한 반면 남자들은 반대했다. 징집의 주체인 국방부는 여성 징병은 고려해 본 적 없다며 논외(論外)로 일축했다.[27] 하지만 왜 남자만 군대를 가야 하냐는 일부 남성 단체들의 항의가 국방부에 겨눠지지는 않았다. 누구에게 질문이

---

27 2005년 8월 한 여고생이 여성도 의무병으로 징병해 달라는 헌법소원을 제기했다. 이를 계기로 몇몇 인터넷 사이트들에서 여성 징병제 관련 설문조사를 한 결과 남성의 75%가 여성 징병을 반대하고 여성의 55%가 찬성하는 결과가 나왔다(「여성군복무, 양성평등의 길인가」, 『업코리아』, 2005년 9월 12일자). 2007년 헤럴드경제의 조사에서도 남성의 68%가 여성 군입대 의무에 반대했다(「대학생과 군대, 여성 군입대 반대합니다」, 『헤럴드팜』, 2007년 12월 4일자). 2005년 『우먼타임스』에서 남녀대학생 및 구직자 1245명(남자 563명, 여자 682명)을 대상으로 조사한 결과, 여자는 55.6%가 여자의 징병 의무에 찬성한 데 반해, 남자는 절반 수준인 24.9%만이 찬성했다. 관련된 대부분의 조사에서 여성 의무 징병제에 찬성하는 성별 비율은 아이러니하게도 여성이 남성보다 2배 이상 높았다.

던져지는지를 유심히 보아야 한다.

비슷한 다른 질문을 예로 들어 보자. "왜 여학생 휴게실만 있나요?" 이 질문 뒤에는 보통 "왜 여학생들을 위해서 학교가 특별히 공간을 만들었죠? 이건 부당한 역차별이에요"라는 주장이 뒤따르며 여학생 휴게실을 없애자는 요구로 귀결된다. 만약 이 질문이 정말 호기심에서 비롯된 것이라면 "왜 여학생 휴게실만 있나요? 언제부터 생긴 거죠? 여학생들은 다른 휴게 공간에서 어떤 불편함을 겪고 있나요?"라는 질문이 뒤따라올 것이다. 하지만 지금까지 그런 질문이 이어지는 건 듣지 못했다. 자신의 의견을 주장하기 위해 질문이라는 형식을 차용하는 사람들은 결국 질문하는 능력을 잃어버린다. 질문하는 법을 잃어버리는 순간, 우리는 함께 사는 법도 잃어버리게 될 것이다.

질문만이 아니라 대답도 중요하다. 단답형 대답들은 질문의 의미를 훼손시키기도 한다. "꿀벅지"라는 말이 한창 유행하던 2009년, 한 여고생이 "꿀벅지는 성희롱이 아닌가?"라는 질문을 여성부(현 여성가족부)에 던졌다. 꿀벅지라는 별명으로 널리 알려진 여자 연예인은 "꿀벅지라는 수식어를 만들어 주셔서 감사하다"며 대중의 관심에 감사를 표했지만, "꿀벅지보다는 국민여동생이라는 수식어를 듣고 싶다"고 답했다.[28] 나는 이 여자 연예인이 한 답이 나쁜 대답이었다고 생각하지

---

28 「'꿀벅지'가 성희롱?……여성부에 사용자제 요청 글 올라」, 『동아일보』, 2009년 9월 25일자; 「'꿀벅지' 민원, 여성부 "개인적인 문제"」, 『스타뉴스』, 2009년 9월 25일자.

는 않는다. 그 여고생은 꿀벅지로 불린 당사자에게 질문한 것이 아니라 성희롱에 대한 사회의 판단을 물었던 것이고, 당사자는 이 질문을 피하는 방식으로 답했던 셈이다. 그런데 이 판단의 책임을 맡았던 여성부는 "당사자가 아니라고 했으면 성희롱 아니다"라고 답했다. 그리고 이후 더 많은 언론에서 꿀벅지라는 말을 여과 없이 사용하기 시작했다. 참고로 꽤 큰 규모의 성인사이트에서 이미 꿀벅지라는 단어는 '은근히 꼴리는 허벅지'의 축약어로 명백하게 성애적인 의미에서 사용되던 표현이기도 했다. 여성부의 답변은 성희롱에 대한 공적 판단을 대리하는 권위를 스스로 포기했을 뿐만 아니라 담론을 최종적으로 종결시켜 버린 나쁜 답변이다. 그 신인이었던 여자 연예인은 분명 "꿀벅지는 성희롱이 아니다"라고 말하지 않았다. "관심에 감사하나, 다른 이름으로 불렸으면 한다"고 답했다. 쇼케이스에서 신곡을 발표하고 내려올 때 어떤 아저씨가 자신의 허벅지를 만지며 '정말 꿀벅지네'라고 말해 불쾌했다는 말을 하기도 했다. 이 사건은 성희롱의 판단 여부를 결정하는 것이 "꿀벅지"라는 말 자체가 아니라, 상황과 맥락임을 보여 주는 사건이기도 했다. 그러나 여성부는 이 사건을 개인의 문제로 축소시킨 동시에 의미가 맥락을 통해 구성된다는 사실을 무시하고, "꿀벅지는 성희롱이 아니다"를 하나의 완전하고 종결된 명제로 답해 버렸던 것이다.

대답에 따라 질문의 성격을 다르게 만들 수도 있다. 가끔 공격적이고 격앙된 어조로 혹은 불편함을 노골적으로 표현하면서 "페미니스트세요?", "페미니스트들은 남자 싫어하지 않아요?", "성을 두 개 쓰는 거 아버님은 아세요?" 이런 질문을 던지는 사람들이 있다. 나는 이렇게 답한다. "네, 저는 열세 살부터 페미니스트였어요. 왜 남자아이들만 운동장 전체를 사용하면서 뛰어다니는지 궁금했을 때부터였을 거예요", "남자한테 매우 관심이 많습니다. 석사논문 제목이 '병역의무와 근대적 국민정체성의 성별정치학'이고, 남성성을 연구한 단행본도 썼어요. 여자들에게는 공적으로 사적으로 모두 관심이 많아요. 저는 여자들의 언어와 문화에 언제나 매혹되곤 했어요", "성을 두 개 쓰니까 어머니가 아주 좋아해 주셨어요. 아버지는 물론 알고 계시구요". 이렇게 대답하면 사람들은 대체로 웃는다. 질문자의 화난 마음도 조금은 펴진다. 나에게 페미니즘은 여자에 대한 더 많은 관심과 연구, 호기심에 대한 환대의 사상이었다. 여자가 말과 글을 배우려고 한다는 것만으로 남자를 무시한다고 생각하는 사회에서 페미니즘은 너무 급진적인 사상이겠지만, 말과 글의 힘을 믿고 질문을 환대하는 사회에서 페미니즘은 기본 상식이 될 것이다.

그렇다고 내가 페미니즘을 엄청 사랑하느냐 하면 꼭 그런 것은 아니다. 정답 없는 질문들의 무게에 스스로 짓눌릴 때는 공부를 그만두고 싶기도 하고, 가장 오래된 문제에 도전하는 학문이기 때문에 늘 새로워져야 한다는 강박을 느끼기도 한다. 경전(canon)이 있지 않기 때문에 늘 읽고 있는 책과 저자의 권위를 의심해야 하며 그렇기 때문에 뭐 하나 외워서 얻을 수 있는 쉬운 지식이 없는 피곤한(?) 학문이기도 하다. 전문성이라는 이름으로 학문들 간의 벽을 세워서 서로 대화할 수 없게 하는 기존 학문 체계에 대한 비판이론으로 시작되었기 때문에 모든 벽을 허물어 필요한 지식과 경험들을 조합해 낼 수 있도록 열려 있는 학문이지만, 또 그렇기 때문에 아무도 없는 허허벌판에서 헤매고 있는 기분이 들 때도 종종 있다. 그럼에도 불구하고, 다시 십 년 전으로 돌아가서 무엇을 공부할지 선택할 수 있는 기회가 주어진다면 아마 다시 페미니즘 연구를 선택했을 거라고 생각한다. 더 공부할 게 없다고 생각하기 때문에 괴로운 게 아니라 공부할 게 너무 많기 때문에 괴로운 거라면 틀린 선택은 아니었다고 생각하기 때문이다. 버릴 수도 없고 취할 수도 없는 여성이라는 이름의 역설, 그리고 그것이 주는 긴장 속에서 현실을 설명하려는 노력을 결코 포기하지 않는 것, 그것이 페미니즘이 내게 알려 준 길이다. 그리고 마지막으로 (혹시 눈치빠른 독자라면 알아차렸을지도 모르겠지만) 이 글의 모든 참고문헌은 여자들의 말과 글로 이루어졌다. 분리주의나 자매애 때문이 아니다. 내게 필요했던 대부분의 지식은 여자들이 만들었던 것이기 때문이다. 쓰다 보니 어느새 이렇게 되었다.

할머니들

손희정

> 그 배제된 영향력들을 나는 할머니들이라고 부른다.
>
> — 리베카 솔닛

어떤 휴가

"ただいま。"(다녀왔습니다)

비행기가 오키나와 나하 공항의 활주로에 바퀴를 굴렸다. 나는 들리지 않게 중얼거린다. 일본에 올 때마다 돌아온 느낌이다. 일본에서 태어난 것도 일본에 오래 체류한 적이 있었던 것도 아니다. 하지만 일본이라는 이름에는 어딘가 그리운 것이 있었고, 일본의 공기에서는 어쩐지 익숙한 냄새가 났다. 그래서 비행기가 일본 어딘가 공항의 활주로에 내릴 때마다 나는 부끄러움도 없이 그렇게 중얼거리곤 했다. 다녀왔다고.

그 중에서도 오키나와라는 특별한 섬에 처음 간 것은 작년, 그러니까 2015년의 여름이었다. 일이 많아 감당할 수 없을 정도로 스트레스가 쌓였던 탓에 열흘 정도 어디론가 도망치고 싶었다. 조건은 단 하

나, 바다가 보일 것. 그래서 오키나와에 숙소를 잡았다. 숙소 이름이 마음에 들었다. '海の見えるアパート'(바다가 보이는 아파트). 실제로 그곳 발코니에서는 오키나와의 옥빛 바다가 보였다.

일을 피해 도망갔지만 그곳에서도 나는 계속 원고를 써야 했다. "재난 시대의 혐오"라는 제목의 글이었다. 세월호 참사 이후를 살아가는 우리가 일상적으로 대면해야 하는 혐오의 속성에 대한 글이었다. 세월호 침몰과 구조자 0이라는 숫자는 자본주의의 탐욕과 민주주의의 무능이 불러온 사회적 참사였지만, 진실은 배와 함께 침몰했고 책임을 져야 할 누구도 제대로 책임지지 않았다. 그러나 '유족충'이라는 말이 보여 주듯이 '앞으로 계속 나아가기 위해서' 버려지고 가려져야 하는 존재들은 쉽고 빠르게 혐오의 대상이 되고 있었다. 이러한 상황을 들여다보고 묘사해야 했던 탓에 오키나와의 옥빛 바다는 사치로 느껴졌다. 평온하게 찰랑거리는 그 바다가, 때때로 거대한 암흑이 되어 닥쳐오기도 했다.

그렇듯 우리가 역사라고 말하는 거대한 이야기 속에서 반복적으로 멸시당하고 잊혀지는 것들에 대해 계속 생각하고 있었기 때문일까. 휴가인 것도 휴가가 아닌 것도 아닌 그 이상한 여행에서 나는 오키나와라는 섬과 다시 마주하게 되었다. 먹고 누릴 것이 가득한 레저의 천국이 아닌, 2차 세계대전에서 가장 많은 전몰자를 낸 전투가 벌어졌던 식민지로서의 오키나와. 그 오키나와를 만나게 되었던 것이다.

그리고 그곳에서 나는, 자주, 나의 할머니에 대해서 생각했다.

나의 할머니

눈을 감고 떠올려 본다. 일흔다섯 즈음에? 나는 어떤 할머니가 되어 있을까?

할머니가 된 나를 상상하는 것은 어렵지 않다. 통통한 몸통과 조금 말려들어간 어깨, 얇은 팔과 다리, 동글동글한 얼굴에 맨들맨들한 피부, 화사하게 웃을 땐 작지만 반짝이는 눈이 반달이 되는, 그런 할머니가 되어 있을 것이다. 항상 친절하지만 작은 일에 이내 서운해하는 어린아이 같은 할머니일 테고, 여전히 '로맨틱'한 사랑에 마음 아파하는 할머니일 것이다. 왜냐하면 내가 꼭 닮은 나의 할머니가 그런 '할머니'였기 때문이다.

할머니는 일본 사람이었다. 일본에서 소학교를 졸업하고 마음 붙일 곳이 없는 고향을 떠나 가능성의 땅이었던 식민지 조선으로 건너왔다. 부산 어딘가에서 경리로 일했고, 그곳에서 사랑하는 남자를 만났다. 조선인이었다. 남자에게는 조선인 아내가 있었지만 아이를 낳지 못했다. 그런 상황에서 남자가 또 다른 아내를 얻는 것 따위는 조금도 문제가 되지 않던 시절이었다. 할머니는 그 남자와의 사이에서 여러 명의 아이를 낳았다. 할머니가 그렇게 사랑하는 남자를 만나고 두번째 아내가 되고 남자의 복잡한 가정사에 얽혀 들어가기 시작한 것이 정확히 언제였는지는 알 수 없다. 아마도 해방에 걸친 어느 즈음이었을 터다. 두 사람 사이의 첫 아이였던 나의 아버지가 태어난 해가 1946

년이었으니까.

그렇게 나는 할머니가 둘이었다. 태어났을 때부터 그러했으므로 나는 할머니란 응당 둘인 줄 알았다. 어렸을 때 친구들과 할머니에 대해서 이야기를 나누다 보면 작은 다툼으로 이어지곤 했다. "할머니는 둘이다. 친할머니, 외할머니", "아니다, 할머니는 셋이다. 두 명의 친할머니와 한 명의 외할머니". 싸움은 결론 없이 흐지부지되곤 했고, 그것이 얼마 있지도 않은 친구들과 다투어 가면서까지 지켜야 하는 보편적 '진리'가 아니라는 걸 깨닫는 데에는 그리 오랜 시간이 걸리지 않았다.

친구들이 믿거나 말거나, 나는 친할머니가 둘이었다. 호방한 성격에 언제나 화려했던 큰할머니와 몸가짐이 단정하고 큰 소리로 웃지도 않으셨던 작은할머니. 그 '작은할머니'가 나의 생물학적 할머니라는 사실을 안 것은 10대 중반쯤이었다. 그리고 그가 일본에서 왔다는 걸 안 것은 내 나이 스물을 훨씬 넘기고 나서였다. 가계도와 공식 가족사에서 그의 역사는 조용하게 지워져 있었다. 일본 여자 '에이코'(英子)는 한국 여자 '최말순'으로 기록되고 기억되었다. 뿐만 아니라 '첩'이었던 할머니가 족보에 올라간 것은 '조강지처'였던 큰할머니가 돌아가신 1997년 이후의 일이다. 할머니는 유령과도 같이 공식 기록의 주변을 배회했던 셈이다. 그리고 그 기록이란, 물론, 할아버지에서 아버지로, 아버지에서 오빠로 이어지는 남자들의 기록이며, 그것이 우리가 배우는 '국사'의 근간이다.

20대 중반에, 부러 말해지지 않았던 할머니의 이야기를 알고 나서, 일본어를 다시 공부하기로 마음먹었다. 살면서 나는 일본어 공부를 세 번 정도 시도했다. 처음엔 자기계발의 차원에서, 두번째에는 좋아하는 일본 영화를 원어로 이해하고 싶어서, 그리고 마지막에는 할머니의 말을 알고 싶어서였다. 두 번의 시도는 가타카나와 히라가나만 외우다 끝났고, 세번째는 결국 일본행으로 이어졌다. 공식적으로는 어학연수, 비공식적으로는 '뿌리를 찾아서'쯤 되는 일본행이었다.

페미니스트 모먼트

내가 20대 중후반을 보냈던 2000년대는 "나는 페미니스트는 아니지만"이 젊은 여자들에게 기본 사양으로 장착되어 있던 시기였다. 거부감 때문이건 지나치게 높은 문턱 때문이건, 어디서나 이런 말을 들을 수 있었고, 그나마도 점차로 잊혀졌다. 그런 때에 나는 용감하게도 "나는 페미니스트"라고 떠들고 돌아다녔다. 용감하다는 것은 별다른 의미는 아니다. 페미니즘 책 한 권 제대로 읽지 않았고 페미니스트 동료 한 명 없었던 주제에 당시 영화잡지에 실린 몇 편의 칼럼을 읽고서는 스스로 페미니스트라고 생각했다. 겁도 없이 그렇게 선언했고, 반가워하지도 않는 페미니스트 선배들의 뒤를 쫓아다녔다. 이후의 10여 년은 스스로 그 선언에, 그리고 그 정체성에 걸맞은 사람이 되기 위해 듣고, 말하고, 읽고, 움직이며 노력하는 과정이었다. 나는 그렇게 페미니스트가 되어 왔다. 그리고 여전히 나에게 페미니스트란 완성형이 아니라 되어 가는 과정 그 자체를 의미한다.

당시 나에게는 페미니즘이 필연으로 느껴졌다. 두 명의 할머니와 한 명의 할아버지, 언제나 출장을 떠나 있었던 내 아버지와 1년에 열한 번의 제사를 웃으며 준비했던 내 어머니, 자신이 속해 있는 세계의 법칙을 이해하고 따르기 위해 고군분투했던 (집안의 '장손'인) 오빠, 그리고 오빠에 비해 비교적 자유롭게 살았던 나를 생각할 때마다 이 삶들을 설명할 수 있는 언어가 필요했다. 그때 조금 더 진지하게 생각하게 된 '가부장제'라는 말은 이런 '일상적인' 문제들을 다 설명해 줄 수 있을 것만 같았다. 그러나 무엇보다 페미니즘의 세계에서 내가 얻었던 것은 '일본인인 나의 할머니'라는 이상한 조합을 들여다보고, 이해하고, 설명할 수 있는 언어였다.

모범생 콤플렉스가 심한 나는 어렸을 때에도 학교에서 배운 생각을 쑥쑥 잘 흡수하는 편이었다. 때문에 강하고 분명한 민족의식을 가지고 있었다. 할아버지의 사업 덕분에 집에는 종종 일본 손님들이 오곤 했다. 때로는 가족을 데리고 오는 손님도 있었는데, 그 아이들은 대체로 내 또래들이었다. 나는 그 또래 일본인 손님들을 붙들고 앉아 '임진왜란'이나 '식민 지배' 같은 것들을 설명하고 "'너희'가 '우리'에게 얼마나 극악무도한 짓을 했는지"를 이해시키려고 노력하곤 했다. 10대 초중반의 일이다. 물론 서로 말이 전혀 통하지 않았으니, 이런 시도들이 성공했을 리 만무하다. 그 친구들이 가져온 알록달록한 그림으로 가득 차 있는 "여행용 한국어 사전" 같은 것을 펴놓고 '임진왜란'을 설명하려고 낑낑거렸던 내 모습은 마치 실패한 농담처럼 민망하다 못 해 비참하기까지 하다.

할머니가 일본인이라는 걸 알았을 때 떠올랐던 여러 가지 생각과 기억들 속에는 바로 그 장면이 있었다. 또래들과 함께 즐거운 시간을 보내고 있을 때에도 마음속에 또아리를 틀고 있던 그 '민족의식'의 순간들 말이다. 군홧발로 흰저고리를 짓밟는 그런 이미지들과 얽혀 있었던 나의 마음 말이다. 그러고는 이내 부끄러움에 온몸이 축축해졌다. 민족의 비극적인 역사라는 틀로는 할머니의 삶이 전혀 설명되지 않았다. '뭉뚱그려 말할 수 있는 일본인', '뭉뚱그려 말할 수 있는 한국인'이라는 것은 없다는 사실이 구체적으로 다가왔다. 그는 '일본 여자'였기 때문에 이 세계에서 그 삶의 역사가 지워져야 했다.

살면서 내가 여자이기 때문에 경험해야 했던 성/폭력과 차별의 순간들에 대한 기억은 아주 어릴 때부터 시작되었고, 그런 경험들이 내가 페미니스트가 될 수밖에 없는 필연적인 계기가 되었을 터다. 뿐만 아니라 명백하게 사회가 그려 놓은 성별 위계 안에서 엉망진창으로 어그러졌던 이성애 연애도 충분히 경험했다("딴 남자들 앞에서 그렇게 웃지 마"라거나 "화장한 여자는 별로야/뚱뚱한 여자는 게으르지", "결혼을 안 하겠다니, 이기적이야", 혹은 "백인 남자와 팔짱 끼고 가는 여자들은 때려 주고 싶어"와 같은 대사들이, 남자인 애인들에게 직접 들었던 말들이다. 너무 전형적이라 일일이 열거하기에도 부끄러운 말과 사건들은 산만큼 쌓여 있다).

그럼에도 불구하고 할머니의 복잡한 정체성과의 대면이야말로 페미니스트로서 돌이킬 수 없는 각성의 시작이었던 것 같다. 할머니의 삶 안에서 '너희'와 '우리'는 어떻게 나뉘었을까. 어렸을 때 일본인점주 덕분에 공부를 할 수 있었던 할아버지의 삶 안에서는 어땠을까. 그리고, 나에게 '너희'와 '우리'는, 도대체, 어떻게 분류할 수 있는 범주인가. 그것은 머릿속에서 매끈하게 정리되어 있던 '민족의 역사' 위에 듬성듬성 구멍이 뚫리는 순간이기도 했다. 그렇게 벌어진 심연 속에 들어가 아주 오랫동안 그 문제에 대해서 생각했다. 내가 역사라고 생각했던 그 이야기들이 일관성을 유지하기 위해서 무엇이 "삭제되고 배제"[1]되었는지에 대해서. 어느 순간 나의 마음속에서 할머니와 내가 드디어 '우리'가 되었던 그 순간까지.

　나는 그 시간들의 중첩을 나의 '각성의 순간' 혹은 '페미니스트 모먼트'라고 생각한다. 누군가가 세상을 바라보는 시각이 극적으로 변해 가는 시간들. 지금까지 당연하다고 여겼던, 세상을 지배하는 법칙에 질문을 던지기 시작하는 시간들. "정말? 왜?"라고 말하게 되는 바로 그 시간들. 페미니스트로서 세계를 인식한다는 것은 여성으로서의 자신을 인식한다는 의미이기도 하지만, 동시에 그러한 성(性)을 구성하는 다양한 조건들에 대해 인식한다는 것, 그러니까 계급과 연령, 신체적 조건, 민족, 성적 지향 등의 다양한 문제에 대해서 인식한다는 것이기도 하다. 그렇기 때문에 페미니스트로서 세계를 인식한다는 것은

---

1 리베카 솔닛, 『남자들은 자꾸 나를 가르치려 든다』, 김명남 옮김, 창비, 2015, 104쪽.

'보편'이라는 것이 기실은 다양한 차이의 배제와 몰살로부터 비롯된다는 것을 인식한다는 것이기도 하다.

그런 의미에서 나에게 페미니스트 모먼트는 할머니의 존재에 대한 인식, 그 자체로부터 시작되었다. '친/할머니/일본/여자'라는 숨겨져 있던 '슬래시'들이 겹쳐서 마치 매직아이처럼 어떤 형상이 떠올랐다. 그리고 그것들은 복잡하게 꼬여 있거나 얽혀 있었고, 명료하게 설명되지 않았다. 나에게 단순 명료했던 민족의 비극 위에 또 다른 비극이 놓여 있었다. 그건 여자들의 비극이었다. 그 비극은 거대한 민족의 역사 위에 온전히 새겨져 있지 않았다. 그리고 그 '비극'은, '비극'이라는 말이 지고 있는 무게처럼 '비극적'이지만도 않았다.

그리고, 오키나와

나에게 오키나와는 그저 〈릴리 슈슈의 모든 것〉(이와이 슌지, 2015)이나 〈안경〉(오기가미 나오코, 2007) 같은 영화에서나 봤던 아름다운 해변 그 자체였다. 하지만 반짝이는 것은 언제나 きず(흠 혹은 상처)를 안고 있기 마련이다.

오키나와는 전후 일본을 가능하게 했던 버려진 돌, 가려진 희생양, 보이지 않는 지반이었다. 19세기까지 독립국 류큐 왕국이었던 오키나와는 1879년 메이지 정부에 의해 '오키나와 현(縣)'으로 복속된다. '근대 일본 최초의 식민지'였다. 오키나와 현으로 강제 편입되고

난 뒤, 오키나와 사람들은 식민지인으로서 차별을 받지 않기 위해 오키나와어로 된 이름을 일본어로 된 이름으로 바꾸었다. 조선인들의 창씨개명 운동과 같은, '개성·개명 운동'이다. 오키나와인들은 그렇게까지 노력했지만, 일본 정부는 오키나와를 2차 세계대전의 사활을 건 접전지로 내던진다. '오키나와전(戰).' 오키나와는 2차 세계대전 중 일본에서 유일하게 지상전이 펼쳐졌던 공간이었으며, 이는 최대 사망자를 낸 전투이기도 했다. 패전 후 일본은 오키나와를 미국에 넘겨 버린다. 그렇게 오키나와에서 미군정기가 시작됐다.

미군정기에 식민지 오키나와 출신이 일본 본토에서 받았던 차별은 상상하기 어려운 것이었다. 오키나와에서 한 택시 운전기사와 이야기를 나눈 적이 있다. 그는 오키나와가 일본으로 반환되기 전 본토에서 일했을 때 오키나와인으로서 당했던 차별이 당시 재일조선인이 받은 차별보다 심했다고 기억한다(그것이 사실인지는 물음표 안에 놓여 있지만, 그의 감각이 그랬다는 것을 인정하는 것은 중요하다).

1972년, 오키나와는 일본으로 반환되었지만 여전히 주일(駐日) 미군 기지의 약 74%가 오키나와에 집중되어 있다. 섬의 20%에 달하는 면적이다. 그래서 오키나와는 '기지(基地)의 섬'이라고 불린다. 이런 신식민의 상황에서 1970년대에는 미군 차량이 오키나와인을 치는 사건이 일어나면서 폭동으로 이어지기도 했고, 1990년대에는 미군 병사 세 명이 12살 소녀를 성폭행한 사건을 계기로 반미 투쟁에 불이 붙기도 했다. 심지어 미군 기지에서 뜬 헬기가 근처 대학 건물에 곤두박

질쳐 학교 건물이 불타는 사건도 있었다.

그러나 이뿐만이 아니었다. 오키나와에는 서늘한 이름의 공간들이 있다. '집단자결지'(集團自決地). 오키나와전 당시 일본군은 오키나와 주민들에게 미군에게 붙잡히면 엄청난 치욕과 고통을 당하게 될 것이라 말했고, 포로가 되기 전에 자결을 하라고 교육했다. 실은 내부 정보나 자원이 미군에게 넘어갈 것을 염려했기 때문이었다. 그래서 특히 학교 교장이나 교사 등 마을 지도층의 주도로 집단 자결이 행해졌다. 동굴 같은 곳에 단체로 숨어들어가 서로가 서로의 목을 칼로 긋거나 수류탄을 터트렸다. 집단자결에서 살아남은 사람들은 말한다. "그러나 일본군 지도층은 자결하지 않았다." 패전 후, 물론 천황도 살아남아 머리를 조아렸다.[2]

그래서였을 것이다. 오키나와전이 끝나고 일본이 항복하고 오키나와가 미국에 '조공'되었을 때, 오키나와 주민들은 스스로를 "일본의 '버린 돌'"이라고 생각했다. "오키나와전은 '국체호지'(国体護持)[3]

~~~~~

2 '집단자결 피해'는 '위안부 피해'와 마찬가지로 '역사 다시 쓰기'의 문제를 안고 있다. 2005년 일본에서는 주목할 만한 재판이 하나 진행됐다. 소설가 오에 겐자부로가 『오키나와 노트』에서 오키나와전 당시 군에서 집단자결 명령을 내린 사람의 실명을 언급했고, 그 유족이 명예훼손으로 소송을 건 것이다. 여기서 문제가 된 것은 원고 측의 "오키나와 사람들이 일본 국민으로서 오키나와전에서 군의 발목을 잡지 않기 위해 스스로 자결해 군에 협력했다"는 주장이었다. 재판은 2011년 4월 작가 오에 겐자부로와 출판사 이와나미의 승소로 마무리되었다(한홍구·서경식·다카하시 데쓰야, 『후쿠시마 이후의 삶』, 이령경 옮김, 2013, 반비, 232쪽).
3 일본이 전쟁에서 패한다고 해도 천황제는 건드리지 않는다는 것.

를 보장받을 때까지의 시간 벌기였다는 시각이 있고, '버린 돌'이 됐다는 건 그런 의미"에서였다.[4] 일본은 오키나와를 미국에 제공함으로써 안정적인 미일 동맹관계를 구축할 수 있었다. 그리고 그것이 전후 일본의 토대였다. 일본의 철학자 다카하시 데쓰야는 오키나와를 일본의 '희생의 시스템' 중심에 놓는다. 희생의 시스템에서는 누군가의 이익이 다른 누군가의 "생명, 건강, 일상, 재산, 존엄, 희망" 등을 희생함으로써 만들어지고 유지된다.[5] 오키나와는 전후 '야마토 일본'[6]을 위한 희생양이었다.

12·28 불가역적 합의

바다 위로 태양이 빛나고 '고야 참푸르'(오키나와식 여주볶음)와 소금 아이스크림을 맛볼 수 있는 곳. 일본에서 실업률이 가장 높은 지역이지만, 관광객들에게는 자연의 아름다움에 푹 빠져 먹고 즐길 수 있는 레저 스포츠의 메카로 알려져 있는 곳. 오키나와는 사람들이 일상을 살아가는 곳이기도 하지만 한국의 제주처럼 '관광지와 무덤 사이'[7]에서 진동하고 있는 섬이기도 하다. 그런 오키나와에 다시 돌아간 것은 올해(2016년) 1월이었다. 첫 방문 후 넉 달 만이었다.

---

4 다카하시 데쓰야, 『희생의 시스템 후쿠시마 오키나와』, 한승동 옮김, 돌베개, 2013, 147쪽.
5 같은 책, 161쪽.

'오키나와 근대사 답사'라는 이름의 여행이었다(다른 여행 블로그들을 보니, 우리의 경로와 비슷하게 움직이는 여행을 '오키나와 평화순례'라고 부르기도 한다). 2015년 무방비 상태로 대면했던 오키나와와 조금 더 진지하게 만나고 싶어 하던 차에, 마침 후텐마 미군 기지,[8] 헤노코 신기지 건설 반대 투쟁 현장,[9] 배봉기 할머니의 빨간 기와집 터, 아리랑 위령비,[10] 집단자결지 등을 답사하려는 동료 페미니스트 연구자들이

6 '야마토'는 서기 3세기 말에 세워진 일본 최초의 통일정권으로, 일본에서 다수를 차지하는 종족의 통칭이다. 이 용어는 19세기 말에 아이누민족, 류큐민족, 니브흐족 등 일본에 사는 다른 민족들과 일본 본토, 즉 혼슈, 시코쿠, 규슈와 홋카이도에 사는 사람들을 역사적·정치적·언어적으로 구분하기 위해 사용되기 시작했다. 그리고 20세기 초에 일본 식민지가 되었던 조선인과 타이완인, 고산족과 구별짓는 데도 사용되었다(위키백과, https://ko.wikipedia.org/wiki/야마토_민족, 2016년 11월 25일 검색). 오키나와의 류큐민족을 '야마토족'에 포함시킬 것인가 아닌가는 여전히 논란이 되고 있으나, 오키나와가 '야마토 일본'을 위한 희생양이라고 말할 때에는 명백하게 오키나와를 일본 본토의 식민지로 이해하는 것이다.

7 김혜리, 「[김혜리 칼럼] '지슬'이라는 신비롭고 외딴 섬」, 네이버, 2013년 3월 22일자.

8 미군이 태평양전쟁 중이던 1945년 초 오키나와를 점령한 이후 설립한 후텐마 미군 기지는 오키나와 본섬의 중부에 있는 기노완 시(市) 중심부에 위치하고 있으며, 기노완 시 면적의 약 25%를 차지한다. 기지 건설 당시 토지 수용이 강제적으로 이뤄지면서 다수의 오키나와인이 토지와 거주지를 상실했다. 이 때문에 기지 건설 당시부터 반대에 부딪혔다.

9 약 20년 동안 이어지고 있는 헤노코 신기지 건설 반대 운동의 현장은 제주의 강정마을을 떠올리게 한다. 미군은 향후 200년간 사용할 것이라며 헤노코 신기지 건설을 밀어붙이고 있는 중이지만, 신기지 건설에 반대하는 측은 ①환경 파괴, ②지역민 안전에 위해를 가함, ③오키나와의 미국 병참 기지화 등을 이유로 반대 투쟁을 벌이면서 미군 기지의 일본 국외 이전을 주장하고 있다.

10 배봉기 할머니의 삶을 따라간 다큐멘터리 〈아리랑의 노래: 오키나와의 증언〉(박수남, 1991)의 촬영지에 1997년 건립된 '위안부' 피해 여성들을 기리는 위령비. 도카시키 섬 주민들의 성금으로 제작되었다는 점에서 그 의의가 깊다고 평가된다.

있었다. 행운이었다.

그런데 출발 열흘 전인 2015년 12월 28일, 한-일 정부 사이에 생각지도 못했던 '위안부' 문제 합의가 이루어졌다. '최종적이고 불가역적인 합의'라는 이름이 붙은 이 타협은 "일본 정부가 책임을 통감하고, 일본 정부 예산으로 '위안부 피해자'를 지원하는 재단 설립을 지원한다"는 것을 골자로 한다. 그리고 일본 정부가 이 약속을 이행할 경우 한국 정부는 "소녀상의 철거를 고려하고, 향후 유엔 등 국제사회에서 동 문제에 대해 상호 비난, 비판을 자제한다"고 합의했다. 오키나와로 돌아가는 마음이 조금 더 불편해질 수밖에 없었다. 무엇보다 나에게 오키나와의 '희생의 역사' 자체가 한일 양국이 '위안부' 피해자 여성을 희생양으로 삼아 온 역사와 아주 다른 이야기가 아니었기 때문이었다.

전후 일본은 '미-일 안보 체제' 위에 성립했고, 2015년 미국의 지지를 바탕으로 강행된 일본의 집단자위권 법안 표결에서 볼 수 있는 것처럼 이 체제는 지속되고 있다. 그런데 이 공조 체제를 유지하면서 중국을 견제하고 미-일이 동아시아에서의 주도권을 확보하기 위해 필수적인 것이 이명박 정권 말기 독도를 둘러싼 영토권 분쟁으로 악화된 한-일 관계의 회복이었다. 2015년 12월 28일 한-일 정부가 함께 발표한 '불가역적 합의'는 양국의 관계 개선을 위한 정치적 제스처였으며, 한-미-일 안보 및 경제 체제의 새로운 구축을 알리는 상징적 사건이기도 했다. 불가역적 합의가 발표되자마자 미국이 동아시아 평화 운운하며 반색한 것은 이런 맥락에서다.

양국은 까다로운 독도 문제를 제쳐 두고 '위안부' 문제를 쉬운 해결책으로 내던진 셈이다. '불가역적 합의'란 한-미-일 안보 체제 및 TPP(Trans-Pacific Partnership, 환태평양 경제 동반자 협정) 경제 체제라는 제국주의의 또 다른 이름이 작동하기 위한 일종의 통과의례였다. 합의의 목적이 이처럼 '위안부' 문제의 해결이 아닌 다른 곳에 있었기 때문에 논의 과정에서 피해자는 완전히 무시되었다. 뿐만 아니라 피해자의 트라우마에 대해서도 전혀 고려하지 않았으며, 무엇보다 '회복적 정의'라는 취지에도 위배되는 것이었다.[11] 그렇게 '위안부' 피해자는 또다시 정치적 희생양이 되었다.

또 한편으로 이번 오키나와행을 결정했던 중요한 계기 중 하나에는 『제국의 위안부』[12]를 둘러싸고 벌어진 한-일 양국 지식 장(場)에서의 소요 및 대중적 담론의 움직임이 있었다. '위안부' 징모 과정에서 '위안부' 여성들의 자발성과 조선인 포주의 적극적인 공모를 강조하고, 위안소에서 '위안부' 여성들이 황군과 맺었던 '동지적 관계'를 묘

---

11 '회복적 정의'란 "피해자가 정의 구현의 일차적 당사자가 되고 피해자의 요구와 권리가 중심이 되는" 것을 의미한다. '회복적 정의'의 구현 방식을 살펴보면, "가해자를 처벌함으로써 정의가 구현되는 것이 아니라 잘못을 바로잡음으로써 정의가 구현된다. 기존의 모델에서 잘못에 대한 대응을 국가가 독점했다면 회복적 사업에서는 가해자와 피해자 간의 대화가 회복적 정의의 규범이 된다"(양현아, 「피해자의 입장에서 본 2015년 한일외교장관 회담의 문제점」, 『긴급토론회: 긴급 진단, 2015년 한일외교장관회담의 문제점』, 2016년 1월 5일, 미간행 자료집, 7쪽).

12 박유하, 『제국의 위안부: 식민지 지배와 기억의 투쟁』, 뿌리와이파리, 2013.

사함으로써 일본 제국에게 면죄부를 주는 이 작업[13]은, 궁극적으로는 이런 이해를 기반으로 한일 양국의 '평화로운 화해'를 지향하고 있다. 나는 종종 '평화'라는 말의 손쉬운 '아름다움'에 대해서 생각한다. 누구나 '평화'의 가치를 의심하지 않을 터이기 때문이다. 그러나 평화는 목숨을 건 투쟁을 바탕으로 비로소 쟁취되는 것이지 갈등을 무화하고 부정성을 거부함으로써 조용하게 사뿐사뿐 다가오는 것이 아니다. 필연적인 싸움을 회피할 때 달성되는 평화란 결국은 '현상'(status quo)에 복무하고 있는 기득권을 위한, 그들의 관점에서의 평화일 뿐이다. 그런 의미에서 '위안부' 없는 '위안부' 문제 해결이 지향하는 '평화로운 화해'란 기만적인 수사에 불과하다.

『제국의 위안부』를 둘러싼 갑론을박을 보면서, 나는 '위안부' 문제에 대해서 조금 더 잘 이해하고 싶었다. 그리고 그 이해를 위해서 책상에 앉아 관련 문헌을 뒤적이기 전에, 실제로 몸을 움직여 그 경로를 한번 따라가 보고 싶었다. 그래서 배봉기 할머니의 '붉은 기와집 터'가 여행 경로에 포함되어 있는 것에 감사했다. 돈을 벌기 위해 '자발적으로' 따라나선 그 여성이 오키나와의 작은 섬 도카시키의 붉은 기와집에서 경험한 일들은 '자발성'으로 간단하게 묘사될 수 있는 경험이었

---

13 박유하의 작업에 대한 이론적 비판은 적지 않게 발표됐다. 페미니즘의 입장에서 대중적으로 비판하고 있는 작업으로는 『문학동네』 2016년 봄호에 게재된 정희진의 글을 추천하고 싶다(정희진, 「포스트 식민주의와 여성에 대한 폭력」, 『문학동네』, 2016년 봄호, 2016).

을까? 그게 궁금했다.

　　그런데 오키나와로 돌아가 '그곳'에 가보기도 전에 12·28 '불가역적 합의'가 이뤄졌고, 그것은 그 기만적인 '평화로운 화해'에 한 걸음 다가서는 것이었다.

배봉기, 할머니

오키나와 본섬에서 쾌속정을 타고도 30~40분은 족히 들어가야 하는 작은 섬 도카시키에 배봉기 할머니의 '빨간 기와집'이 있다.[14] 배봉기 할머니는 일본군 '위안부' 최초 증언자로 알려져 있다. 1991년 김학순 할머니의 증언이 있기 전, 1970년대에 배봉기 할머니는 그야말로 살기 위해서 자신이 '위안부'였음을 세상에 밝혔다. '빨간 기와집'은 그가 있던 위안소를 부르는 이름이다.

　　식민지기 말, 그는 "파인애플, 바나나는 산에 가서 나무 밑에 누워 입을 벌리고 있으면 저절로 떨어진다"[15]는 말을 듣고 업자를 따라나서서 오키나와의 도카시키 위안소까지 오게 된다. 일곱 명의 조선 여성이 '빨간 기와집'에 함께 있었다. 격렬했던 오키나와전에서 겨우 살

---

14 '빨간 기와집'은 일본의 저널리스트인 가와다 후미코가 배봉기 할머니의 구술을 정리해서 출간한 책의 제목이기도 하다(가와다 후미코, 『빨간 기와집』, 오근영 옮김, 꿈교출판사, 2014).

15 후미코, 『빨간 기와집』, 53쪽.

아남은 그는 일본 패전 후 미국령 오키나와에 남아 온 섬을 전전했다. 1972년 오키나와가 일본으로 반환되자, 그는 오키나와에서 추방되지 않기 위해 "위안부로 오게 되었다"는 사실을 밝힌다. 그의 삶이 알려진 후 그를 도와준 것은 일본의 조총련계 사람들이었다. 당시 남한은 '위안부' 자체가 주목을 끌기 어려운 분위기였을 뿐만 아니라 배봉기 할머니가 조총련계의 지원을 받고 있었기 때문에 그 증언은 거의 알려지지 않고 묻혔다. 배봉기 할머니는 "그런 의미에서 '식민지 지배의 희생자', '국가적으로 조직된 성폭력의 희생자', 그리고 '남북분단 체제의 희생자'로, 말 그대로 중층적인 모순의 피해자"였다.[16]

도카시키에 있는 배봉기 할머니의 '빨간 기와집' 터 앞에 섰을 때. "책 안에서는 가족 여행도 가능하다"(本の中では、家族旅行もできるよ)라는 이상한 문구를 보았을 때. 나를 사로잡았던 것은 몸을 움직였을 때에야 비로소 느낄 수 있는 '현실적인 감각'이었다. 서울에서 도쿄로, 도쿄에서 오키나와 본섬으로, 오키나와 본섬에서 다시 도카시키라는 섬으로. 그렇게 찾아온 '위안소' 터 앞에서 우선은 막막함이 느껴졌다. 도망을 간다고 해도 쉬이 벗어날 수 없는, 어디 숨을 곳 하나 없는 섬은 '자발성'과는 거리가 먼 감각을 주었다.

그러나 나는 이내 조금 복잡한 마음에 사로잡혔다. 머릿속을 떠돌

---

16 김미혜, 「오키나와의 조선인: 배봉기 할머니를 통해 보는 남북분단과 재일 조선인의 현대사」, 김미정 옮김, 제5회 동아시아 비판적 잡지 회의 발표문, 2013, 123쪽.

았던 것은 '피해자 배봉기'의 모습만은 아니었던 것이다. 고통의 시간을 살아내어 그 이야기들을 들고 기어이 우리에게 도달한 모습이 중첩되어 떠올랐다. 그리고 그 옆에는 배봉기 할머니의 이야기를 듣고, 기록하고, 우리에게 (또다시 기어이) 전달해 준 저널리스트이자 활동가인 가와다 후미코의 단단한 모습 역시 함께 있었다. 따라서 도카시키에서 느낀 감정은 분명하게 포착하기 어려운 양가적인 감정이었다.

조선에서의 지긋지긋한 삶에서 벗어나 쉽게 돈을 벌 수 있다는 말을 듣고 따라나선 이 젊은 여성은, 외부가 없는 작은 섬의 작은 집에 갇혀 살았다. 그리고 그는 일본 패전 후의 삶이 더 끔찍한 것이었다고 회고한다. 도카시키를 떠나 오키나와 본섬을 떠돌았던 그의 삶의 궤적은 그 시간들을 보여 준다. 이동과 체류, 세상으로부터의 감금과 자발적 유폐. 그러나 그곳에는 이성의 언어로 해석될 수 없는, 삶을 추동하는 힘이 있었다. 특히 『붉은 기와집』에서 묘사되는 그의 결벽증적 깔끔함은 일종의 매혹이었는데, 이 병증은 결코 '결벽'할 수 없었던 그의 삶에 대한 방증이면서 동시에 자기 삶의 주도권을 놓지 않는 집요함의 증거이기도 했다.

할머니들

지난 2016년 1월 오키나와 답사 이후, 나는 종종 헤노코 신기지 건설 반대 현장에서 만났던 활동가들을 떠올린다. 쪼글쪼글 주름진, 검은 얼굴의 어르신들. 함께 어깨를 걸고 춤을 추며 노래를 부르던 분들. 멀리서 왔다고 주머니 속에 들어 있던 단 것들을 꺼내 주시던, 그 손.

오키나와는 '전후 일본'이 성립될 수 있도록 했던 '희생의 시스템' 속에 놓여 있었지만, 그렇기 때문에 그에 끊임없이 저항하고, 목소리를 내고, 들리게 하고, 질문을 던지고, 그리하여 우리로 하여금 또다시 질문하게 만들고 있다. 바로 그곳에 '희생'으로만, 혹은 피해와 억압으로만 말할 수 없는 에너지가 존재한다. 흥미로운 것은 헤노코 신기지 건설 반대 운동에는 여성들, 특히 여성 어르신들이 많이 참여한다는 것이었다. 신기지 건설 반대 운동은 전 지구적 남성 카르텔이라 할 수 있는 군사주의 자체를 뒤집고, 그 군사주의와 서로 착종된 채 서로를 지탱하는 '자본주의적 성장주의'에 제동을 거는 운동이다. 그러므로 생명에 대해서 말하는 운동이기도 한 셈이다. 이런 운동이 현실적 조건 안에서 여성으로 젠더화되는 것은 어색한 일이 아니다.

현장에서 만났던 '남성 활동가'인 야마시로 히로지 씨는 "여성들이 많기 때문에 운동이 약하다고들 합니다. 하지만 운동은 역시 마음이죠"라고 말했다. 이어서 그는 "기분, 용기, 배려 같은 것들. 그런 것들에 기대서 갈 때에야 1년이고 2년이고 무너지거나 부서지지 않고 계속 갈 수 있어요"라고 덧붙였다. 마음이 오직 '힐링'과 같은 산업 안에서만 의미가 있는 시대에, 그 마음을 살려 내어 나와 남을 조직하는 운동이야말로 약한 운동이 아니라 강한 운동일 터이다. 그런 강한 운동들 안에는, 종종, 여성들이 있었다. 그것이 여성의 '본성'이라서가 아니라, 여성의 주변적인 위치가 다른 가치를 소중히 여기도록 만든다. 그리고 그런 가치야말로 '인간의 가치'로서 재발견되고 재의미화되어야 하는 것들이다. 그리고 내가 그려 보는 그런 부드럽지만 강인한 싸움의 풍경에는 언제나 밀양의 '할매'들이 계셨다. "나 하나는 죽으면 그만이지만, 너희들 살리려고 하는 거다, 이 싸움"이라고 말씀하시던 강건한 입.

그리하여 나는 '할머니들'에 대해서 생각하게 되었다. 우리의 세계를 존재하게 한 거대한 영향력, 그러나 우리가 쉽게 지워 버린 것으로서의 '할머니들'. 나는 '위안부' 피해에 맞서 싸운 그 투사를 '할머니'라고 불러야만 한다고 생각한다. '위안부' 투쟁은 다른 누가 아닌 '나이 든 여성들'의 투쟁이었으며, 그렇게 젠더화된 투쟁이었고, 그랬기에 지속의 힘을 가진 투쟁이었다.

우리는 할머니가 '가부장제의 편견'을 딛고 역사의 폭력을 증언하는 시민으로서 재기입되었던 그 순간들에 대해서 기억해야 한다. '위안부' 문제를 둘러싼 운동을 촉발시켰던 그 에너지, "나는 부끄럽지 않다. 이 순간을 평생 기다려 왔다"던 김학순 할머니의 말, "법정에서는 졌지만, 나의 마음은 지지 않았다"던 송신도 할머니의 말에 스며들어 있는 그 결기에 대해서 지치지 말고 이야기해야 한다. 할머니들은 자신들의 고통을 세계에 꺼내어 놓음으로써 이 세계의 보편의 기억에 틈입해 들어왔다. 그랬기 때문에 잠재력으로서만 존재하던 그 기억들은 드디어 정치적 운동의 힘이 되었다. 우리의 세계는 이미 할머니들의 기억과 접속되어 형성된 '새로운 공통의 기억' 위에 서 있다.

할머니들의 역사는 전후 일본과 한국에서, 그리고 그 "세계사"라는 것에서 지워졌지만, 종내에는 다시 쓰여졌고, 여전히 다시 쓰여지고 있다. 그렇게 할머니들은 "세계 정치학의 역할자(player)"[17]가 되어왔다. 무엇보다 전쟁과 여성인권에 대한 사유와 그 제도적 대처의 성립은 할머니들을 중심으로 하는 '위안부' 운동에서부터 시작되었다. 이 싸움이 아직 끝나지 않은 것은 우리가 할머니들의 영향력 아래 놓여 있기 때문이다.

주목해야 하는 '자발성'은 징모 과정에서의 자발성이 아니다. 그것이 '위안부' 여성들의 주체성을 회복하는 방식은 더더욱 아닐 것이다. 김학순 할머니가 처음 증언을 했을 때 일본사회에 반향을 일으킬 수 있었던 것은 그의 증언이 가부장제의 견고한 편견을 찢고 비로소 이 땅에 도달했기 때문이었다.[18] 그 용기와 그 결단이야말로 식민의 역사와 가부장제에 균열을 내는 것이다.

마지막 고백

두번째 방문을 마치고 오키나와에서 인천으로 돌아오는 길에, 조카에게 선물하기 위해 일본의 대표적인 관광상품인 '병아리 모양 과자'(ひ

17 캐서린 문, 『동맹 속의 섹스』, 이정주 옮김, 삼인, 2002.

ょこ)를 집어 들었다. 내가 아주 어렸을 때, 일본 출장을 다녀오시는 아버지의 손에 언제나 들려 있던 선물이었다. 어쩐지 아련하고 그리운 마음이 들었다. 그런데 그렇게 아련한 마음으로 병아리 과자를 만지작거리고 있자니, 기분이 조금씩 묘해졌다.

일본인 점주 밑에서 일하면서 일본인의 '좋은 점'을 많이 경험한 성실한 점원이었던 할아버지는 식민지기, 해방기, 국가 주도의 산업화기를 지나면서 자수성가한 사업가였다. 그러니 '집안'의 분위기 자체가 매우 친일본적이었던 건 어쩌면 자연스러운 일이다. 할머니가 일본인이라는 것은 숨겨져 있었지만, 본받아야 할 자질로서의 '일본성'이라는 것은 일상적으로 그 자리에 그렇게 존재했다. "너희 할머니는 일본에서 공부를 하셔서('일본인이어서'는 언제나 괄호 안에 있었고), 늘 깔끔하고 단정하시다" 역시 자주 듣던 이야기였다. '일본성'은 여자로 태어난 내가 닮아야 할 자질이기도 했다.

스멀스멀 묘한 기분의 정체가 드러났던 것 같다. 그리고 질문이 떠올랐다. 너의 할머니가 일본인이 아니었다면. 동아시아 어딘가 다른 곳의 출신이었다면. 그때에도 그랬을까. 일본에 너의 뿌리 중 일부가 있다고 생각하고, 일본에 올 때마다 '돌아왔다'고 느끼고, 그 잡종성(hybridity)을 이해하고 설명하려고 했을까. (한국인과 일본인의 혼혈이라는 것이 도대체 뭐 대단한 '잡종'을 만들어 내는가?) 네가 스스로 만든 너의

---

18 윤명숙, 『조선인 군위안부와 일본군 위안소제도』, 최민순 옮김, 이학사, 2015, 40~54쪽.

정체성은 한국사회를 여전히 지배하고 있는 식민의 기억, 식민의 경험으로부터 과연 자유로운가. 심지어 그것은 할머니로부터 받은 자부심도 아니지 않았는가. 그것은 한국사회를 사로잡고 있는 일본에 대한 혐오의 뒷면인 동경으로부터 온 것이며, 또 한편으로는 할아버지로부터 비롯된 일본에 대한 향수와 신뢰로부터 온 것이기도 하다. 내 안의 식민성, 그리고 'ただいま'(다녀왔습니다)의 위선. 다시 마주하는 페미니스트 모먼트였다. 그리고 나는 부끄러움에 조금 울었다.

이 난감한 글을 쓰겠다고 마음먹은 것은 그 때문이었다. 사실 『제국의 위안부』를 둘러싼 논쟁을 보면서 이 글을 쓰는 것을 포기하려고 했다. 『제국의 위안부』는 마치 가부장제가 어떤 모순에도 선행하는 것처럼 기술하면서 일본 제국주의에 면죄부를 주고 있는 작업이었기 때문이다. 이런 상황에서 한때는 일본 여자였고, 이제는 한국 여자로 기억되는 나의 할머니가 경험한 한국의 가부장제를 말하는 것이 자칫하면 식민지 지배와 가부장제의 복잡한 교착을 단순화하고 '어떤 모순에도 선행하는 가부장제'에 대해 이야기하고 있다는 오해를 만들어낼 수도 있다는 염려가 들었다. 하지만 결국에 이 문제를 다시 대면하기로 마음먹은 것은 내 안에 여전히 살아 있는 그 '식민성' 때문이었다. 그것에 대해 인식하고 고백하고 그렇게 다시 생각하기 시작하는 것은 페미니스트로서도, 그리고 '최말순' 혹은 '에이코'의 손녀로서도, 나에게는 꼭 필요한 과정이었던 것이다.

나는 누구일까? 나는 어떻게 규정되고 설명될 수 있을까? 나에게 부여된, 그리고 내가 가져 온, 혹은 내가 '쟁취'해 온 정체성들 사이의 불일치와 갈등은 어떻게 서로 손을 내밀어 교차하여 직조될 수 있을까? 나에겐 그것을 질문하게 하는 그 영향력들이 '할머니들'이다.

사실 여기까지 왔을 때에야, 내가 얼마나 대책 없이 이 글을 쓰기 시작했는지 깨달았다. 할머니는 당신의 인생을 살았고, 그 가부장제의 질서 안에서 스스로의 존재를, 기실은, 증명해 오셨던 셈이기도 하다. 10년이 훌쩍 넘도록 나는 끊임없이 그를 이 체제의 희생자로 상상해 왔다. 그 상상력이야말로 이 사회가 나에게 강요한 상상력이었다. 그리고 그것이 이 사회가 '할머니들'을 지워 온 방식이기도 하다.

꿈이 하나 있다. 복잡하지만 그다지 특별할 것은 없는 가족사를 이해하고 그 안에 얽히고설켜 있는 할아버지와 할머니들의 삶, 우리 아버지와 어머니, 삼촌들과 숙모들, 고모에 대해서 다시 보기 시작했을 즈음부터 가지게 된 꿈이다. 할머니들의 이야기를 쓰리라. 자신의 자리를 잃지 않기 위해 오히려 목소리가 커야 했던 큰할머니와, 자신의 자리를 잃지 않기 위해 오히려 목소리가 작아야 했던 작은할머니에 대해서, 어쩐지 좋아하지 않았던 큰할머니와 어쩐지 마음이 쓰였던 작은할머니에 대해서. 이 글은 그 작업의 첫 페이지다.

그 꿈을 처음 꾸기 시작했을 때에는 미처 인식하지 못했지만, 그렇게 이야기를 다시 써 가는 것, 새롭게 만들어 가는 것이 우리를 만들었으나 배제되었던 그 영향력들을 다시 기록하고 기억하는 일이 될 것이다. 리베카 솔닛이 '할머니들'이라고 불렀던 여성들의 역사를, 우리들의 역사를 다시 쓰는 일이 될 것이다. 새로울 것 없이 진부하고 지루하기 짝이 없는 이야기이지만, 그럼에도 불구하고, 나는 그것이 여전히 우리 페미니스트들 앞에 놓여 있는 과제라고 생각한다.

우리의 이야기는 우리가 멈추지 않는 한 계속된다.

페미니스트이기보단,
페미니스트가 아니고 싶지 않은

한채윤

'여성'이기에 주어진 다른 기대들

대학을 다닐 때, 나의 전공은 고고학이었다. 고고학은 옛사람들이 살면서 남긴 흔적들을 찾아 조합하고 분석해서 인류의 역사를 복원하는 학문이다. 어릴 때부터 고고학자가 되는 것이 꿈이었고, 그 하나만을 목표로 고등학교 입시 스트레스를 견뎠다. 담임과 부모님의 회유를 물리치고 마침내 원하는 대학의 원하는 학과에 입학한 것은 열아홉 인생으로선 큰 성취였다. 그렇게 꿈에 그리던 학과 생활을 넘치는 의욕으로 시작했는데, 곧 설명할 수 없는 묘한 불편함에 시달렸다. 초등학생 시절부터 미래에 고고학자가 되어 있는 나를 수도 없이 상상해 왔음에도 뭔가 낯설었다. 수업 시간에, 유적 발굴을 나갔을 때, 교수님이나 선배들과 뒤풀이를 하는 순간에도 어딘가 어색했다. 상상 속의 나는 '고고학자'였고, 여자라는 나의 성별에 스스로 주목해 본 적이 없었다. 하지만 실제 학과 생활에서 나는 '여자' 학생이었다. 교수와 선배들은 공공연히 '남'학생을 선호했고, '남'학생의 수가 부족한 현실을 한탄했고, 그래서 '남'학생들을 더욱 독려했다.

엄청나게 대단한 성차별이 있거나 한 건 아니었다. 그러기엔 학과 내의 여학생 비율이 압도적으로 높았다. 당시에 고고학과는 국내 대학 내에 전공으로 개설된 지 얼마 되지 않은 신생 학과였고 졸업 후에도 계속 고고학을 공부할 인재 자체가 많이 필요했으므로 여자라고 가릴 여유는 없었다. 하지만 항상 느낄 수는 있었다. 누구에게 더 기대를 거는지를. 그러니까 성차별은 별도의 사건으로 존재하는 것이 아니라 무언의 일상으로 존재했다. 누구든 여자라는 것 자체로 문제가 될 건 없었지만 그 누구든 남자라면 더 좋았을 것임은 분명했다.

차라리 언젠가는 몸에서 페니스가 돋아날 거라고 믿었던 꼬맹이 시절이 더 견디기 쉬웠던 것 같다. 이루어지지 않을 상상이었지만 가슴이 두근거리기라도 했으니까. 이젠 그런 기적을 바라는 대신 성별의 벽을 뛰어넘을 실력을 길러야 했다. 그것이 어른들의 세계이고 진짜 프로의 세계이며 진정한 인간 승리라고 배우지 않았는가. 나는 학부 3학년 때부터 고고학 분야 중에서 국내에 아직 전문가도 없고, 제대로 된 교재 한 권도 없던 분야인 '동물뼈 고고학'[1]을 세부 전공으로

---

1 박물관에 가면 흔히들 석기나 토기를 많이 보게 되는데, 옛사람들의 흔적이 남은 유적에서는 조개껍질이나 동물의 뼈도 많이 나온다. 남은 뼛조각들은 그 유적의 주인공들이 살

정해서 매진했다. 학과 내에 '동물뼈 연구회'를 만들었고, 일본에서 나온 도서를 번역하고 편집해 직접 여러 권의 학습교재를 만들기도 했다. 아마도 나는 성별 간 경쟁이나 불이익을 피할 방법을 찾으려 했을 테고, 은연중에 더 '마이너리티'로 가는 방법을 택했던 것 같다. 하지만 이런 회피가 좋은 해결책일 리 없다. 최고의 학자가 되겠다는 야망까지는 아니어도 고고학으로 먹고 살겠다는 목표라도 확실히 잡든지, 누가 뭐래도 이 정도면 괜찮지라는 자신감이라도 있었다면 달랐을 텐데 나는 이도 저도 아닌 상태였다. 결국 학문에 대한 흥미가 점점 떨어졌고 염원했던 꿈마저 사라지고 말았다. 유학 준비도 접고 막막하게 마주한 스물넷이란 나이, 그때 새로운 목표로 드라마 작가가 되어 보겠노라며 나는 서울로 향했다.

서울에 도착해 바로 드라마 작가를 양성하는 몇 안 되는 교육기관 중 한 곳에 들어갔다. 고작 몇 달 안에 끝나는 단기 과정이었고 수업이 끝난 뒤 수강생들끼리의 회합도 없던 곳이었다. 전담 강사는 꽤 유명한 작품을 썼던 원로 남성작가였는데, 어느 날 수업이 끝난 후 수강생들에게 뒤풀이를 가자고 했다. 원래 낯선 사람들과 잘 어울리지 못하는 성격이었지만 드라마 작가로 성장하기 위해서는 인맥도 넓히고 여

앉을 때의 주변 자연 환경이 어떠했는지, 그들이 어떤 동물을 사냥했고, 무엇을 먹고 살았으며, 어떻게 뼈를 활용했는지 등을 알려준다. 동물뼈 전공자는 작은 뼛조각만으로도 어떤 동물인지, 아가미뼈 하나만으로도 어느 물고기인지 알 수 있으며, 조개껍질의 파편으로 조개 종류를 구분할 수 있다.

러 경험도 쌓아야 할 것 같아 나는 평소에 안 하던 선택을 했다. 뒤풀이 장소는 노래방이었다. 원로 작가는 수강생이 흥겹게 댄스곡을 부르면 몸놀림을 감상했다. 느린 곡이 나오면 '부르스'를 추자고 청했고, 트로트가 나올 땐 친밀한 관계 형성을 내세우며 스킨십을 끊임없이 시도했다(수강생은 모두 여자였다). 그 광경을 본 나는 무슨 노래를 불러야 할지 혼란에 빠졌다. 아무런 선택도 하지 않기 위해 문가에 앉아 일부러 들락날락거리며 호명의 위기를 넘겼다. 그제야 기억이 났다. 대학교 1학년 겨울방학 때 파출소에서 잠시 아르바이트를 했었는데, 평소엔 자기를 '오빠'라고 부르라며 간청하던 의경들이 회식 자리에서는 부르스를 추자고 억지를 부려서 한참을 붙잡혀 있다가 결국 도망쳤던 일이.

나는 궁금했다. 남자들은 왜 부르스를 추자고 하는 걸까? 그들은 그것이 서구에서 성인들끼리 '우애'를 나누는 '사교적인 춤'의 한 종류일 뿐임을 강조한다. 그런데 나는 왜 더 친해진다는 느낌이 들지 않지? 나는 '사교'를 모르는 인간인가? 그건 모른다고 쳐도 당장 불편하고 불쾌한 건 어떡하지? 그런데도 왜 나는 불편하다고 말하는 대신 수줍은 듯 몸을 뒤로 빼다가 '자, 괜찮아, 어서 어서'라는 재촉에 결국 손목이 잡히고야 마는가. 서먹한 사이가 되지 않기 위해 내 허리에, 내 어깨에 손을 얹는 것을 마침내 허락하고야 마는가. 이 순간을 견디면서 어른이 되는 것일까? 어지러운 노래방 조명 아래에서 나는 미궁에 빠졌다. 하지만 이런 질문들이 어떤 의미가 있는지조차 그때는 알지

못했다. 그냥 우유부단하고 애교도 없는 못난 내 성격에 대한 자책만
이 늘 덩그러니 남았다.

다시 말해, 나는 내가 가진 질문을 누구와도 나눈 적이 없었다. 지
금에야 정리해서 말할 수 있게 되었지만 그때는 이런 질문이 가능하
다는 것조차 몰랐다. 나는 사실, 내가 훨씬 더 철학적이고 심오한 질문
을 가진 사람이라고 생각했었다. 인간은 왜 태어났는가, 무엇을 위해
살 것인가, 사랑이란 무엇인가, 남북 통일을 위해 무엇을 할 것인가와
같은 질문만이 '성숙한 사람'다운 질문이라고 알았다. 대학 때 선배들
에게 민족해방이나 노동해방에 대한 학습은 받았지만 여성해방이나
성정치란 단어는 듣지 못했다.[2] 제국주의의 만행과 억압에 분노하고,
자본과 결탁해 타락해 버린 정치권력에 저항하는 민주시민이 되고자
했다. 그리고 여성으로서 민주시민이 된다는 건 무거운 물건을 남자

---

2 당시 대학 내 운동권의 핵심 구호는 '정권 타도'였고, 사회 변혁을 꿈꾸던 이들에겐 소비
에트 사회주의 공화국의 붕괴가 더 큰 이슈였다. 하지만 1990년대 초반은 한국 여성 운동
에 있어 중요한 사건이 많았던 시기였다. 당시 사회 전체에 큰 충격과 논쟁, 그리고 변화
를 가져온 계기로 30대 여성이 어릴 때 자신을 강간한 남성을 20년 만에 찾아가 살해한
사건, 20대 여성이 12년간 자신을 강간한 아버지를 남자친구와 함께 살해한 사건, 조교
가 오랫동안 자신을 성적으로 괴롭힌 교수를 성희롱으로 고소한 사건 등이 있었다(당시
에 이 사건들은 모두 여성의 이름을 넣은 사건명으로 특정되어서 불렸다. 여기서는 피해
자이기도 한 여성의 이름으로 사건을 명명하지 않기 위해 내용을 서술하는 방식을 쓴다).
이 사건들을 계기로 한국사회가 여성의 성폭력 피해를 그동안 어떻게 다루었는지, 남성
들의 폭력에 어떻게 면죄부를 주고 있는지, 피해자들의 고통이 얼마나 큰지 등이 본격적
으로 드러나게 되었다. 당시 여성 단체들이 이 사건에 적극적으로 개입해서 여론을 형성
하고, 법을 제/개정하는 활동을 펼쳤다.

에게 들어 달라고 부탁하지 않는, 남성 의존적이지 않은 여성이 되는 것이었다. 남녀평등은 여성의 구태를 버리는 것이라 배웠을 뿐, 페미니즘이나 여성인권 운동에 대해서 거의 알지 못했다.[3] 그런 나에게 운명 같은, 아니 혁명 같은 변화가 왔다. 고향을 떠나온 지 1년이 넘은 취업준비생이었고 남모를 실연의 상처로 혼자 방 안에서 울기만 하던 스물다섯의 봄이었다.

해방은 PC통신을 타고

그때만 해도 나는 컴퓨터를 다룰 줄 몰랐다. 배울 기회도 없었고 그걸 소유할 돈도 없었다. 하지만 시대에 뒤처지면 안 될 것 같은 조바심에 PC통신이라도 해야겠단 생각이 들었다. 그래서 근처 전화국을 찾아가 자그마한 통신 전용 단말기 한 대를 대여받아 와서 하이텔에 가입했다.[4] 그리고 '또하나의사랑'이라는 동성애자 모임을 정말 우연히 발

---

3 90학번인 내가 대학에 들어갔을 때에는 이미 '여학생 휴게실'이 있었다. 휴게실에는 침대와 큰 테이블이 있었다. 갑작스레 생리통이 찾아오면 잠시라도 몸을 뉘이고 쉴 곳이 필요하다. 고등학교 내에 보건실이 있었듯이 대학교에 그런 역할을 할 여학생 휴게실이 있는 건 너무 당연하다고 생각해서 이런 공간조차 선배들이 투쟁으로 어렵게 만들어 낸 곳이라곤 당시에 상상하지 못했다. 물론 머지않은 미래에 '왜 여학생 휴게실만 있냐'고, 이는 남자에 대한 역차별이란 주장이 제기될 거라고도 역시 상상하지 못했다.

4 당시에 한국통신에서는 간단한 워드 작업과 PC통신 이용이 가능한 간이 컴퓨터 형태의 단말기를 무상으로 대여해 주었다.

견했다. 그 모임의 게시판에서, 나는 처음으로 나의 사랑과 나의 존재를 설명해 주는 단어로 '동성애자'라는 네 글자를 접했다. 물론 접했다고 해서 바로 받아들이게 되는 건 아니다. 그러나 도서관에서도 찾지 못했던 지식과 정보들이 그 게시판에는 있었기에 가입을 망설일 수는 없었다. 게이, 레즈비언, 양성애, 성전환, 퀴어, 이반, 팸, 부치, 도착, 변태, 정신병자, 타락, 죄악, 에이즈, 차별, 억압, 편견, 혐오, 커밍아웃, 인권, 평등, 자유…… 그리고 페미니즘과 레즈비어니즘까지 낯선 단어들과 새로운 개념들이 그야말로 쏟아져 내렸다.[5]

그뿐이랴. 생면부지의 사람들이 털어놓는 달콤하고도 슬픈 사랑 이야기가 어쩌면 나의 사연과 이리도 닮았을까? 서로 다른 하늘 아래에 사는 우리가 어찌하여 비슷한 경험과 아픔과 고민을 가지게 된 것일까? 역사적 인물 중에 동성애자가 진짜 이렇게 많았던 거야? 성적 지향이나 성 정체성과 같은 단어들은 그동안 왜 아무도 가르쳐 주지

---

5 1990년대 후반, PC통신의 등장은 소수자 운동에 있어 획기적인 변화를 가져왔다. 정보 습득과 소통의 한계를 온라인 모임을 통해 극복할 수 있었는데, 하이텔의 '또하나의사랑', 천리안의 '퀴어넷', 나우누리의 '레인보우', 그리고 유니텔의 '거친른땅의아름다운사람들' 등 통신사마다 동성애자 모임이 생겼고, 하이텔에서는 트랜스젠더와 크로스드레서(이성복장선호자) 모임인 '아니마'가 생겼다. 이는 성적 지향, 성별 정체성의 차이를 서로 인식하기 시작했다는 의미이기도 하다. 또, 영페미니스트들도 PC통신 내에 모임을 만들었는데, 이 모임의 게시판에는 레즈비어니즘을 비롯한 페미니즘 학술자료와 글이 많이 게시되었다. 동성애자 모임과 영페미니스트 모임 양쪽에서 모두 활동했던 이들을 통해 게시물이 옮겨지면서 지식과 정보의 공유가 일어났다. 이후 인터넷이 발달하고 '여성주의 사이트 언니네'를 포함한 다양한 공간이 생겨났는데, 이 시기를 '사이버 페미니즘의 시대'라고 부르기도 한다.

않았던 거지? 스물다섯의 그해, 그 봄만큼 나 자신에게 집중해 본 적이 없었던 것 같다. 두 평 남짓한 작은 방 안에서 나는 완전히 새로운 세상으로 건너가고 있었던 셈이다.

솔직히 섹슈얼리티, 젠더, 이성애주의와 같은 개념들은 이해하기 어려웠다. 낯선 외국 학자들의 이름은 발음하기조차 어려웠다. 하지만 '레즈비언 연속체'(Lesbian Continuum)나 '여성 정체화된 여성'(The Woman-Identified Woman), '강제적 이성애'(compulsive heterosexuality)와 같은 표현들이 그냥 마음에 들었다. 예를 들어, '여성을 사랑하는 여성'이라는 레즈비언 정의는 내가 오래전부터 주변 사람들에게 들어 왔던 '네가 남자라면 너랑 사귈 텐데'와 같은 말에 받은 상처와 심리적 위축을 해소해 주었다. 여성을 사랑하는 여성이 있다는 말은 다시 말해 '여성에게 사랑받는 여성'이 있다는 뜻이 아닌가. 그렇다면 나는 남성이 되어야지만 여성을 사랑할 수 있는 것도 아니고, 내가 남성이 아니기에 여성에게 사랑을 받지 못할 것도 없다. 또 '강제적 이성애'와 같은 말들은 내가 그동안 느껴 온, 위험한 범법자가 된 듯한 불안감의 정체를 밝혀 주었다. 강제적 이성애는 나에게 (끌리지도 않는) 남성과 사귈 것을 강요하고, 동시에 남성과 구별되는 여성의 외양과 몸짓과 태도를 지키라고 명령한다. 어기면 큰일 날 것 같은 그 강요나 명령이 만약 심오한 자연의 질서나 만고불변의 진리가 아니라 단지 '강제'된 것일 뿐이라면, 나는 내 존재의 '정당성'을 두고 고민할 것이 아니라 '내가 누려야 할 자유'가 무엇인지에 대해 더 고민하는 것이 맞지 않은가! 무엇보다도 이런 배움들이 내게 준 가장 큰 해방감은 '반드시 모든 사람이 이성애자여야 할 이유 없음'이었다. 이성애자가 아닌 것에 죄책감이나 수치심을 느낄 필요가 없다는 자체가 인생의 큰 깨달음이었다.

이렇게 나 자신을 긍정하고 나니 다음 단계로 넘어갈 수 있었다. '또하나의사랑'을 통해 레즈비언, 게이, 양성애자, 트랜스젠더, 크로스드레서 등 복잡한 정체성과 낯선 명칭들 사이로 굵게 빗금 쳐진 경계선에 갇히지 않고 뒤섞여서 여러 사람들의 이야기를 듣는 것은 즐거웠다. 글로는 이해하기 어려웠던 여성주의 도서에서 배웠던 지식들이 새롭게 적용되고 재해석되고 확장되는 기회였다.

계속되는 질문들

1990년대 중반에 레즈비언 커뮤니티에서 부치와 팸의 구분을 처음 들었을 때 깜짝 놀랐던 기억이 있다. 크게 실망했고 분노를 느끼기까지 했다. 그즈음 부치와 팸은 이성애 중심적인 이데올로기에 물든 용어이므로 사용하지 말자는 캠페인이 벌어졌다. 정치적으로 올바르지 못하다는 비판을 받을까 봐 조심하는 분위기는 만들어졌지만 그 캠페인으로 "부치야? 팸이야?"라고 묻는 문화가 사라지진 않았다. 부치와 팸이란 단어를 입에 올리지 않고 서로 대화를 하는 것은 거의 불가능했기 때문이다. 현실적 효용성이 대의명분만으로 사라질 리가 없다. 결국 캠페인은 무용지물로 끝났고 부치와 팸을 새롭게 해석하려는 움직임이 생겨났다(이 논의와 분석은 지금도 현재 진행형이고 흥미로운 이야기들이 많다).[6]

다시 생각을 해보면, 부치와 팸이 이성애 성역할을 따른다고 보는 것 자체가 이미 이성애주의를 내면화한 결과이기도 하다. 가령, 부치를 남자 역할을 하는, 또는 남자 같은 레즈비언이라고 설명할 때의 그 '남자'는 과연 누구인가? 시스젠더 이성애자 남성? 그렇다면 그 남자가 이 사회에서 하는 역할은 과연 무엇이지? 이 세상의 남자들도 서로 다 다른데 대체 어떤 남자와 비슷하다는 거지?

1990년대 중반에 이런 일이 있었다. 그 시절은 한국에서 '고개 숙인 남자(아버지)'라는 유행어로 비유되는 부권의 몰락이 사회적 현상으로 대두되던 때였다. 그때 레즈비언 바에서 만난 60대 부치들 몇몇이 나누는 신세 한탄을 들었다. 70~80년대 집안의 가장으로 호령하던 좋은 시절은 다 갔다는 듯 "이제는 나에게 설거지를 하라더라고"라며 집안에서의 무너진 위치에 대한 한탄을 쓸쓸하게 한 잔의 술과 함께 삼켰다. 그 중 한 분의 사연은 이러했다. 두 자녀를 데리고 이혼한 여성을 만났고 아이들이 충격받지 않도록 완벽하게 남장을 하고 지냈

6 레즈비언과 트랜스젠더의 남성성에 대한 논의는 『남성성과 젠더』(자음과모음, 2010)에 실린 여러 편의 글을 참고하길 추천한다. 그리고 『남성성과 젠더』는 2017년에 교양인에서 개정증보판이 나올 예정이므로 보다 풍성해진 논의를 접할 수 있을 듯하다.

기에 아이들도 모두 '아버지'로 알고 있었다. 자신은 뼈 빠지게 일해서 그 아이들을 대학 보내고 시집 장가까지 다 보냈는데 이제 돈을 좀 못 벌어 온다고 나를 이렇게 구박한다는 스토리였다.

처음엔 설거지라는 당연한 가사 분담을 두고 세상이 망한 듯한 신세 한탄이라니 조금은 우습다고 생각했었다. 그러다 이 모습이 지금 대한민국의 흔해 빠진 '가장'들의 스토리와 똑 닮았다는 것을 깨닫고 이것을 '남자 흉내'로 해석할 수 없다는 생각을 했다. 역으로 보자면, 본인을 '부치'라고 했든 말았든 생물학적 여성이 사회적으로 남성이 할 수 있다고 여기는 '자식을 키우고 한 명의 아내를 책임짐'이란 일을 해낸 셈이지 않은가. 그럼 우리는 이 지점에서 애당초 '가장'이나 '남성 역할'이 생물학적 성별과 상관없음을 알게 되지 않았는가! 그런데 다시 돌이켜 보면 이상하게도 보통의 이성 간 결혼 가정에서 여성(엄마/아내)이 집안의 생계를 책임지며 뼈 빠지게 일하고 자녀들을 다 키워도 결코 '가장'의 권위는 주어지지 않는다. 여전히 남성(아빠/남편)이 집안에서 큰소리를 치고 폭력을 휘두르기도 하는데, 가족뿐만 아니라 주변의 이웃들도 모두 그것을 '공인'한다. 이것은 집안의 가장 높은 서열인 '가장'은 생물학적 남성만이 할 수 있다는, 해야만 할 것 같다는 통념 때문이다.

결국, 60대 레즈비언 부치가 이성애자 남성 가장과 똑같은 한탄을 내뱉는다는 것은 '성별' 자체가 아니라 허구의 성차가 현재의 사회적 각본을 만들어 낸다는 것을 의미한다. 그 각본 안에서 동일한 가치관을 가지고(남성적인 것이 우월하다), 동일한 행동을 하며(나는 가사 분담할 필요가 없다), 결국 사회적 변화에 따라 동일한 영향을 받고 있지 않은가. 부치와 팸을 '이성애 흉내'로 보고 화만 내면서 계속 질문하기를 멈추었다면 나는 아마도 주디스 버틀러가 말하는 '원본과 모방본의 관계가 아니라 모방본과 모방본의 관계'라는 설명도 이해하지 못했을 것이다.

성차별에 반대한다고 논리를 만들어 나가면서 '남자는 하늘이고 여자는 땅이다'를 뒤집어 '남자도 하늘이고 여자도 하늘이다'로 접근하면, 우리는 결국 '하늘'이 '땅'보다는 더 우월한 것이라고 간주하는 버릇은 그대로 둔 채 여성과 남성의 평등함을 추구하게 된다. 혹은 '남자가 하늘이 맞고 여자는 땅이 맞다. 하지만 땅과 하늘은 둘 다 똑같이 중요하다'는 말로 성차별을 줄이려고 할 때 이 세상을 하늘/땅, 남/녀, 선/악 등 이분법적으로 바라보는 인식은 그대로 두게 된다. 즉, 남자와 여자는 서로 다른 인간이라는 '성차'에 대한 신화가 강화된다. '양성평등'이란 말이 가진 한계는 바로 여기에 있지 않은가.

동성애의 반대말은 이성애가 아니고, 나는 이성애자들과 싸우는 것이 아니라 이성애주의와 싸우는 중이란 것을, 그리고 기존의 언어로 설명하려고 하지 말고 기존의 언어의 쓰임새 자체에 의심을 가져야 한다는 것 등을 이렇게 부딪쳐 나가면서 배웠다. 또 그렇게 레즈비언으로서 나의 삶에 대해 처음과는 다른 자긍심이 점점 생겨났다. 내가 만나게 되는 사람, 내가 발을 딛고 있는 세상과의 관계 안에서 끊임없이 '다르게 읽기'를 해야 함을, 그것이 주는 즐거움과 감사함이 있음을 알게 되었다.

　또 언제였던가. 어느 날 동호회 모임에서 록밴드의 멤버처럼 가죽옷에 은색 체인까지 주렁주렁 단 신입회원을 만났다. 남성 동성애자를 만났다고 생각했는데 그(녀)는 나에게 'MTF 트랜스젠더 여성'이라고 자신을 소개했다. 아직은 커밍아웃을 하거나 호르몬 투여, 수술도 할 수 없어서 가장 스키니하게 입을 수 있는 옷으로 가죽 바지를, 액세서리로 은색 체인을 택했다고 말했다. 깡마르게 유지하는 몸은 자신의 몸에서 남성성을 지우는 또 다른 전략이었다. 트랜스젠더임을 감추면서 동시에 남성의 흔적도 감추는 나름 치밀한 이중 전략에 대한 대화를 나누면서 나는 여성의 정의를 다시 생각하게 되었다. 여성으로 보이지 않는 것과 여성으로 보이면 안 되는 것의 경계는 무엇일까? 여성으로 인정받지 못하는 여성과 누구에게나 여성으로 통과되는 여성의 차이는 어떻게 만들어지는 것일까? 대체 여성이란 무엇일까? 이런 질문은 잡지 『버디』(BUDDY)를 만들던 어느 날, 인터뷰를 위해 사무실을 방문한 어느 FTM 트랜스젠더 남성이 "커피는 여자가 타야 제맛"이라며 나에게 커피를 타달라고 하던 순간에도 다시 찾아왔다. 굳이 따지자면 내가 그보다 키도 훨씬 컸고, 나 역시 그에 못지않게 보이시한 외모를 가졌음에도 불구하고 그의 '진심 어린 남성성'은 간단하고도 재빠르게 나를 '천상 여자'로 다루는 마술을 부렸다. 그 순간, 우리 두 사람의 '생물학적 성별'이 같다는 것은 과연 어떤 의미일까? 놀라운 경험이었다.

분석해 보자면 그는 명백하게 자신과 유사해 보이는 부치에게 커피 심부름을 시키는 것으로 자신의 '남성성'을 과시하고자 했다(당시 사무실에는 다른 생물학적 여성들도 몇 명 더 있었다). 그는 그 말을 던지면서 동시에 나의 허벅지에 손을 얹으며 무심한 듯 어루만졌는데 이런 작전은 나로 하여금 그를 완벽하게 '남성'으로 인식하게 만들었다. 왜냐하면 그 순간, 그가 사무실 문을 열고 처음 들어올 때 속으로 품고 있었던 질문인 '수술은 했는지', '호적상의 성별을 정정했는지' 등이 전혀 궁금하지 않았기 때문이다. 그의 말투, 눈빛, 손놀림은 내가 익히 알고 있던 전형적 남성에 부합했다(그리고 여성 비하적 태도에 똑같이 불쾌했다).

그는 경제적인 활동을 하기 위해서 때로는 여자인 척해야 했고, 그래서 수술과 호적 변경을 하지 않은 상태였다. 다만 그는 몇몇 상징적 코드를 활용한 '태도'만으로 자신의 성별을 표현하는 전략을 쓰고 있었다. 그렇다고 해서 트랜스젠더가 기존의 성역할을 강화하거나 성별 이분법을 고착시키고, 여성 운동이 어렵사리 바꾸어 놓은 성평등의 성과를 무너뜨렸다고 할 수 있을까?[7] 오히려 생식기관을 중심으로

---

7 하리수 씨가 2001년에 CF스타로 등극했을 때나, 2015년 미국에서 트랜스젠더로 커밍아웃한 케이틀린 제너가 『베니티 페어』의 표지 모델로 나왔을 때, 한국과 미국의 일부 페미니스트들은 '여성 운동이 힘들게 쌓아 온 성과들을 무너뜨린다'며 비난했다. 성별 이분법을 강화한다는 트랜스젠더에 대한 비판이 여성학계 내에서 크게 동의를 얻은 건 아니지

성별을 구분하는 것이 얼마나 무의미한지를 다시금 생각하게 해주지 않는가. 우리가 누군가의 성별을 안다는 것과 그 성별을 인식한다는 것, 어떤 특정한 성별로 대한다는 것은 모두 별개의 것이다. 그런데도 어떻게 이 모든 층위가 일상적으로 순식간에 통일되어 아무렇지도 않게 작동하고 있는 것일까? 남자로 곧잘 오해받을 만큼 나에게도 분명 있을 어떤 '남성성'과 그의 어떤 '남성성'은 어느 지점에서 달라지는 것일까?

남성성이나 남성답게 행동하기, 남성으로 보이기 등에 대한 생각을 이렇게 시작하게 되었다면, 여성성에 대한 고민은 '드랙퀸쇼'를 통해서였다. 처음 게이 바에서 '드랙퀸쇼'를 봤을 때의 충격 아니 그 환희는 아직 생생하다. 내가 여성이긴 하지만 '여성성'이란 나에게 항상 어색하고 부담스러운 것이었는데 드랙퀸들이 그것을 최극단으로 끌어올려서 거의 '가지고 논다'고 할 만큼 자유자재로 표현하고 해석해내는 것에 감탄했다. 드랙쇼에서 재현되는 과장되고 과잉된 이미지의 '여성들'은 일상에서 거의 볼 수 없는 여성이다. 그럼에도 정말 '여자' 같다는 감탄사를 연발하면서 그 쇼를 보게 된다. 왜냐하면 너무나도

만 역시 크게 비판받지도 않았다. 트랜스젠더에 대한 이슈를 잘 다루지 않는 것 자체가 더 큰 문제다. 루인의 지적을 떠올려 보자. "하리수의 등장은 젠더(이분법)란 분석틀로 인간을 이해하는 방식에 균열을 낸 중요한 사건이다. 하지만 이 균열은 독해해야 하는 이슈라기보다는 트랜스젠더만의 특징이나 과잉으로 치환되었다"(루인, 「규범이라는 젠더, 젠더라는 불안: 트랜스/페미니즘을 모색하는 메모, 세번째」, 『여/성이론』 통권23호, 2010년 겨울).

익숙한 '여성'이기도 하기 때문이다. 하이힐, 화장, 긴 머리, 의상, 특정한 손놀림이나 표정들이 어떻게 배치되느냐에 따라, 그 행위자의 의도가 전달된다는 것은 우리 사이에 사실은 이미 약속된 어떤 '기호'가 있다는 의미다. 그걸 약속한 기억도 없고, 언제 어떻게 만들어졌는지 모르면서도 이미 익숙하게 받아들이는 것이 있구나라는 것을 '까발려 주는' 쇼는 우리의 성별 체계 내에 숨겨진 알리바이를 발견하는 즐거움이기도 했다.[8]

나는 이런 관찰이, 이런 깨달음이, 이런 해방감이 좋았다. 내가 얼마나 많은 질문을 가진 사람인지, 얼마나 호기심도 많고 생각하길 즐기는지를 비로소 받아들일 수 있었다. 대체 내가 왜 나의 성별을 끊임없이 타인에게 증명해야 한단 말인가? 결국 그 증명이란 상대의 기준에 부합하는 것이지 나를 있는 그대로 보여 주는 것도, 이해시키는 것도 아니지 않은가! 하지만 나를 그대로 보여 준다는 것이 사회적 약속에 기반한 소통 없이 가능한가? 그렇다면 그 약속은 무엇인가? 성별이란 대체 뭐지? 생식기관의 기능인가? 주민등록번호 뒷자리의 2번은 나에게 성역할을 지정하는가? 아니면 나의 외부 생식기의 모양을 타인이 알아차리도록 해주는 것인가? 아니면 내가 대한민국의 여성 시

---

8 당시 한 가지 아쉬운 점은 드랙퀸쇼는 있지만 드랙킹쇼는 볼 수 없다는 점이었다. 한국 레즈비언 커뮤니티 내에서 열리는 행사에서 드랙킹 공연이 등장한 것은 2000년대 중후반이었다. 국내에 막 상영되기 시작한 〈엘 워드〉(The L Word)라는 미국 레즈비언 드라마의 영향이었다.

민이라는 의미인가? 성별은 내가 선택했는가? 부모님이 선택했는가? 아니면 국가인가?

이렇게 쏟아지는 질문들 속에서 나는 많은 것들을 다시 돌이켜 볼 수 있었다. 부끄럽지만 마침내 깨닫게 된 것도 있다. 부푼 꿈을 가지고 대학을 다닐 때 학과의 남자들에게 지고 싶지 않았지만 남자들과 경쟁해서 이길 자신도 없었던 나의 속마음을. 하지만 그 시절의 나는 이런 내 마음을 단 한 번도 들여다보지도, 인정하지도 않았구나 싶었다. 항상 열심히 공부하는 학생이었지만 동시에 공부가 불편하고 늘 불안했다. 나는 그 모순을 고고학자가 되기엔 충분한 자질이 없다는 결론으로 해결해 버렸다. 그렇게 깔끔하게 마무리한 것 같았지만 중도에 꿈을 포기한 적이 있다는 '이력' 자체가 주는 아쉬움이 날 괴롭히곤 했다. 하지만 어찌하랴. 그걸 처음부터, 태어날 때부터 알 수는 없는 노릇이지 않은가. 비록 고고학은 그만두었지만 그 길을 돌아 지금 여기에 왔다면 잘한 일이다. '포기한 것이 아니라 돌파구를 찾았던 거구나.' 나름 잘 찾아왔다는 생각을 이제는 할 수 있다.

또 생각해 보면 부르스를 추기 싫었던 것도 내 탓이 아니다. 집요한 요청에 결국 손목이 잡히고 만 것 역시 내 탓이 아니다. 아마 나의 문제는 여자에게 할당된 역할은 하기 싫은데 여자로서 이쁨받지 못하는 것도 싫었던 이중성에 있었을 것이다. 그러니 늘 어정쩡했던 것이다. 하지만 이제는 내 안의 질문이나 갈등을 드러낼 수 있고 저항하고 또한 무시할 수도 있다. 과일을 예쁘게 잘 깎는 것은 여자의 역할이 아니며, 또한 그것을 잘 못한다고 이쁨을 받지 못하는 것도 아니라는 이 깨달음 하나만 해도 얼마나 큰 해방감을 주는지 모른다. 어릴 때부터 끊임없이 들어 왔던 더 여성스러워야 한다는 요구와 여성답지 못해서 써 먹을 데가 없다는 잔소리는, 왜 하필이면 여자로 태어났는지부터 원망하게 만들곤 했다. 어딘가 부족하고 미숙한 존재로 느껴져 늘 남 앞에 나서는 일이 부끄러웠다. 하지만 그 부끄러움을 드러내는 것조 차 너무 부끄러워서 최선을 다해 아무렇지도 않은 척하며 살았다. 하 지만 레즈비언으로서 나를 긍정하자, 지금의 내가 있는 그대로의 나 이고 굳이 다른 누군가가 되어야 할 필요가 없음도 비로소 함께 긍정 하게 되었다. 나는 레즈비언이고 레즈비언인 것이 좋다고 동네방네 외치고 싶을 지경이었다.

그렇다. 이 모든 해방감을 나에게 안겨 준 것은 바로 '페미니즘'이 아니던가. 그런데 이제 와 고백하지만, 나는 아주 오랫동안 나를 '페 미니스트'라고 생각하지 않았다. 공개적으로 페미니스트라고 말한 건 2015년에 트위터를 중심으로 '#나는 페미니스트입니다'라는 선언 캠 페인이 돌 때가 처음이었다. 그것도 사실은 '의리'를 지키기 위한 행동 이었다. 그런 내가 이 책에 참여하게 되었다. 필자로서 자격이 있을지 망설이기도 했지만 독자들 중에 어쩌면 나와 비슷한 이들도 있을지 모른다는 이유로 눌러앉았다. 이제 나에게 페미니즘과 페미니스트가 분리되어 버렸던 사연을 털어놓아야겠다.

페미니스트 줄에 설래? 레즈비언 줄에 설래?!!

흔히 커밍아웃을 벽장에서 문을 열고 나오는 것으로 묘사하지만, 막상 커밍아웃을 하고 보니 갇혀 있었던 것은 내가 아니라 세상이었던 것 같다. 문을 열고 나왔을 때 나는 오히려 그동안 숨어 있던 다른 세상을 발견한 듯했다. 그래서 모임의 게시판에 글도 많이 올리고, 정모에도 꼬박꼬박 나가는 등 열성적으로 활동했는데, 그러다가 덜컥 모임의 대표시샵까지 맡게 되었다. '또하나의사랑'은 친목 성격이 더 강한 모임이긴 했어도 당시 PC통신 기반의 동성애자 모임 중에서는 유일하게 '한국동성애자인권운동협의회'[9]에 가입되어 있었다. 대표가 되면서 다른 단체의 사람들과도 교류를 하고, 자연스레 인권 운동에도 발을 들여놓게 되었다. 그리고 바로 그해 가을, 예상치 못한 사건이 있었다. 나를 페미니스트로 정체화하지 않고, 레즈비언으로 정체화하는 것이 훨씬 더 '의리' 있는 일이 된 사건이었다.

　1997년 9월, 한국여성동성애자인권운동모임 '끼리끼리'의 주최

---

9 약칭으로 '동인협'이라고 한다. 한국남성동성애자인권운동단체 '친구사이', 한국여성동성애자인권운동단체 '끼리끼리', 서울대 동성애자 동아리 '마음001', 연세대 동성애자 동아리 '컴투게더' 등 4개 단체가 모여서 1995년에 발족한 협의체이다. 이후 하이텔 동성애자인권운동모임 '또하나의사랑'과 대구경북동성애자모임 '대경회' 등이 추가로 가입을 했다. 동인협은 1997년 하반기에 접어들어 결속력과 활동력을 점차 잃었고, 공식적인 절차는 없었으나 해산된 것으로 간주되었다. 이후 1998년 6월에 26개 단체가 모인 '한국동성애자단체협의회'(약칭, 한동협)가 새롭게 결성되었다.

로 '레즈비언과 페미니스트의 만남'이라는 역사적인 토론회가 열렸다.[10] 주로 20대의 젊은 페미니스트들과 레즈비언들이 모인 자리였고, 마침 '끼리끼리'가 '한국여성연합'에 가입 가능성을 타진하다가 석연치 않은 대답을 들은 직후였던지라 이날의 분위기는 좀더 긴장이 고조되어 있었다. 토론회는 당시 이화여대 앞에 있던 페미니스트 카페 '고마'에서 열렸고 나도 발표자로 초청을 받아 참석했다(다른 발표자들에 비하면 레즈비언 운동이든 여성 운동이든 경력상으론 거의 새내기에 가까웠던 나를 부른 이유는 아마도 당시 하이텔, 천리안, 나우누리 등 3개 PC통신 내 동성애자 모임의 대표 시삽 중 유일한 여성이기 때문이었던 것 같다. 다른 모임은 주로 남성 동성애자가 대표시삽을 맡았고, 여성 동성애자는 모임의 부대표 혹은 '여성회원들의 대표'로 할당된 자리를 맡는 분위기였다).

토론회는 전반적으로 레즈비언과 페미니스트가 힘을 합쳐 여성해방을 이루어 내야 한다는 공동의 의제를 확인하는 자리였고, 한편이 목표를 이루기엔 레즈비언과 페미니스트 사이에 오해가 너무 많아서 안타깝다는 분위기로 흘러가고 있었다. 다른 사람들의 발표를 경청하면서 논의의 흐름 자체를 이해하지 못할 건 없었지만 그렇다고 완전히 동감하긴 어려웠다. 나의 생각은 좀 달랐다. 그래서 "여성 해방

10 1997년 12월에 발간된 레즈비언 잡지 『또 다른 세상』 5호에 이날의 행사와 관련한 두 편의 글이 실려 있다. 이 잡지는 한국퀴어아카이브 퀴어락에서 열람할 수 있으며, 이 잡지의 발간처였던 '끼리끼리'의 후신인 '한국레즈비언상담소'에서도 소장하고 있다.

이 된다고 저절로 레즈비언 해방이 되지 않을 것이며, 또 동성애자 해방이 된다고 여성 해방이 자동적으로 성취되지도 않을 것"이라고 발표했다. 이어서 말했던 내 논지는 이러했다. 이성애자 여성과 동성애자 여성이 받는 억압의 지점은 동일하지 않다. 우리는 모두 서로 굉장히 다르다. 레즈비언만 해도 서로 단일하지 않다. 자신의 정체성을 10대에 긍정했는지, 30대에 받아들였는지에 따라서도 다르다. 팸인지 부치인지에 따라서도 다르다. (자신의 삶을 다르게 해석한다는 의미다.) 이렇게 본다면 성해방을 이루기 위해 '같은 여성'끼리 만나자는 식이 아니라 우리가 서로 다르다는 것에도 주목해야 한다는 말을 했던 것 같다. 그런데 발표 도중에 그렇다면 게이와도 함께 운동을 하자는 뜻이냐고 질문이 들어왔다. 그렇게 생각한다고 답하자 발표자 중 한 분이 갑자기 "너 혹시 게이냐!"라고 크게 소리를 쳤다.[11] 농담인지 진담인지 알 수 없는 말에 모두들 까르르 웃었고 나는 당황했지만 차마 화를 내진 못했다.

---

11 그때는 농담인지 진담인지 파악하기 힘들었다. 나중에야 나는 그 말이 진심이 담긴 폭언이었음을 알게 되었다. 당시에 급진적 페미니스트로 유명했던 그녀는 1998년에 시사 월간지인 『길』(사회평론 발간)과의 인터뷰에서 다음과 같이 말했다. "채윤이가 동성애 잡지를 낸다고 했을 때, 난 미친년이라고 했어요. 레즈비언들은 동성애자이기도 하지만 여성이에요. 말하자면, 동성애자로서의 억압과 여성으로서의 억압을 함께 받고 있는 거죠. 그들이 게이들과 함께한다고 했을 때 화가 났던 건 이 때문이에요." 이 기사를 썼던 기자는 그녀 특유의 거침없는 말투를 차마 그대로 옮길 수는 없어서 다소 순화해서 표현했다고 후기를 붙여 놓기도 했다. 여기서 언급된 동성애 잡지는 1998년 2월에 창간한 『버디』를 말한다.

당시 내가 몸담고 있었던 '또하나의사랑'은 동성애자, 양성애자, 트랜스젠더까지 모두 가입할 수 있었던 모임이었다. 당연히 나의 성 정체성이 레즈비언인 것과는 별도로 대표로서 이들 모두를 대변하고 함께 가야 한다는 인식이 내게는 아주 분명했다. LGBT를 모두 아우르는 단체의 대표를 불러 놓고 게이와 함께할 거냐는 질문을 하다니! 그리고 게이와도 함께한다는 이유로 게이라고 놀리다니! 이것이 내가 받은 첫번째 충격이었다. 하지만 결정적인 충격은 두번째 사건에 있었다.

각 패널들의 발표가 끝나고 청중들의 자유 발언이 이어졌다. 그러던 중 한 명의 참석자가 비장한 목소리로 발언을 시작했다. 자신을 페미니스트이며 또한 레즈비언이라고 소개했다. 페미니즘을 공부한다는 것만으로도 가족들에게 미친년이라고 욕을 먹기에 페미니스트라는 것도 숨겨야 하는 분위기에서 레즈비언으로 커밍아웃하는 건 너무 무서운 일이라며, 만약에 페미니스트가 서는 줄과 레즈비언이 서는 줄이 있다면 자신은 페미니스트라는 팻말을 든 줄에 설 수밖에 없을 거라고 말했다. 그 말이 나의 뇌리에 박혔다. 화가 나서가 아니라 그 순간에 아주 분명하게, 나의 자리를 깨달았기 때문이었다. 페미니스트이면서 레즈비언인 그는 두 개의 줄 중에 어느 곳에 설 것인지 고민이라도 하겠지만 아직 페미니스트로 정체화하지 못한 나는 선택의 여지 없이 그가 무서워서 차마 선택할 수 없다고 한, 바로 그 줄에 설 수밖에 없을 테니. 나는 레즈비언의 줄에 서서 페미니스트 줄을 바라보는 장면을 그만 상상해 버렸다. 두 개의 줄에 동시에 설 수는 없으니 말이다.

그날의 사건은 나에게, 자신을 설명하는 정체성 중 하나로 '페미니스트'를 받아들이는 일 자체에 관심이 없어지도록 만들었던 것 같다. 페미니즘을 공부하고 페미니스트들과 연대하는 일에는 별다른 영향을 미치지 않았지만 나는 내가 레즈비언인 것으로 '충분'했다. 이제와 생각해 보면 '줄서기'란 건 없는 것 같다. 내가 어딘가에 속하기는 한 것일까? 이성애자 페미니스트들을 만날 때 어쨌든 난 동성애자였고, 레즈비언 페미니스트들에겐 페미니스트가 아니었고, 레즈비언들에게는 게이랑 노는 별종이었고, 게이들에겐 결정적으로 남자가 아니었다. 트랜스젠더에겐 의심스러운 부치였지만 시스젠더들에겐 종종 트랜스젠더로 오해받곤 하니까.

가끔 나는 페미니스트로서 감당하고 있는 무게가 이미 너무 크다던 그 발언을 떠올려 보곤 했다. 여러 측면으로 이해하려 애썼다. 21세기에 접어든 지금도 테러 집단보다 페미니스트가 더 위험한 집단이란 말을 버젓이 하는 판이니, 1990년대 후반을 살아가던 페미니스트로서 갈등과 부담감은 오죽했겠는가. 그래서 나는 그 발표자가 비겁하거나 용기 없는 사람이라고 생각하지 않는다. 굳이 그가 잘못한 한 가지를 고르라면 레즈비언과 페미니스트가 서는 줄 자체를 처음부터 따로 상상한 것에 있다고 생각한다. 결국 그가 말하는 페미니스트 줄은 이성애자만의 줄인 셈이다. 그 줄에 서는 것으로 레즈비언인 것이 감춰지는 효과가 나려면 그런 전제 조건을 가질 수밖에 없다. 그렇다면 그는 페미니스트로서 스스로 페미니스트의 범위를 좁혔고 페미니즘을 이성애자들만의 그 어떤 것으로 가두었다. 페미니스트로서 저항해야 하는 것은 바로 그런 식의 줄 서기 자체였음에도 불구하고.

시간이 흐르고 레즈비언 페미니스트 친구들이 나에게 다른 고백을 해왔다. 자신도 레즈비언이지만 그걸 밝히지 않은 채 늘 나만 레즈비언으로 드러나게 해서 미안했다는 내용이었다. 솔직히 섭섭했던 적이 전혀 없었던 건 아니지만 나의 생각도 이제는 달라졌다. 아마 내가 레즈비언이란 말로 충분하다고 느꼈던 것처럼 또 다른 어떤 이들은 페미니스트라는 말로도 충분했으리라. 내가 그러했던 것처럼 무엇을 먼저 접했는지, 무엇이 더 자신을 잘 설명하고 지지한다고 느꼈는지에 따른 순서일 수도 있다. 페미니스트라고 자신을 받아들이는 과정이 인생의 전반을 바꾸었고 페미니스트로서 레즈비언인 자신을 긍정하는 힘을 얻은 이에겐 페미니스트라는 정체성이 훨씬 더 중요할 것이다. 그러니까 내가 굳이 페미니스트라고 하지 않아도 페미니즘을 받아들이고 실천하는 것에 위화감을 느끼지 않듯, 어느 페미니스트가 레즈비언이라고 매 순간 밝히지 않는다고 해서 비겁하다고 할 건 없다. 오히려 우리가 문제시해야 할 것은 여전히 같다. 레즈비언이라고 말하기 전까지는 상대방의 성 정체성을 간단히 이성애자로 먼저 단정 짓는 태도, 페미니스트가 이성애자만을 뜻하는 단어로 쓰이는 것을 모른 척하며 내버려 두는 것 등 말이다.

'페미니스트', 직업도 직위도 자격증도 아닌

강의를 나가서 가끔 이런 질문을 던져 본다. 아버지와 아들 중에 누구에게 밥을 더 많이 줘야 할까요? 대부분 아버지라고 답을 한다. 혹은 아버지라는 답을 유도하는 함정 질문이라고 생각해서 일부러 아들이라고 답을 하는 경우도 있다. 그렇다면 정말 정답은 무엇일까? 질문을 받고 판단하기 위해 나에게 재차 아버지와 아들의 나이가 몇 살인지 등을 묻는 경우는 거의 없다. 80대 아버지와 40대 아들일 수도 있고, 20대 아버지와 3살 먹은 아들일 수도 있지만 아버지와 아들이라는 말을 듣는 순간에 이미 정해진 그림이 떠오르기 때문이다. 아버지는 일을 하러 나가거나 막 일을 마치고 들어온 중년의 남성이고, 아들은 10대다. 다양한 가능성을 상상하지 못하거나, 내가 모르는 정보가 있다는 것 자체를 알지 못할 때 질문은 사라지는 법이다. 내가 준비했던 정답은 단지 '배가 더 고픈 사람에게 밥을 더 줘야 한다'였다.

또 한편 나는 강의를 듣는 사람들의 대부분이 여성이었기에 '밥을 더 많이 줘야 하는가'라는 질문을 익숙하게 받아들이고 자신이 밥을 퍼주는 사람으로서 이 질문을 받아들였다는 것을 깨달았다. 그래서 질문을 바꾸어 보았다. 어머니와 딸 중에 누가 더 밥을 많이 먹어야 할까요? 흥미롭게도 대체로 둘 다 많이 안 먹어야 한다고 말한다. 어머니와 딸은 여기서 몸매를 관리해야 하는 '여성'으로 상상되기 때문이다. 아버지와 아들의 질문에서 누가 더 많은 일을 하는지, 누가 성장해야 할 몸을 가졌고 비축해야 할 에너지를 필요로 하는지를 중심으로 떠올리던 것과 달리, 어머니와 딸에게 밥은 일이나 성장, 에너지로 먼저 연상되지 않는다. 가장 먼저 '살'이 떠오른다.

가끔 이렇게도 질문을 던져 본다. 대기업 회장과 신입사원 중에 누가 밥을 더 많이 먹어야 할까요, 철수와 영희 중에 누가 더 많이 먹어야 할까요, 아버지와 딸 중에 누가 밥을 더 많이 먹어야 할까요? 나는 아직 회장님이나 신입사원의 성별에 대해 말하지 않았다. 철수는 신입사원의 이름이고 영희는 회장님의 이름일 수도 있다. 나는 두 사람의 나이도 아직 말하지 않았다. 철수는 아빠의 이름이고 영희는 딸의 이름일 수도 있다. 우리는 이렇게 수많은 질문을 만들어 낼 수 있고, 질문의 빈 틈을 통해 성별이 그냥 생식기관의 차이의 문제가 아니란 걸 알 수 있다.

몇 년 전, "페미니스트가 다른 사람에게 다이어트를 하라는 말을 해도 될까요?"라는 고민 상담을 받은 적이 있다. 그 순간 나도 딱히 뭐라고 답해야 할지 몰랐다. 한동안 나는 그 질문을 곱씹었다. 페미니스트와 다이어트는 왜 연결이 되는 것인지, 페미니스트에게 요구되는 윤리나 태도는 무엇인지, 정치적 올바름에 대한 이 강박은 어디서 오는 것인지 등이 궁금했다. 벨 훅스는 『행복한 페미니즘』에서 페미니즘이란 성차별주의와 성차별주의에 근거한 착취와 억압을 종식시키려는 운동이라고 했다. 여성학자 김영옥은 "페미니즘은 소수자의 위치에서 주류의 사고방식과 행동양식을 거슬러 읽는 시각"이라고 말했다.[12] 그렇다면 이 질문은 벨 훅스가 내린 페미니즘 정의의 어느 부분을 위배하는가? 소수자로서 무엇을 거슬러 보지 못했는가?

특정 성별에 특정 몸매를 요구하는 것, 그것이 몸의 차이를 넘어 그 사람의 고용이나 해고, 승진이나 직무평가 등에까지 영향을 미치는 것이 성차별이다. 다이어트가 그 자체로 성차별인 것은 분명 아니다. 다만 차별적으로 다이어트를 요구하는/요구받는 사람이 있고, 그런 요구가 아무렇지도 않게 통용되는 구조가 있다. 그렇다면 페미니스트로서 저항하고 싸워야 할 대상도 분명하다. 다이어트 자체가 아니라 다이어트의 사회적 쓰임새를 분석, 비판하고 성차별적 구조에 저항하는 것이다. 페미니스트로서 다이어트를 해도 되는지, 페미니스트가 살을 빼라는 말을 해도 되는지와 같은 질문은 페미니즘을 자격증 발급처로 만든다. 페미니스트는 직업도 직위도 아니다. 페미니스트라고 해서 갑자기 이 세상의 예외적 존재가 되진 않는다.

얼마 전 어떤 남성 칼럼니스트를 만났는데 그는 대뜸 나에게 "왜 부모 성 두 개 안 쓰세요?"라고 질문했다. 처음 본 사이에 물어볼 만한 주제도 아니고, 더군다나 본인도 하나의 부모 성만 쓰면서 상대에게 질문하기엔 다소 무례하다 싶었다. 하지만 "왜 성을 두 개 써요?"라고 물어보는 경우가 훨씬 더 흔하다는 것을 아는지라, 그 역발상이 신선하게 느껴져 그냥 웃고 말았다. 이어지는 대화를 통해 그 질문이 머릿

---

12 김영옥, 「당대 페미니스트란 누구인가」, 『여/성이론』 통권 18호, 2008년 여름.

속에서는 나름 몇 단계를 거쳐서 나온 것임을 알게 되었다. 첫째, 그가 아는 남성 동성애자들 중에 부모의 성 두 개를 다 쓰는 이들이 있다. 둘째, 한채윤은 레즈비언이기도 하니 당연히 페미니스트일 것이다. 셋째, 페미니스트라면 "앗! 그런데 왜 성이 하나지?" 이런 단계를 거쳐서 자기도 모르게 내뱉었던 질문이었던 것이다. 궁금한 이유는 알겠지만 어디서부터 설명을 해야 할지 난감했다. 페미니스트라고 다 두 개의 성을 쓰는 것도 아니고, 두 개의 성을 쓰는 것이 곧 페미니스트 '인증'도 아니다. 페미니즘은 이 세상을 바라보는 가치관, 시각, 태도이며, 페미니스트는 이를 일상 속에서 실행하고자 하는 사람을 뜻한다면, 나의 직업과 성 정체성에 대한 정보만으로 '페미니스트'라고 확신하는 건 이상한 일이다. 이런저런 설명을 하기도 곤란해서 "저는 한씨 성이 아니에요. 한채윤은 제가 직접 만든 이름이에요"라고 답했다. 그러고 나니 다른 방향으로 공기가 어색해졌다. 아차! 이런 분위기도 많이 겪었다. 한채윤이 본명이 아니라고 하면 사람들은 종종 "왜 가명을 써요?"라고 묻곤 한다. 동성애자로서 당당하다면 본명을 써야 한다는 것이다. 재미있게도 다른 인권 운동판에서는 본명을 쓰지 않는 것이 오히려 뭔가 심오한 '저항'의 의도로 느껴지는데 성적 소수자 인권 활동가는 공개적인 커밍아웃을 피하기 위한 의도로 여겨진다. 본명이 아니어서 실망했다는 사람들을 만날 때는 그래서 당혹스럽다. 사람들 앞에 동성애자로 얼굴뿐만 아니라 온 인생을 다 털어 내며 살고 있어도 이름 하나가 그리 문제구나……

부모님에겐 죄송하지만 나는 어릴 때부터 본명이 마음에 들지 않았고, 예명이나 필명 같은 것을 갖고 싶었다. 하지만 그건 작가나 예술가가 되어야 가능하니 쉽게 이루어질 꿈이 아니었다. 그러다가 1998년에 잡지 『버디』를 창간하면서 드디어 나는 '활동명'을 만드는 명분으로 그 소원을 이루었다. 나는 '한'을 성으로 생각한 것이 아니라 '채, 한, 윤'이라는 내가 가장 좋아하는 세 개의 음절을 가장 부르기 쉽게 배열했을 뿐이라고 설명하면서 스스로 구차하게 느껴졌다. 이름 하나로 증명해야 하는 것이 뭐가 이리도 많을까. 내가 페미니스트인지 아닌지, 스스로에게 자긍심을 가졌는지, 세상에 당당한지…….

『페미니즘의 도전』의 저자인 정희진이 신문 칼럼을 쓰면서 '여성학 강사'에서 '평화학 연구자'로 소개말을 바꾸자 비난하는 이들이 있었다. 한국의 대표적 페미니스트가 그 특권과 혜택은 다 누리면서 정작 (뜨고 나니) 페미니스트인 걸 감추려고 한다는 것이었다. 하지만 여성학 강사는 자동적으로 모두 페미니스트이고 평화학 연구자는 절대 페미니스트가 아닌 것도 아니다. 여성학이나 페미니스트라는 수식어를 붙여야만 한다는 것은 앞에 성별을 밝히지 않으면 남자로 보일 수 있으니 '여류'라는 수식어를 강박적으로 붙이는 것과 비슷하다. 그가 쓰는 글의 내용이나 논조가 바뀐 것이라면 '정체성'을 의심할 수도 있겠지만 자신의 직업이나 전공 분야를 설명하는 단어가 바뀌었다고 하루아침에 '페미니스트'가 아니거나 감추려고 했다고 의심할 수는 없다. 그런데도 우리는 왜 이리 예민해진 것일까.

페미니스트가 아니고 싶지 않은 이들의 연대

누가 진짜 페미니스트인지, 무엇이 진짜 페미니즘인지를 두고 토론을 하고 논쟁을 하는 것은 필요하지만, 부디 서둘러 서로를 낙인찍거나 페미니즘을 다른 사람을 깎아내리기 위해 쓰는 일은 없길 바란다. 나에게 있어 페미니즘은 세상이 미리 짜 놓은 구조를 파악하는 시각을, 그래서 그 각본대로 살지 않게 하는 힘을, 그 틀 밖으로 나가지 못하도록 하는 압력과 회유에 대처하는 태도를 알려 주는 것이었다. 페미니스트 줄에 설 수 없다고 너무 일찍 각인되어 버려서 나는 오랫동안 '나는 페미니스트는 아니지만……'이란 마음으로 살았다. 하지만 '나는 페미니스트'라는 말을 참 하고 싶기도 했었다. 성차별의 종식을 바라고, 성평등을 위해 노력하는 것이 페미니스트라면 그 멋있는 이름을 갖길, 그렇게 살아가길 어찌 원하지 않겠는가. 그럼에도 "나는 페미니스트입니다"라는 선언을 하는 데 참 오랜 시간이 걸렸다. 예전엔 내가 학부나 대학원에서 여성학을 전공하지 않아서, 전문가가 아니어서 그런가 보다라고 핑계를 대보기도 했지만 이젠 그것도 아닌 것 같다. 삶의 지혜에 무슨 전공학부가 따로 있으랴. 나는 이제 '아, 페미니스트라고 해도 되나' 따위의 부담이나 '내가 감히 페미니스트일 수 있을까'의 수줍음을 내려놓고 편하게 말해 보려 한다. 페미니스트는 내게 있어 '정체성'이라기보다는 확실히 내가 지켜야 할 '의리'에 가깝다.

만약 누군가 나에게 좀더 정확하게 표현하라고 요구한다면 나는

'페미니스트가 아니고 싶지 않다'라고 말할 것이다. 누가 진정성 있고 더 올바른 페미니스트인지 여부를 따지는 것보다, 대외적으로 페미니스트임을 선언하는 것보다 내게는 이것이 훨씬 더 절박한 외침이다. 나는 페미니스트끼리의 연대가 아니라 페미니스트가 아니고 싶지 않은 이들끼리의 연대를 꿈꾼다. 성차별적 세상에 길들여지고 싶지는 않기에, 나도 모르게 드러내는 성적 편견이 있다면 꼭 반성하고 고치고 싶기에, 내가 레즈비언으로 존중받고 싶은 만큼 다른 다양한 정체성도 존중하고 싶기에, 말이 통하는 사람들을 만나면 유대감을 나누고 싶기에, 페미니스트가 아니고 싶지 않다. 그리고 내 인생에 다른 길을 열어 주었고, 내가 가진 질문에 스스로 귀 기울이도록 용기를 주었고, 내가 찾은 답들을 점검하도록 도움을 주었고, 내가 보지 못한 것, 듣지 못한 것, 알지 못한 것에 대한 재미난 이야기들을 여전히 들려주는 페미니즘에 대한 감사함으로, 나는 페미니스트가 아니고 싶지는 않다. 또 20년이 흐른 뒤에 다른 새로운 설명을 찾아낼 수 있을지도 모르겠다. 하지만 지금 내가 알고 있는 답은 이것이다. 나는 페미니스트가 아니고 싶지 않다.

세계와의 불화, 피부의 연대

페미니스트, 소수자, 퀴어

나영정

통제 불가능한 각성된 타자

오염의 메타포는 그것이 겨냥하는 대상이 지배계급의 통제에서 벗어나 있음을 함의한다. '더럽다'는 말은 죽일 수도 길들일 수도 없는 타자에 대한 미움과 두려움을 담고 있다. 그 말은 상대방의 존재를 부정하는 동시에, 그러한 부정이 굳이 필요했음을 인정함으로써 그의 주체성을 역설적으로 인정한다. 그래서 어떤 페미니스트들은 '더러운 년'이라는 욕을 들어도 전혀 위축되지 않으며, 오히려 이런 말을 듣는 것을 자랑으로 여기는 것이다.[1]

이 글귀에서 이야기를 시작하기로 한다. 페미니스트 나아가 소수

---

1 김현경, 『사람, 장소, 환대』, 문학과지성사, 2015, 80쪽.

자, 퀴어는 부정을 통해서 인정되는 타자들이다. 어떤 페미니스트, 어떤 퀴어에게 이러한 정체성은 미래를 약속하고 비전을 제시하며 자긍심의 원천일 수 있지만, 나에게는 나를 포함한 세계를 인식하는 동시에 회의하게끔 하는 동력이라고 표현하는 게 더 가까울 것 같다. 세계의 불평등과 적대, 인간의 정체성과 욕망, 관계 그리고 몸과 질병, 심지어 호르몬과 같은 신체적 조건에 대한 것까지. 이런 맥락에서 나에게 페미니즘은 인식을 위한 그 어떤 장벽도, 금기도 필요하지 않고 그렇다고 손쉽게 거대한 비전을 제시하지도 않으며 언제나 내적인 부정을 통해서 새로운 공간이 창출될 수 있다는 가능성을 열어 놓은 인식의 틀이자 정치이다. 지배적인 시선에서 이러한 타자들의 정치는 순수한 것을 더럽히는 존재, 오염의 실천이라고 여겨진다. '더러움'과 '오염'이라는 표현은 타자들을 혐오 어린 시선으로 바라보고 내뱉는 말이기도 하지만 요즘 나는 혐오에 대항하기 위해 역설적으로 이러한 언어를 적극적으로 사고하고 같이 가져가는 것이 필요하다고 느낀다. 누가, 어떤 행위가, 무슨 관계들이 더러움과 오염의 자리에 할당되는지 따져 묻지 않는다면, '자연스러운 감정'이기 때문에 존중받아야 한다고 정당화하는 메커니즘이 지배질서를 유지시킬 위험이 크기 때문이다. 혹은 혐오하는 사람들이 권력이 많아서 그러하다는 근거로 단순히 권력의 문제로 치환할 위험이 있기 때문이다. 여성학/평화학 연구자인 정희진은 각성된 타자만큼 강력한 존재는 없다고 했다. 각성된 타자는 지배의 메커니즘을 파악함과 동시에 그 틈새와 구멍을 발견한다.

아마도 대부분의 페미니스트들은 페미니스트로서 각성하고 의식을 고양하여 달라진 인식으로 세계를 다르게 바라보기 시작하면서, 기존에 가졌던 행복과 불행에 대한 감각조차 달라지는 것을 경험할 것이다. 하지만 그것을 설명하는 언어는 저마다 다르게 놓인 조건들, 개인의 역사와 관계들에 따라 천차만별일 것이다. 이 글은 몇 가지 키워드를 매개로 그동안 내가 페미니스트, 소수자, 퀴어로 활동해 왔던 경험과 관련된 이야기를 늘어놓는 방식으로 쓰여졌다. 나의 이야기들은 페미니스트가 되는 과정에서 가지게 되었던 자아에 대한 감각, 그것을 통해서 삶의 의미와 타인과의 관계 맺기를 만들어 나갔던 것, 그리고 소수자 혹은 퀴어로 정치학을 재조정해 가면서 새롭게 익혔던 과정에 대한 것이라고 할 수 있다. 페미니즘은 각성된 타자가 세계와 불화할 수밖에 없다는 것을 몸에서부터 느끼도록 만들었지만 그것을 회피하지 않을 용기와 불화하는 것이 괜찮다는 신뢰도 동시에 주었다. 하지만 그러한 역할을 페미니즘만이 할 수 있는 것은 아니며 때로는 실패하기도 한다. 왜냐하면 지금 이곳에서 페미니즘을 살아 있는 것으로 펄펄 뛰게 만들고 있는 것이 누구이며 무엇인가에 따라서, 어떤 이들이 새롭게 연루되는지에 따라서, 또 경험에 대한 해석과 정치학이 어떻게 갱신되는가에 따라서 그 용기와 신뢰는 달라지기도 하기 때문이다.

대학 시절 몸담았던 학생 운동 조직을 떠나면서 가지게 되었던 페미니스트 정체성과 활동은 줄곧 인권 활동가 혹은 사회 운동가(어색한 명칭이지만 「집회시위법」 위반으로 재판을 받을 때 판사는 나를 이렇게 호명했다)로 살아오면서 이어졌는데, 점점 소수자 여성 운동, 성소수자 인권 운동, 퀴어 운동이라는 이름으로 변화해 나갔다. 물론 그 과정은 선형적이지 않고 여전히 동시적이고 복합적이다. 나는 소수자(여성) 운동, 장애여성 운동, 퀴어 운동을 해나가면서 어떤 페미니즘 운동 혹은 어떤 페미니스트들과는 불화하고 소원해지기도 하였다. 그러나 이제는 달라진 서로의 위치에서 어떻게 관계 맺기를 할 것인가를, 서로가 어떻게 자극하고 지지하고 경쟁하면서 좀더 살 만한 조건을 만드는 데 기여할 것인가를 생각해 나갈 수도 있을 것이다.

종북게이페미니스트의 시민권

언어가 부재한 상황에서 통제받는 구조에 있었기 때문에 삶에 대한 회의가 최고조에 달했던 청소년기를 지나 대학에 들어가니 (흔히 NL이라고 부르는) 민족해방 운동의 선명하고 구원론적인 세계관이 다가왔다(물론 이 만남의 시작은 숙고를 통한 결정이 아니라, 우연적이고 선배들의 선택에 달려 있는 운명적인 것이었다). 한총련이라는 거대 조직, 미 제국주의라는 단순화된 적, 조국통일이라는 선명한 과업, 그리고 동시에 인간이라는 존재가 자주성·창조성·의식성을 가졌다고 해석하고 내가 민족의 운명을 개척하는 존재라고 소명을 부여하는 것은 매우 신선하고 매력적이었다. 물론 수령의 지도에 따르는 것이 무엇보다 중요하다는 '강령'과 '소명의식'은 신앙적인 성격을 띠기 때문에 맹목성을 가질 수밖에 없다는 것을 나중에 인정했지만 말이다. 이 당시에는 '빨갱이'에 대한 낙인이 지금처럼 보편적이지 않았는데, 예를 들어, '한미군사훈련을 비판하며 연방제로 조국통일을 해야 한다'는 내용의 유인물을 들고 상가들을 방문해도, 대개는 학생들이 하는 일이려니 하면서, 좀 귀찮아했을 뿐 불온시하지는 않았다. 하지만 한총련에 대한 공안탄압이 거세지고 「국가보안법」으로 구속되는 선배들을 보면서 이 법이 근본적으로 국민을 다른 종류로 나눈다는 것을 이해하게 되었다. 「국가보안법」을 위반했다는 이유로 경찰서가 아니라 보안수사대에서 조사를 받아야 했고, 항의하기 위해 경찰서 앞이 아닌 어떤 한적한 동네의 담장이 높은 집 앞에서 집회를 하면서 그 점을 각인할 수 있었다. 불온한 자리에 할당되어 특별한 대접을 받는 이등시민 혹은 비(非)국민이라는 공간이 있다는 것을 알게 된 것이다. 되돌아봤을 때 이 앎이 내 인생에서 국가를, 젠더를, 소수자의 성격과 위치를 이해하는 데 있어서 가장 큰 역할을 했다고 해도 과언이 아니다. 그리고 거의 동시에, 이 안에서도 내부의 불온한 자들을 밀어내는 질서가 있다는 것을 경험하였다. 많은 이들이 그랬던 것처럼 나도, 당시 운동사회 곳곳에서 드러났던 '조직 내 성폭력 사건'을 통해서였다.

이러한 경험이 있었기 때문에, 2007년 「차별금지법」 제정이 추진되던 시점부터 조직적으로 창궐하기 시작한 성소수자에 대한 혐오표현과 차별 선동, 그리고 여기에 굴복하는 정치인, 공무원들을 보면서 성소수자가 지금 어떤 대우를 받는 것인지 너무나 명확하게 느낄 수 있었다. 반(反)성소수자 단체 및 보수 개신교는 성소수자를 2등시민이자 異등시민으로 천명했고, '모든' 국민을 대상으로 하는 보편적인 「차별금지법」으로 보호받아서는 안 될 특별히 문제적인 존재, 사회질서를 무너뜨리는 위험한 존재, 공식적인 법과 제도에서 언급해서는 안 될 더러운 존재로 만들었다. 정치인과 공무원은 '빨갱이' 혹은 '간첩'과 같은 수준으로 성소수자를 비시민으로 만들 수 있는가에 대한 확신은 없었지만, 동등하게 대우해야 한다고 확신하지도 못했다. 확실한 것은 성소수자라는 존재가 공적으로 불려 나오지 않기를, 자신의 업무와 관계되지 않기를 원했고, 호명하는 것조차 두려워하며 시민임을 부인했다. 가장 극적인 순간은 2013년 당시 민주통합당 내 유력한 정치인인 김한길, 최원식 의원이 「차별금지법」을 발의했다가 '종북게이'라는 비난을 받고 법안을 철회했던 때였다. 「차별금지법」으로 상징되는 성소수자는 소위 민주세력에 부담을 주는 존재였다. 이 철회 결정은 성소수자는 '민주', '87년 체제', '486'에 포함될 수 없다는 확인이었다. 따라서 이 상황은 단지 이명박-박근혜 정권에 이르는 퇴행에 기인한 것이 아니라, 한국사회 민주주의의 근본적인 한계와 구멍에 의해 만들어졌던 것이다.

'성소수자는 어떤 시민인가?'라는 질문은 간첩의 자리와 빨갱이의 자리에 놓인 이들을 대하는 사회의 태도를 다시금 상기시켰고, 이러한 구별과 차별이 대한민국의 정체성을 만들어 나가는 데 핵심적인 역할을 했다는 점을 알 수 있게 해주었다. 또한 국가 성장과 경제 발전에 기여하지 못하는 장애인들이 어떻게 불온시되었는지, 어떻게 시민 자격이 없는 존재로 낙인찍히고 사회 밖으로 추방당해 왔는지를 깨닫는 것과도 연결되었다. 그리고 공사 영역에 대한 구분과 성역할의 배치가 인구 정책과 맞물리면서, 이것이 어떻게 인구가족 정책, 여성 정책, 복지 정책을 비롯한 국정 기조에 스며들었는지 알 수 있었다. 이러한 과정을 거치며, 페미니스트의 자리에서, 근대 국가와 법이 구성한 세계를 파악하고, 소수자가 할당된 위치를 파악함으로써 소수자 정치를 만들어 내고, 그 너머를 상상하는 데 필요한 질문을 던질 수 있었다.

한편 앞서 언급했듯이 대학 운동사회 내 성폭력 사건을 처음으로 공개하면서 성별에 따라 작동하는 권력에 대해 문제 제기를 했을 때, 성폭력 사건들의 피해자이자 문제를 제기했던 우리들은 내부의 질서를 망치고 페미니즘이라는 '오염된' 관점을 매개하는 이들로 단죄되었다. 이 조직 내부에서 다루는 것이 가능한 젠더 문제는 일본군 '위안부' 문제와 기지촌 여성에 대한 문제밖에 없었는데, 이러한 문제들은 민족적 수탈의 극단적 방식이자, 민족 억압의 성적 은유로 인식될 뿐이었다. 때마침 그즈음에 열렸던 '2000년 일본군성노예전범 여성국제법정'의 학생법정 행사에 참여하였는데, 일본군 '위안부' 문제가 민족적 지배일 뿐만 아니라 젠더적 지배이며 계급적 지배라고 해석할 수 있게 되면서 다행히 전혀 새로운 길을 떠날 수 있었다. 조선의 어떤 국민들이 삶터를 떠나 위안소에 가게 되었는지, 전쟁 후에 고향에 왜 돌아올 수 없었는지에 대해서 비로소 해석할 수 있도록 해준 것이 페미니스트 관점이었다. 그것은 나아가 국가·사회·가정이라는 공간에서 누가 보이지 않는지, 누가 적법한 자리를 배정받지 못했는지, 그들이 인간으로서의 권리를 주장하기 시작했을 때 어떤 일이 벌어지는지를 이해할 수 있게 하는 인식론이다. 이와 관련된 복잡한 투쟁은 지금도 진행 중이다.

페미니즘에 대한 공부를 본격적으로 해나가던 시기인 2001년, 9·11 테러가 일어났고, 직후에 결성된 '전쟁을반대하는여성연대'(Women Against War, 이하 WAW)에 참여하게 되었다. WAW는 페미니스트 관점에서 전쟁을 반대한다는 입장을 가다듬고 목소리를 내고자 했는데, 전쟁이 여성의 삶에 미치는 영향에 주목할 뿐만 아니라, 이슬람 여성의 인권을 구하겠다는 명분 등으로 정당화되는 모든 전쟁이 여성과 소수자들을 오히려 억압한다고 주장하였다. 아프가니스탄여성혁명연합(Revolutionary Association of the Women of Afghanistan, 이하 RAWA)은 9·11 테러 이후 미국의 아프가니스탄 침공에 맞서 "우리는 여성을 억압하고 무고한 사람을 죽이는 부시도 빈라덴도 모두 반대한다. 오로지 아프가니스탄의 민주주의를 통해서 스스로 일어서기를 원한다"라는 입장을 발표하였다.

페미니스트 관점으로 전쟁·국가·군사주의를 비판할 수 있게 되면서 자주국방·민족자주를 내세웠던 학생 운동의 경험을 찬찬히 돌아볼 수 있었고, 전쟁과 평화라는 시공간적 이분법이 폭력을 정당화하는 메커니즘이라는 것을 알 수 있었다. 전시에 정당화되는 폭력과 착취는 권력을 독점한 이들이 자신의 해악을 정당화하며 전시와 평화시를 구분하는 것에서 발생한다. 따라서 전시에 벌어지는 성적 폭력과 착취는 예외적인 것이 아니라 소위 평화로운 시기에 벌어지는 비가시화된 폭력과 착취와 밀접하게 연결된다. 전시와 평화시에 대한 이분법이 가리는 폭력과 착취의 문제들을 인식함으로써 폭력 수단을 독점하는 국가의 적법성과 그것을 넘어서는 인권의 가능성을 질문할 수 있었다. 근대 국민국가 민주주의 체제와 근본적으로 불화할 수밖에 없는 소수자의 위치에 대한 감각을 가지게 되었다.

국익이 허구적인 것이든 아니든 감히 어떤 시민은 국익에 반대할 수 있다는 '놀라운' 주장이 2003년 노무현 정권의 이라크 파병을 반대하는 운동의 과정에서 등장했다. 근본적으로 국민이 자신이 속한 국가의 이익에 반대할 수 있다는 전제에 대해서 동의할 수 있는 사람은 많지 않았다. 그 맨 앞에는 병역 거부자, 아나키스트, 급진적 평화주의자, 그리고 이 문제에 천착하는 페미니스트가 있었다. 그리고 이들과 함께 불온한 위치에 서게 된 성소수자 운동과 퀴어정치학이 있었다. 이러한 인식을 가지게 된 데에는 RAWA의 목소리뿐만 아니라 "국기(國旗)라는 것은 정부가 처음에는 국민들을 바보로 만드는 데 사용하고, 그다음에는 죽은 자들을 위한 수의(壽衣)로 사용하는 색깔 있는 천 조각입니다"[2]와 같은 빛나는 깨달음을 준 아룬다티 로이와 같은 이들이 있었다는 것을 빼놓을 수 없다. 그리고 2012년 성적소수문화인 권연대 연분홍치마가 용산참사를 둘러싼 국가폭력에 대해 페미니스트 정치에 입각해서 만든 〈두 개의 문〉 다큐멘터리를 통해서, 그리고 다큐에 대한 페미니스트 상영회를 두 차례 조직하면서 다시 한번 이러한 이야기들을 나눌 수 있었다. 더구나 세월호 참사가 일어나게 된 배경을 '이해'하고 '해석'하기 위한 부단한 노력들에 참여하면서 국가로부터 배제되는 소수자의 위치에 대한 인식과 감각을 갱신하고 가다듬는다. 국가가 빨갱이를 어떻게 대하는지를 알게 되면서부터 가지게된 이 감각이 우리를 퀴어한 실천으로 이끌고, 끊임없이 생산되고 변화하는 퀴어한 것, 퀴어한 현장에 가도록 이끈다고 느낀다. 나에게 퀴어한 것은 성소수자 정체성이 아니라 대개 국가와의 관계에서 설정되는 구도에서 발생한다. 불법인 것, 질병인 것, 불온한 것, 공중도덕에 위배되는 것, 공공질서를 해치는 것, 또한 성적인 것. 국가폭력을 퀴어한 시각으로 읽고 이에 대항하는 노력이 권리를 확보하고 제도화해나가는 것만큼 중요하게 인식되고 함께 이루어져야 한다. 제도화는 동시에 배제를 생산하는데 그 배제의 자리에서 국가폭력은 쉽게 발생하기 때문이다.[3]

---

2 아룬다티 로이, 『9월이여, 오라』, 박혜영 옮김, 녹색평론사, 2004, 65쪽.

3 퀴어아카데미에서 열린 우주현의 '제스버 푸아르: 호모내셔널리즘과 죽음의 정치' 강의 (2016년 8월 11일)가 이러한 생각을 가다듬는 데 도움이 되었다.

소수자 되기: 비주류 여성 운동과 페미니즘

2015년은 페미니스트 정체성, 정치학이 현재 나에게 어떤 의미로 자리 잡고 있는지를 새삼스럽게 질문하는 한 해였다. 김군이 IS로 간 연유를 설명하는 여성혐오적 방식('무뇌아적 페미니즘'), 이에 대항하여 등장한 "#나는페미니스트입니다" 선언, 여성혐오라는 프레임의 부상, 메갈리아의 등장까지. 이 과정에서 난생 처음 등장한 이들은 페미니스트로서 발언하기도 했고, 15년 전의 영페미니스트들을 소환하기도 했다.

나는 언제 페미니스트라고 선언할 수 있게 되었을까? 대학 4학년 때, 조직 내 성폭력 문제를 계기로 학생 운동사회를 벗어나게 되었고, 여성 운동을 새롭게 꾸려 나가기 시작했다. 때마침 전공과목으로 처음 개설된 '여성주의 철학' 수업에서 기본적인 페미니즘 이론과 역사적 흐름을 배웠다. 지방 소도시에서 생활하면서 서울에서 벌어지고 있는 100인위원회와 학내 반성폭력 운동의 소식을 들었고, 대학 구내 서점에서 『나는 페미니스트이다』[4]라는 책을 발견했다. 졸업을 한 해인 2001년, 서울에서 '월경페스티벌' 기획단에 참여하면서 영페미니스트들을 만났고, WAW와 장애여성공감 활동을 시작하며 여성학과 석사 과정에 진학했던 즈음에 처음으로 페미니스트 동료였던 여자친구와

---

[4] 달과입술, 『나는 페미니스트이다』, 동녘, 2000.

연애를 시작했다. 이 모든 상황이 숨 가쁘고 복잡하게 벌어졌던 탓에 동성에게 성적으로 이끌리고 단단한 감정적 유대를 기반으로 관계를 형성해 나간다는 것에 대해서 심각하게 고민하지 않고 지나갈 수 있었던 것 같기도 하다. 또한 젊은 페미니스트 그룹은 여성 간의 성적 친밀성을 형성하고 유지하는 데 강력하고 충실한 지지 기반이 되어 주었다. 페미니즘 관점에서 보면 이것이 정치적인 행위인지, 타고난 성향의 발견인지는 그다지 중요하지 않았다. 나의 경우에는 그동안 자아로 통합하지 못했던 동성을 향한 성적 욕망이나 친밀함을 언어화하고, 그것을 실현시킬 수 있는 구체적인 사람이 나타났다고 표현해도 좋다. 그리고 그 발견은 그 당시 내가 맺고 있었던 관계와 정치적 비전으로 인해서 전혀 주저할 필요가 없었다.

그즈음에 한국여성성적소수자인권운동모임 끼리끼리(이하 '끼리끼리', 현 한국레즈비언상담소)에 회원가입을 하고 자연스럽게 '레즈비언'이라는 이름으로 호명되었다. 정체성, 특히 사랑과 성적 대상으로서의 타인의 성별에 따라 자신을 규정하는 성적 지향이라는 것이 나에게는 규범적이기보다는 기술적으로 느껴지기 때문에, 지금은 이 호명 자체가 나에게 충분한 의미가 되지는 못한다. 인권과 정치는 언제나 다양한 변화들과 조우하며 도전받고 갱신되기 때문에 개인적인 차원에서 유용한 '안정화된 정체성의 서사'와 오히려 부딪히기도 한다. 사회적으로 정치적 대표성을 획득하고 재현되기 위해서 잠정적으로 나도 LGBTI(레즈비언, 게이, 바이섹슈얼, 트랜스젠더, 인터섹스)라는 단어를 사용하지만 개인적인 차원에서 성적 지향과 자신의 인격이 관계 맺는 방식이나 정체성이 삶에 미치는 영향은 천차만별일 수밖에 없다. 어쨌든 나는 여자로 지정된 존재들에게 느끼는 성적인 욕망을 인정했고, 이들과 관계 맺는 경험들을 통해서 훨씬 더 편안함을 느꼈으며, 내가 원하는 삶의 방식과 더 조화롭다는 것을 점점 더 잘 알게 되었다(물론 이것은 다른 삶의 방식의 시작일 뿐, 사랑과 삶의 조화는 단지 상대의 성별이 무엇인가로 보장되는 것이 당연히 아니다). 하지만 이러한 새로운 관계는 연쇄적으로 엄청난 결과를 가져왔다. 준거집단이 성소수자 커뮤니티로 거의 이동했고, 친구들도 완전히 바뀌었다. 나의 모든 관심사와 시각은 이성애 중심적 사회에서 성소수자로 살아가기에 맞춰졌다. 이것은 페미니즘을 처음 접했을 때보다 더욱 강력한 변화였고, 모든 종류의 초심자가 갖게 되는 과잉, 분노, 좌충우돌, 긴장 등이 공존했다.

인권 운동 또한 끊임없이 좌충우돌과 긴장을 겪으면서 진행될 수밖에 없다. 내가 끼리끼리에 가입했을 즈음에는 주로 '아웃팅은 범죄다'라는 슬로건의, 아웃팅 방지 캠페인이 진행되었다. 이 캠페인의 시작은 남자교사로부터 당했던 성폭력 피해를 아웃팅 협박으로 인해 신고하지 못했던 레즈비언 청소년 사건에서 촉발되었다. 하지만 점차 시간이 갈수록 이 캠페인이 레즈비언 페미니스트, 레즈비언 커뮤니티에서 강한 영향력을 발휘하게 되면서, '레즈비언 정체성에 기반한 정치적 활동을 해나가야 함에도 불구하고 그 정체성에 대해서 말할 수 없는' 딜레마에 빠지게 되었다. 동의 없이는 정체성에 대해서 무엇도 이야기할 수 없다는 것은 결국 누군가를 보호하기보다, 커뮤니티를 성장시키고 정치적 영향력을 확대할 수 있는 관계 맺음과 연대를—가장 가깝게는 여성 운동과의—차단하게 만들었다고 평가하고 싶다.[5] 이는 당시 끼리끼리 활동가들이 가지고 있던 여성 운동, 정치적 레즈비언에 대한 깊은 불신에 기반하기도 했다.[6] 말하자면 정치적 레즈비언은 진짜 레즈비언이 처한 억압적 현실을 이해하지 못하며 관심이 없기 때문에 말할 자격이 없다는 비판이었다. 실제로 당시 학계나 여성 운동, 페미니스트 그룹들은 그동안 여러 가지 이유로 레즈비언 이슈를 제기하거나 스스로 레즈비언이라 커밍아웃하는 일이 많지 않았다. 그 침묵의 이유는 레즈비언 당사자 단체에서 보는 비판적인 시선 때문만은 아니었을 것이다. 자기검열, 자격지심 등의 감정도 작동했을 테고 시민사회나 학계에서 성소수자와 관련된 이슈를 다룰

---

5 2005년 2월, 레즈비언권리연구소와 변태소녀하늘을날다가 주최한 "커밍아웃의 정치학, 아웃팅의 윤리" 토론회에 언니네트워크 활동가들도 참여하여 아웃팅 방지 캠페인에 대해서 공개적인 토론을 벌였다. 이 자리에서 레즈비언권리연구소 등은 아웃팅 방지 캠페인이 안전한 커밍아웃을 할 수 있는 토대를 만드는 작업이라고 주장했다. 하지만 언니네트워크 활동가를 비롯해 토론에 참여한 이들은 아웃팅 방지 캠페인이 커밍아웃 자체를 위험시하고, 아웃팅에 대한 문제 제기가 호모포비아 세력을 겨냥하기보다 커뮤니티 내부를 위축시키고 있다는 점을 지적하였다.

6 이러한 시각은 다음과 같은 글에서 엿볼 수 있다. 박김수진, 「레즈비언 권리와 여성주의, 어떻게 만나야 하는가?」, 『제2차 공개 토론회 레즈비언 '권리'와 '여성주의' 토론회 자료집』, 레즈비언권리연구소, 2004년 10월 29일; 조이여울, 「페미니스트의 환상, 레즈비언의 현실」, 같은 자료집.

만한 능력이나 정세가 만들어지지 않은 탓도 있었을 것이다. 당시 레즈비언 운동은 '진짜' 레즈비언의 말할 수 없는 고통과 억압을 강조하고 차별과 폭력으로부터 보호를 강조하게 되면서 페미니스트 운동과 점점 더 멀어졌다. 그 와중에 다행스러운 것은 인권 운동이 국가폭력의 문제에 주목해 오다가 2000년 이후 소수자 인권의 의제를 적극적으로 가져가게 되면서 성소수자 운동과의 관계가 형성되었던 것이다. 이때 이후로 성소수자 운동은 인권 운동으로 자리를 잡아 나가고 여성 운동과는 조금 떨어진 지형에 놓이게 된다. 이렇듯 2000년대 이전 레즈비언 운동이 적극적으로 레즈비언 페미니즘, 레즈비어니즘을 만들고자 했던 반면, 2000년대에 들어서는 운동 주체의 변화와 함께 페미니스트 그룹과 관계가 달라지면서 큰 변화를 겪었다. 이와 별개로 '언니네' 사이트(2000~2014)와 언니네트워크 단체는 2000년대 내내 레즈비언과 페미니스트, 양성애자와 이성애자 여성이 공존하면서 만나고, 논쟁하고, 서로에게 오염되는 중요한 장으로 존재했다.

한편 2003년쯤 장애여성공감과 WAW, 그리고 끼리끼리가 '다름으로닮은여성연대'(이하 '다닮연대')를 결성해서 소수자 여성 운동의 흐름을 만들어 나갔다. 2000년대 초반은 김대중-노무현 정부를 거치면서 여성 운동의 성과가 법제도로 나타나고 여성 운동 출신의 정계 진출도 가속화되면서 여성 운동의 제도화·보수화에 대한 우려가 드러나는 상황이기도 했다. 또한 소수자 운동은 여성 간의 차이를 드러냄으로써 정상가족 이데올로기, 이성애 중심주의, 비장애인 중심주의 등에 도전하고자 했던 페미니즘의 중요한 흐름 위에 있었다. 다닮연대는 매년 3월 8일 세계 여성의 날에 열리는 '한국여성대회'와 별개로 '여성무지개시위'를 2004년부터 2006년까지 열었고, 소수자 여성들의 독자적인 목소리를 드러내는 것이 실제 여성들이 경험하는 다양한 억압과 차별에 제대로 대응할 수 있게 한다고 주장하였다. 이즈음에 소수자 여성 운동이 소위 제도화된 주류 여성 운동과 갈등하게 된 사건이 구체적으로 벌어지기도 했다. 2005년 호주제 폐지 이후 대안 법률을 만드는 과정에서 입장의 차이가 드러난 것이다. 다닮연대는 진보네트워크, 인권운동사랑방 등의 인권 단체와 함께 개인별·목적별로 신분등록제도가 만들어져야 한다고 주장했다. 그래야만 호주제의 유산을 청산하고 정상가족 중심주의와 국가의 인구통제 정책에서 거리를 둘 수 있을 것으로 보았기 때문이다. 하지만 당시 여성계는 호주는 사라졌지만 여전히 가족 형태를 기초로 한 신분 등록과 증명 방식을 '양성 평등한' 제도로 제시하였던 것이다. 결국 '가족관계등록부'가 한국의 신분증명제도가 되었다.

그런 가운데 2006년 초 다닮연대가 내부의 갈등으로 해소하면서 '소수자 여성 운동'이라는 블록은 더 이상 존재하지 않게 된다. 영페미니스트 운동이 급격하게 분화되고 여성 운동의 의제가 상당히 제도화되는 상황에서 여러 가지 교차적이고 새로운 이슈를 제기하는 역할을 계속 해나갔으면 좋았겠지만 그렇게 하기엔 취약한 기반의 연대조직이었다. 2000년대 한국사회에서 소수자 여성 운동의 이름으로, 어떤 정치적 관점을 가지고 어떤 의제를 제기할 것인지 논의나 활동이 무르익지 않은 상황에서 조직 구성원들에게 서로 다른 경험의 차이를 다룰 능력이 없었다는 점이 해소의 주 원인이었다.

2000년대 중반 이후에는 성소수자 운동계에 많은 변화들이 생겼다. 보다 대(對)사회적 활동을 해나가려는 목표를 세우며 '여성성소수자네트워크 무지개숲'이 만들어졌고, 2006년 한국사회 최초로 성전환자 인권실태조사[7]가 진행되었고, '성전환자인권연대 지렁이'가 발족되었다. 또한 민주노동당 성소수자위원회가 물적·정치적으로 기여하는 바가 늘어났으며 이러한 과정에서 퀴어, 트랜스, 성정치, 시민권을 키워드로 한 새로운 활동과 담론들이 생겨났다. 2006년 성전환자 인권실태조사를 통해서 성소수자 운동 활동가들이 깨닫게 된 구체적인 차별의 양상은 다각적이었고, 이로부터 도출할 수 있었던 의미와 반향은 작지 않았다. 국적과 주민등록증을 가지고 있음에도 불구하고 그러한 신분증이 성별 정체성과 성별 표현이 다르다는 이유로 자신을 증명해 주지 못하는 현실, 그리고 그로 인해서 투표소에 가는 것이 사실상 불가능하고, 신용을 증명할 수 없으며, 계약의 당사자가 되지 못하고, 병원에 가지 못하며, 비공식 노동시장으로 가게 되는 일련의 생애 과정이 드러났다. 한국사회에서 성소수자가 어떻게 시민으로부터 배제되고, 구체적인 기본권을 박탈당하는지에 대해 트랜스젠더의 경

---

7 성전환자인권실태조사기획단, 『성전환자 인권실태조사』, 민주노동당, 2006.

험을 통해서 더 구체화되어 알려졌다고 볼 수 있다. 성전환자 인권실태조사는 1990년대부터 성소수자 인권 운동을 이어 왔던 단체들의 성과이자, 이 조사를 가능하게 했던 민주노동당 성소수자위원회의 성과이기도 했다. 이 조사를 계기로 『젠더의 채널을 돌려라』가 출판되었고,[8] 연분홍치마의 〈3×FTM〉 다큐멘터리가 제작되기도 했다.[9] 그 뒤로 2014년 동성애자, 양성애자, 트랜스젠더, 인터섹스를 포함해 성소수자가 경험하는 실질적인 차별의 실태와 욕구가 『한국 LGBTI 커뮤니티 사회적 욕구조사』로 발표되었고, 2015년에는 국가인권위원회가 국가기관으로서는 처음으로 국내 성소수자를 대상으로 조사하여 『성적지향·성별정체성 차별실태조사』를 발표하였다.[10]

나는 성전환자 인권실태조사에 참여한 이후 FTM 트랜스젠더의 남성성에 대한 여성학과 석사 논문을 쓰면서 트랜스젠더 정치학과 퀴어 남성성 분석이 페미니즘과 어떻게 만날 수 있는지 고민하게 되었다. 이미 학문적으로는 젠더를 두 가지로 구분하고 그 기반 위에서 인

---

8 퀴어이론문화연구모임 WIG, 『젠더의 채널을 돌려라』, 사람생각, 2008.

9 이 작품은 다큐멘터리북으로도 확인할 수 있다. 성적소수문화환경을위한모임 연분홍치마, 『3×FTM : 세 성전환 남성의 이야기』, 그린비, 2008.

10 『한국 LGBTI 커뮤니티 사회적 욕구조사』는 한국게이인권운동단체 친구사이가 발주하고, SOGI법정책연구회가 수행하였다(책임연구 나영정). 『성적지향·성별정체성 차별실태조사』는 국가인권위원회가 발주하고 공익인권법재단 공감이 수행하였으며(책임연구 장서연), SOGI법정책연구회, 공익인권변호사모임 희망을만드는법 등이 참여하였다.

간의 존재를 설명하는 관점이 생물학적 운명이 아니라 구성된 인식이라는 것, 두 가지 젠더의 기반이라고 여겨지는 생물학적인 섹스 자체가 성을 인식하는 근대적 관점을 반영한 결과라는 입장이 자리를 잡고 있었다. 또한 퀴어이론 등의 영향 속에서 모든 성적 실천을 젠더 불평등에 종속된 것으로 보는 관점을 비판하며, 젠더와 독립적인 섹슈얼리티에 대한 분석을 시도하였고 이는 남녀로 한정된 젠더 위계 논의에도 변화를 가져왔다. 하지만 트랜스젠더가 여전히 국가의 체계하에서 유별난 존재, 의료적으로 진단되어야 하는 별종으로 구별되는 상황에서 학문적 논의가 현실에 어떻게 개입할 수 있을지 막막하기도 했다. 게다가 페미니즘 시각에서 트랜스젠더는 구성된 젠더 이분법에 오히려 더욱 집착하면서 전형적인 여성성과 남성성을 강화하는 시도라고 여겨지기도 했다. 심지어 서구에서는 트랜스젠더 여성의 경우 남성으로서의 특권을 누리는 것에 모자라 여성성까지 전유하려는 위험한 시도로 여기거나, 트랜스젠더 남성의 경우 여성으로서의 자긍심을 버리고 남성 특권을 누리기 위해서 남성의 팀으로 옮기는 배신자로 여기기도 했다.[11]

논문을 쓰면서 가장 집중했던 것은 페미니즘 관점의 남성성 분석에서 트랜스젠더 남성이 경험하는 남성성, 남성 집단, 남성 신체와의

---

[11] 자세한 논의는 김지혜, 「페미니즘, 레즈비언/퀴어 이론, 트랜스젠더리즘사이의 긴장과 중첩」, 『영미문학페미니즘』 제19권 2호, 2011 참조.

조우와 갈등을 의미 있게 조명하는 것이었다. 또한 섹스와 젠더에 대한 이분법적인 가정이 도전되고, 트랜스젠더가 실존적으로 경험하는 규범, 법제도의 폭력성이 페미니즘의 이론과 실천의 긴급하고 중대한 사안으로 다루어지고 그 과정을 통해서 페미니즘 또한 갱신되고 확장되기를 기대했다. 이는 페미니즘이 트랜스젠더의 경험을 젠더 이분법의 문제를 지적하거나 젠더의 사회구성론을 뒷받침하는 특수한 사례, 따라서 기존의 규범을 완전히 뒤엎기에는 역부족인 단지 소수자의 문제로 다루는 것과는 천지 차이가 있다.

대학원을 졸업하고 다시(?) 활동가로 살아가면서 내가 잠시 몸담았던 학문 분야와 한국 학자들의 작업이 다양해지고 깊어지기를 많이 기대해 왔다. 하지만 그동안 성소수자 인권 운동을 하는 과정에서 여성학/페미니즘 학자와 접점을 가질 기회는 정말 적었다. 이것은 성소수자 운동이 2000년대 이후 한동안 여성 운동과 긴밀한 관계를 맺으면서 서로의 의제에 개입하고 함께 만들어 나가는 작업이 거의 없었던 것과도 크게 관련된다. 이러한 상황에서 로스쿨의 도입으로 인해 인권법 연구와 공익인권변호사들의 활동이 활발해졌고, 성소수자 운동은 법학자들과 같이하는 일이 훨씬 더 많아졌다. 이것은 법학계의 변화를 보여 주는 측면이 있기 때문에 고무적인 일이다. 하지만 현재 한국사회에서 성소수자 인권 운동, 퀴어 운동의 이론적 자원이 어디에서 나오고 있는가를 계속 질문하게 된다. 또한 장애여성 운동의 상황과도 비슷하다. 페미니즘 시각에서 장애정치학에 주목하는 이론적 작업이 어떻게 진행되고 있는가, 장애여성 운동은 현재 한국사회의 페미니즘 이론과 실천의 지형에서 어디쯤 놓여 있는가, 누구와 연대하고 관계 맺고 있는가를 질문했을 때 쉽게 답하기 어렵다.

그런 점에서 2015년 「여성발전기본법」이 「양성평등기본법」으로 개정되는 과정, 대전시가 성평등조례를 개정하는 과정에서 벌어진 성소수자에 대한 배제, 그리고 이를 둘러싼 여성 운동과 성소수자 운동의 연대와 갈등의 과정은 그 자체로 큰 의미를 남겼다.[12] 결국 법 개정 과정에서 성소수자에 대한 차별적 해석이 승인된 배제의 역사가 쓰여졌다. 모든 국민을 대상으로 평등의 실현을 위한다는 「양성평등기본법」이 성소수자 여성 혹은 남성이 겪는 차별과 불평등은 이 법안에 포함될 수 없다고 하는 것은 어불성설이다. 사실 성소수자가 겪는 젠더 규범과의 불화나 불평등의 문제를 드러내기 위해서 모든 성소수자가 반드시 남성 혹은 여성으로서의 정체성을 가질 필요는 없다. 하지만 국가는 모든 국민을 여성, 혹은 남성으로 강제 할당하고 있기 때문에, 정책을 시행하고 목표를 달성하기 위한 대상으로서 여성 혹은 남성이 아닌 존재가 있다고 국가가 선언할 수는 없는 것이다.

---

12 2015년 하반기 동안, 대전시 성평등 조례에 성소수자 관련 조항을 포함하는 것에 대해 환영하는 논평을 시작으로, 대전시에 성소수자 관련 조항을 삭제하라고 명령한 여성가족부에 대한 반대 운동을 여성 운동과 성소수자 운동이 함께 펼쳤다. 여성성소수자궐기대회 '나는 여성이 아닙니까'가 열렸고(2015년 10월 10일), '[대토론회] 성평등 정책, 이론, 운동의 방향과 미래'가 개최되었다(2015년 11월 25일).

성소수자 단체와 여성 단체들이 여성가족부에 대한 항의 활동을 함께하면서, 여성 운동은 여성 정책, 성평등 정책이 현재 어디에 놓여 있는가, 여성 정책이 제도화되면서 강조되어 왔던 여성 정책 거버넌스는 여전히 유효한가라는 질문을 할 수밖에 없는 상황을 맞았다. 또한 성소수자 운동은 성의 개념이 어떻게 법에 기입될 수 있을까라는 질문을 직면하게 되었다. 사실 이러한 법제도의 한계들은 페미니즘 이론과 실천의 한계와 닮아 있다. 성을 분석 범주로서 섹스-젠더-섹슈얼리티로 나누었지만 섹스는 여전히 본질적인 것으로 인식되고 있고, 젠더는 남성과 여성의 불평등을 지적하기 위한 언어로, 섹슈얼리티는 그저 성적인 것, 심지어 동성애 자체를 가리키는 말로 쓰이고 있다는 점이 이번 「양성평등기본법」 논란의 과정에서 드러났다. "아직은 법이 섹슈얼리티 문제를 다룰 수 없다"는 말은 "동성애는 시기상조"라는 뜻으로 쓰이고 있다. 성을 분석하기 위해서 나눈 개념이 어떤 집단에게 할당되고, 권리의 제한을 정당화하는 논리가 되는 상황을 마주하게 될 줄은 예상치 못했다. 이것을 확인하게 된 이상, 몰랐던 때로 돌아갈 수는 없다. 구체적인 '법'을 통해서 다시 마주치게 된 마당에, 퀴어 정치와 페미니즘이 계속 갱신하도록 서로 추동할 수밖에.

그리고 최근 장애여성공감은 '탈병리화'라는 정치적 기획을 매개로 하여 페미니즘, 퀴어, 장애 운동의 만남을 만들어 가고 있고, 우생학에 기반한 생명정치에 대한 비판을 공유하며 페미니스트들과 연대하여 '성과 재생산 포럼'을 꾸려 나가고 있다. 이러한 시도와 마주침을

통해서 우리가 어떤 페미니즘, 어떤 소수자 운동, 어떤 퀴어한 주체가
되고 있는가를 다시 생각하고 또 새로운 길을 만들어 나갈 것이라고
기대한다.

스킨십을 정치화하기

역시 2001년, 장애여성공감이라는 단체를 알게 되어 장애여성 활동가
들을 만나면서 몸과 정상성에 대해 매우 구체적으로 고민할 수 있었
다. 제3회 월경페스티벌 기획단을 하면서 장애여성의 월경 경험을 들
어 보기 위해서 무작정 장애여성공감에 연락을 했는데, 그때 마침 제
1회 회원 캠프를 준비하고 있었다. 장애여성공감 활동가들은 캠프 진
행을 위한 일손이 필요하기도 했기에 기획단에게 캠프 참가를 권했는
데, 우리가 아무런 준비 없이 캠프가 진행되는 장소에 도착했을 때 십
수 명의 중증장애여성을 한꺼번에 마주한 순간은 아직도 잊을 수 없
다. 프로그램이 진행됨에 따라서 어떤 장애여성은 휠체어에서 바닥으
로 내려와 발가락으로 글씨를 쓰고 수저를 들었다. 캠프 이후에 이 여
성들을 계속 만나고, 함께 자고 먹으면서, 일종의 '오염'이 일어나게
되었다. 그것은 휠체어에 앉아서 보는 시선의 높이, 뇌병변 장애를 가
진 이들이 근육을 사용하는 방식을 익혀 나가는 과정이었다. 당시에
는 활동보조인이 제도화되기 전이었기 때문에 함께 활동하는 동료 비
장애여성이 신변 처리나 식사보조 같은 것을 하는 것이 당연했다. 휠

체어에서 변기로 안전하게 옮겨 가기 위한 사투를 함께 벌이기도 했고, 보조하는 것이 너무 서툴러 먹는 것보다 버리는 것이 많을 때도 있었다. '더러움'과 프라이버시, 일상과 동료에 대한 관점과 감각이 달라질 수밖에 없었던 시간들이었다. 회원 모임이 있는 날이면 꼭 그 중 한 명은 지하철에서 구걸하러 다니는 것이 아닌지 역무원에게 검열을 당해야 했고, 휠체어에 매달려 있는 검은 봉지에 무엇이 들어 있는지를 밝혀야 했다. 함께 밥을 먹을 수 있는 곳을 찾아 헤매며 작은 턱들과 공안의 눈이 어떻게 장애여성의 일상을 위협하고 규제하는지 알아 가는 시간이었다.

장애여성공감에서 활동을 시작한 이후 지금까지 다양한 장애를 가진 여성과 동료가 된다는 것에 대해서 여전히 훈련하는 과정에 있다. 이 말은 굉장히 미묘한 말인데, 특히 중증장애를 가진 사람은 개별성이 매우 커서 '장애여성 동료와 관계 맺는다'라고 집단화·추상화하기가 어렵기 때문이다. 이것은 비장애인의 세계에 익숙했던 내가 그간 맺어 왔던 관계의 방식과는 또 다른 노력과 감각이 필요하다는 점을 일깨우는 것이다. 나이, 학력, 신체적 조건에 비추어 서로의 역할을 미리 가늠하고 기대하는 방식은 통하지 않았고, 이는 개별성에 훨씬 더 주목하게끔 했다. 이런 점은 장애여성공감이라는 공간이 누구를 더 중심적으로 고려하는가와 연결되기도 하지만 장애여성의 개별성이 더욱 존중받는다고 해서 더 권력을 가졌다고 할 수는 없다. 그만큼 존중하고 고려하지 않으면 그가 가진 가능성과 능력을 인식할 조건을 우리 스스로 만들지 못하기 때문이다. 그렇다고 비장애여성의 개별적인 캐릭터나 헌신성이 무시되는 것은 아니다. 오래 활동해 온 비장애여성들은 각자의 개별성이 동료들에게 잘 인식되고 있고, 그것이 공동의 경험으로 체화되는 과정을 겪어 왔다. 이 과정에서 가장 어려운 것은 서로의 역할과 능력에 대한 이해와 인정이다. 사실 장애여성공감에서 활동하기 전까지 고민해 보기 어려운 이슈였고, 페미니즘 또한 가치 절하된 여성의 능력을 어떻게 제대로 평가할 것인가에 대한 내용이 주를 이루기 때문에 장애라는 조건과 경험이 개입되었을 때 '평등'을 어떻게 사고할 수 있는지는 현재도 거의 비어 있다. 물론 장애여성공감의 경우에는 초동모임 때부터 장애여성과 페미니스트 비장애여성들이 동료로서 끈끈하게 관계 맺고 활동해 온 역사가 있었기 때문에 그것 위에서 함께 해나갈 수 있었지만, 어쨌든 나에게는 처음이기 때문에 허둥지둥할 수밖에 없었다. 초반에는 여기서 활동하는 장애여성의 조건과 경험에 무조건 맞추어 보기도 하고, 어떤 역량을 강화하는 작업과 페미니스트 의식을 고양하는 작업을 연결시킴으로써(예를 들어 글쓰기나 연극을 만드는 과정), 협동적인 모델을 만들어 내기도 하였다. 최근에는 발달장애를 가진 장애여성들과 만나면서 새로운 동료 관계의 모델을 고민하는 과정에 있다.

하지만 장애인에 대한 근본적인 낙인이자 혐오의 기반에 깔려 있는 무능력, 불결, 통제 불능이라는 가치 자체에 도전하는 것은 여전히 쉽지 않다. 피부색이 어두운 이주민과 우정을 나누지만 우리는 여전히 인종에 대한 감각과 시각이 일천한 사회에 살고 있고, 신체·나이·성별 등에 기반한 '인종화와 국민화'의 기제가 매우 강력한 사회에 살고 있기 때문에, 거기에서 벗어난 사고방식을 갖는 것도 매우 어렵다. 이러한 강력한 의미 체계에 도전하기 위해서, 최근에는 활동의 인식론과 방법론을 '스킨십'에서 찾아야 한다고 깨닫게 되었다. 사실 신체의 개별성을 이해함으로써 장애를 이해하는 것, 그것의 가장 직접적인 방식은 스킨십이다. 장애를 가진 몸이 타인을, 세계를 어떻게 인식하는지 이해하고 공유하려면 무엇보다 거리를 좁히고 부딪치고 맞대는 과정이 필요한 것 같다. 말하자면 장애를 불가능 혹은 무능력의 '문젯거리'가 아니라 새로운 인식의 지평으로 안내하는 통로로 맞이하기 위해서 비장애인으로 살아왔던 몸과 감각에 도전하는 것이 필요하다. 이러한 문제의식을 '스킨십의 역량'이라고 표현하고자 한다.

스킨십(skinship)이라는, 영어에는 없는 이른바 콩글리시가 가리키는 범위와 의미는 사실 매우 넓다. 악수하기, 손잡기, 무릎에 손 얹기, 어깨동무, 팔짱 끼기, 포옹하기, 뺨에 뽀뽀하기와 같은 통상적인 인사와 우정의 표현이 있는가 하면, 보다 성적인 흥분과 만족을 위한 성적 스킨십도 있을 것이다. 장애여성 동료에게 활동보조를 하면서 일어나는 스킨십을 모두 우정의 의미라고 하기 어려울 수 있지만 거기에는 분명 우정과 돌봄의 의미가 포함되어 있었다. 활동보조는 불가피하게 해야 하는 일이기에 상호적일 수 없고 우정과도 다르다고 느끼는 사람도 있을 것이다. 물론 이러한 스킨십이 일방적이거나 권력으로 작용하지 않기 위해서 주의하는 것도 필요하다. 활동보조 과정에서의 스킨십은 미묘하고 미시적인, 하지만 강력한 권력이 작동하기에 너무나 쉬운 조건이기도 하기 때문이다. 하지만 이러한 스킨십을 통해서 우정과 신뢰, 안전함을 만들고 쌓는 경험들도 분명히 발생한다. 우정이 실존적 필요와 서로의 요구에 초월해야만 본래의 의미를 가지는 것이라고 가정한다면 오히려 매우 취약하고 공허한 것으로 느껴진다. 또한 발달장애여성과는 이 스킨십의 의미와 경험을 공유하기 위해서 보다 세심한 상호 의사소통이 필요하다. 서로 가지고 있는 의미와 전제가 다르지 않은지 확인하고 합의해 나가는 과정이 필요하기 때문이다. 리베카 솔닛은 동일시, 감정이입이 타인의 고통을 나누고 연대할 수 있게 하며, 이를 통해서 정체성을 구축할 수 있다고 했다.[13] 나는 현재 이러한 동일시, 감정이입이 제한되고 있는 이들이 누구인지 구체적으로 떠올려 본다. 기가 막히게도 차별을 경험하는 소수자 집단 혹은 차별을 발생시키는 속성과 상당 부분 겹친다. 그래서 동정과 시혜를 넘어, 관용의 대상을 넘어 상호 개입하고 서로를 변형시킬 수 있는 '평등한 존재'가 되기 위해서는, 피부라는 경계를 직면하고 맞대고 넘어설 수 있는지에 대한 질문에 결국 다다르게 된다.

한편 성적인 스킨십은 더욱 정치적인 문제이다. 일단 내가 누군

---

13 리베카 솔닛, 『멀고도 가까운: 읽기, 쓰기, 고독, 연대에 관하여』, 김현우 옮김, 반비, 2016, 157~158쪽.

가와 (성적) 스킨십을 할 수 없다고 느끼는 집단 혹은 개별적 존재들이 있다면, 그것은 단순히 성적 지향의 문제가 아니다. 그 사이에는 온갖 타자성 —더러움, 역겨움, 혐오감, 매력 없음, 소통 불가, 위험한 것, 비정상적인 것들— 이 연루된다. 그리고 이러한 감정들은 개별적인 감정으로 고립된 채 존재하는 것이 아니라 관계 사이로, 사회문화로 흘러넘치고, 타자들을 시민 모델을 구성하는 데에서 배제함으로써 시민의 권리와 자원을 배분하는 데 영향을 미친다. 누군가가 사랑받을 권리, 성적 매력을 가질 권리는 주장할 수 없는 성격의 것이지만, 그러한 속성이 권리를 확보하는 데 영향을 미치는 것은 확실하다. 또한 이러한 권리 박탈은 특정한 이들의 성적 재현을 금지하도록 만들었다. 예컨대 장애인, 노인, 노숙인 등은 성적으로 재현되지 않는다. 또한 주류 미디어에서는 젠더 규범을 따르지 않는 신체나 관계, 동성 간의 성적 재현을 당사자의 목소리를 지우고 범죄화된 방식으로만 재현한다. 재현을 금지하거나 왜곡하는 것은 타자성을 유지하는 데 매우 핵심적인 역할을 한다. 더러움과 역겨움과 같은 감정들은 신체적 반응이긴 하지만 선험적으로 신체에 코드화되어 있는 것은 아니기 때문이다. 시각적·촉각적·후각적 스킨십의 기회를 차단당한 이들, 특정한 방식으로만 재현되는 이들과 관계 맺기 위해서는 피부를 맞대는 것이 정말로 필요하다고 생각한다. 이것이 소수자의 시민권을 확보하는 방식과 연결되고, 개별적인 신체들이 반응하는 감정의 변화를 일으키는 출발이라고 생각한다.

지금 내가 빈곤한 이들, 장애를 가진 이들, (감염성) 질병에 걸린 이들, 유색인들과 어떻게 관계 맺고 있고, 어떤 가능성을 열어 두고 있는가를 고민할 때 내가 주로 멈추는 부분은 성적인 스킨십이다. 내가 누구와 성적 스킨십을 나눌 것인가는 철저하게 욕망에 따른 것이어야 하지만, 어떤 집단 전체가 욕망의 대상에서 지워지는 것은 매우 부자연스러운 일이라는 것을 이해하기 시작했다. 장애인은 점차 인권과 권리를 행사하는 시민의 일부로 여겨지고 있지만, 장애를 둘러싼 문화적 인식 체계는 여전히 변화가 더디고 상호 호혜적인 관계를 맺을 가능성은 턱없이 부족하다. 이런 상황에서 (성적) 스킨십을 나눌 가능성은 희박할 수밖에 없다. 트랜스젠더에 대한 법적 인식은 예전보다 나아지고 있지만 트랜스젠더가 가진 몸의 다양한 조건들, 예를 들어서 성전환 수술을 둘러싼 다양한 경험들이나 트랜스젠더 당사자가 해석하는 몸의 의미들은 여전히 성소수자 커뮤니티 내부에서조차 그다지 공유되지 않는다. 이 또한 트랜스젠더를 여전히 성적 타자이자 판타지로 남겨 두는 큰 요인이 된다. 몸의 젠더화된 의미가 성적 의미로 전화될 가능성이 매우 높은 인간의 조건에서 젠더화된 의미를 해체하고 다변화할 준비가 되어 있지 않다면 트랜스젠더가 보다 충분한 성적 시민권을 얻을 수 있을까?[14] 'HIV/AIDS 감염인도 점차 사회에 드

---

14 수잔 스트라이커의 다음과 같은 이야기가 영감을 주었다. "트랜스젠더 관점으로 보면 주류 게이 레즈비언 운동은 이성애자하고 공유하는 젠더 규범성의 특권을 밑절미 삼아

러나고 있다'는 것을 넘어서, 이들은 성소수자 특히 게이 커뮤니티를 구성하는 우리 중 상당수이며 우정을 나누는 친구가 되어 가고 있지만, 감염이 되는 순간 여전히 성적 대상에서 타자로 밀쳐진다. 심지어 「후천성면역결핍증 예방법」에서 그것을 명령한다.[15]

한편 이러한 고민에 이르기까지 나에게 새로운 인식과 감각을 일깨운 또 하나의 스킨십은 게이 친구들과 나눈 것이다. 특히 클럽이라는 장소에서 발생하는 스킨십은 장소 특정적, 관계 특정적인 스킨십이다. 게이의 몸은 각자가 체현하고 있는 남성성의 정도, 방식, 의미에 따라서 생물학적인 남성 신체가 사회적으로 가지고 있는 의미들을 공유하기도 하고, 분리하기도 한다. 나는 그 점을 스킨십을 통해서 보다 구체적으로, 개별적으로, 주관적으로 인식할 수 있었다. 나는 게이 클럽에서 종종 남성으로 패싱(passing)되는 신체 조건과 젠더 표현을 가졌기 때문에 그 장소에서 내 몸의 의미도 당연히 변형된다. 레즈비언 클럽에서 '부치'로 보이는 것과는 또 다르게. 그렇기 때문에 매우 특

동성애의 사회적 수용과 포용의 개념을 진전시킬 것으로 예상된다. 트랜스젠더 정치는 그런 동성애 규범적 경향이 푸대접하는 사람을 위한 다른 연대의 가능성을 열 수 있다"(수잔 스트라이커, 『트랜스젠더의 역사: 현대 미국 트랜스젠더 운동의 이론, 역사, 정치』, 제이·루인 옮김, 이매진, 2016, 11쪽).

15 「후천성면역결핍증 예방법」 19조는 '전파매개 행위의 금지'를 담고 있는데, 이 조항은 "감염인은 혈액 또는 체액을 통하여 다른 사람에게 전파매개행위를 하여서는 아니된다"는 내용으로, 이를 위반할 경우 3년 이하의 징역에 처하도록 하고 있다. 이 조항은 감염인의 성적 권리를 직접적으로 규제하며, 사실상 거의 사문화되었음에도 불구하고, 감염인을 잠재적인 범죄자로 낙인찍는 상징적인 효과를 가지고 있다.

수한 조건에서 가능한 경험이라고 여길 수도 있다. 하지만 이 또한 앎의 방식으로서의 '스킨십의 역량'에 포함된다. 이러한 경험을 통해서 어쩌면 과도하게 의미 부여했던 행동을 무심하게 해보거나, 혹은 어떤 행동 이후에 따라오는 의미가 부재함을 경험해 볼 수 있고, '쓸모나 소용이 없기 때문에 해석되지 않고 잉여로 남겨짐으로써 자유를 얻은 스킨십'이라는 것 또한 알 수 있게 되었다. 특정한 장소에서, 특정한 관계 속에서 발생하는 스킨십의 의미를 주체적으로 만들고, 늘이고, 생략할 수 있는 역량을 키워 가면서 몸의 자유로움을 더 많이 느끼고 알게 되었다. 더불어 스킨십을 정치화하기 위해서는 그 의미를 주체적으로 생산하고, 공유할 수 있는 공동체가 필요하다는 점을 절감하게 되었다. 페미니스트 공동체에서도 여성들 간의, 여성과 남성 간의 스킨십의 의미를 주체적으로 생산하고 지배적인 규범에 도전해 왔지만 해석의 판본이 여전히 매우 제한되어 있다고 여겨지기도 한다.

이렇게 타자의 최전선, 혹은 타자의 최후에 위치한 이들은 과잉성애화되는, 혹은 성적인 의미를 획득하지 못하는 타자이다. 욕망이 내가 가진 한계 위에서 구축되고 타인과의 만남을 통한 변화와 갱신을 통해서 새롭게 구성된다는 점에서 타자성은 문제적인 것이다. 성적 대상의 특성, 성적 타자의 특수성 때문에 어쩔 수 없다? 나는 그 규명되지 않은 성적 특수성이 불합리하고 부당한 타자화를 영구히 추동하는 알리바이가 될 수 있다고 생각한다. 앞으로 한동안은 성적 타자성과 특수성이 구성되는 방식과 그것이 인권, 권리, 시민권에 미치는 영향을 규명하는 데 집중하고 싶다. 이 또한 국가와의 관계에서 발생하는 퀴어함과 긴밀하게 연결된다. 이러한 작업이 소수자가 인간다움에 대해 재정의할 수 있는 힘을 가지는 것으로 연결되었으면 한다. 이는 내가 현재 위치한 퀴어-장애 현장에서 만나는 사람들이 건네준 이야기를 통해서 만들어진 과제이다.

부딪히고 변하고 유연해진 몸으로

이 이야기는 페미니즘을 만나, 페미니스트 공동체에서 몸을 만들었지만, 2000년대 한국사회, 정확히는 서울을 중심으로 벌어졌던 운동사회의 여러 가지 변화의 물결 속에서 소수자 여성 운동, 성소수자 인권 운동, 장애 운동과 퀴어 운동으로 점점 이동하고 변형되었던 몸과 인식에 대한 것이다. 이 책은 페미니즘에 대한 것이지만, 나의 경험을 매개로 쓴 이 이야기들이 모두 페미니스트 역사의 일부라고 하기도, 아니라고 하기도 어렵다. 페미니스트로 표방하고 움직임을 만들어 내는 이들과 매우 근거리에 있지만 서로 만나고 부딪혀 사건을 만들고 함께 의미를 만들어 내지 못한 것들도 여전히 많기 때문이다. 앞으로 함께 사건과 의미를 만들어 나가기를 바란다.

마지막으로 '활동가로 살아가는 것'에 대해서 조금 이야기를 덧붙이고 싶다. 이 글에 서술된 내용들은 약 20여 년간 대학의 끄트머리에서 시작해서 대학원생으로 살았던 몇 년간을 제외하곤 거의 대부분의 시간을 전업활동가로 지냈기 때문에 만나고, 만들고, 쓸 수 있었던 것들이었다. 많은 친구들이, 회원들이, 대중들이 나를 비롯한 전업활동가들에게 '고맙다', '훌륭하다'고 진심으로 말해 준다. 이 민망한 상황을 모면하기 위한 대답은 여러 가지다. '나도 나름의 직업윤리를 가진 생활인일 뿐', '여러분 덕분에', '부모를 잘 만나 빚이 없어서'······. 분명한 것은 전업활동가는 공공의 지지와 지원을 받아, 공익과 정의에 부합하는 내용과 방식으로 상대적으로 자율성을 확보한 (넓은 의미의) 노동을 하는 사람이라는 것이다. 활동가로서 목표와 지향이 있다면 자아 안팎의 경계가 최대한 유연한 몸을 만들고, 그 몸으로 목소리와 몫이 더 작은 사람들을 만나고, 그것을 통해 또 변형된 몸으로 할 수 있는 최대한을 하는 것이다. 이 글에 내내 박힌 '나는', '내가'라는 주어들이 매우 낯설지만, '나는'이라는 단어가 나의 자아로 환원되지 않고 내가 그 당시에 있었던 좌표로 읽혔으면 하는 바람이다. 실제로 내가 있었던 위치가 달라질 때마다 어떤 이들이 그리로 이끌었다. 나의 인식론을 변형시키고, 열정이 향하도록 손을 내밀었던 구체적인 타인이 있었다. 이제는 도저히 나와 내가 아닌 것을 골라낼 수가 없다.

'페미니즘 고딕체' 권하는
세계를 살아가는 법

김홍미리

'처음'에 대하여

"나 67살이 처음이야." 2014년 어느 날 tvN의 예능 프로그램 〈꽃보다 누나〉에 출연한 윤여정이 화면에서 그렇게 말하는 걸 들었다. 나이 60이 되어도 인생은 알 수가 없다고, 본인도 67살은 처음 살아 본다고, 누구나 처음 태어나 처음 살아 보는지라 인생은 아쉬울 수밖에 없고 안타까울 수밖에 없다고 했다. 이 말은 패러디 아닌 패러디로 2015년 tvN 〈응답하라 1988〉에 출연한 성동일의 "아빠도 아빠가 처음이잖애"라는 대사로 재등장했다.[1] 알았으면 이렇게 살았겠느냐는 그들의 말

---

1 아버지 성동일이 막내딸 덕선(혜리)에게 건네는 말은 이렇다. "잘 몰라서 그래. 이 아빠도 태어날 때부터 아빠가 아니잖아. 아빠도 아빠가 처음인데. 그러니까 우리 딸이 좀 봐줘" (tvN 〈응답하라 1988〉 2015년 11월 6일 방송분).

을 들으며 누구나 '처음'인 순간들을 어떻게 살아가고 있을까를 두고 생각이 많아진다. 나 또한 올해부터 처음 마흔을 산다. 나는 오늘 처음으로 혼자 명절 연휴를 보내는 중이고, 내일이면 처음으로 세배 없는 설날을 맞는다. 홀로 명절을 보낸 적 많은 이들이라면 이런 고요함이 적절한 휴식과 충전으로 채워질 수도 있겠지만, 나는 이 고요함을 적막함, 고독함, 불안과 엮는다. 누구 말대로 마흔은 그저 숫자에 불과하고, 삶은 늘 예상치 못한 변곡점을 만들어 내며, 질풍노도는 한 번 오고 마는 것이 아니었다. 질풍노도는 10대에게 적절한 표현이라 배운 데다, 시간이 지나면 다 지나간다는 말을 믿으며, 늦어도 서른 즈음엔 뭐라도 나아지는 줄만 알았던 그런 기대는, 매번 헛웃음만을 남겼다. 파고는 한 번 오고 마는 것이 아니라 계속 밀려오는 것이었고, 살아온 시간이 나에게 들려준 이야기가 있다면 '희로애락의 주기'와 같은 이런 고루한 것들뿐이다. 하지만 그 고루한 깨달음 속에서 페미니즘은 '삶의 방식[2]이라는 의미를 알아 간다. 삶은 당연히(!) 계획대로 되지 않으며, 우리는 그 예측 불가능한 부딪침 속에서 소소한 변수들을 만들어 내며 살아가는 중인 거다. 그리고 그런 소소한 변수들은 어떤 '의

---

2 수많은 페미니스트들의 책에서 이미 숱하게 언급되어 왔지만, 나는 이 문구를 책이 아닌 한 활동가의 말을 통해 기억하게 되었다. 2008년 아시아여성네트워크 포럼에서 '싱글맘의 수다'라는 세션이 열렸는데, 여기에 참석한 필리핀 여성 단체 '가브리엘라'(GABRIE-LA)의 한 활동가는 싱글맘에 대한 여전한 편견을 이야기하면서 이런 말을 남겼다. 페미니즘은 '삶의 방식'이고 살아가는 방식을 통해서 세상의 변화를 보는 것이라고.

미'들을 만들어 가는 데 기여한다.

이 글은 내가 '처음' 페미니스트 하기로 했던 날부터 바로 오늘의 나 사이에 있는 온갖 것들을 써야 하는 첫번째 시도다. 그래서 이 글은 더디고 두서없고 불안하다. 내가 그런 회상, 그런 해석, 그런 들여다보기를 할 수 있는가에 대한 확신이 없다. 그럼에도 불구하고 나는 첫 문장을 적었다. 확신도 없이 이 글을 시작할 수 있는 건 '확신'에 대한 확신이 없어서이기도 하고, 또 한편으로는 지금의 '메갈 이후 페미니스트'들이 겪고 있을 분노, 그리고 그것에 대한 두려움을 조금은 덜어 주고 싶다는 '희망' 때문이기도 하다. 사라 아메드가 말한 '페미니스트 연결감'(feminist attachments)은 이런 때 더 능동적으로 작동시켜야 하는 게 아닌가 싶은 것이다.[3] 바로 얼마 전 받은 한 통의 메일도 이 글을 시작할 수 있는 동력이 됐다. 대학 졸업을 앞둔 페미니스트인 J는 페미니스트로서 앞으로 어떻게 살아갈 수 있을 것인지에 대한 자신의 불안, 무력감을 편지를 통해 전해 왔다. 불과 스무 시간 남짓 계절학기 수업을 함께했을 뿐이지만, 그런 나에게 메일을 보낸 건 무기력의 한가운데에서 어떤 '희망'들을 품고 싶어서였을 것이라 짐작한다. '나의 그때'를 묻는 그 편지에서 나는 또다시 내가 들려줄 이야깃거리를 찾아 나선다. 내가 스물서넛 되었을 때 누군가 들려주면 좋겠다고 생각했던 '어떤' 페미니스트의 삶의 일부분을 내가 들려줄 수도 있지 않겠는가 한다.

~~~~~

3 Sara Ahmed, *The Cultural Politics of Emotion*, New York: Routledge, 2004.

문제는 내가 아니었다

늘 외롭고 불안했다. 나는 '나'에게 내 불안의 연유를 묻곤 했다. 누구를 콕 집어 원망할 수조차 없게 수많은 기억들이 뭉개져 내 몸에 들러붙어 있었다. 기억이라는 걸 하기 시작한 순간부터 나는 늘 불안했고 염세적이었으며 '태생적으로' 세상이 즐겁지 않았다. 내가 '밝아서 좋다'던 눈먼 자들이 많았지만 '행복'이라는 단어를 내 입에 담은 건 아이러니하게도 산후 우울에 시달리던 나이 서른을 채운 후였다. 나를 채운 어떤 정서가 '불안'이라는 말로 불린다는 것도 나중에야 알게 됐다. 전학을 여러 번 다녀서인지, 초등학교 때 언니들과 시작한 지하 단칸방 자취생활 때문인지, 아들이 아니어서 안타깝다는 이야기를 날 때부터 들어서인지, 친척들이 모이는 날이면 안방보다 부엌이 편했던 내 위치 때문인지, 가끔 삐져나오는 건방짐이 집 안팎에서 쉽게 기각됐기 때문인지, 아니면 다른 어떤 이유가 있는지 잘 모르겠다. 필시 내곁에는 아무도 없을 것이고 고독은 나의 몫이며 살아 봤자 별 볼 일 없을 것이라는 확신은 사춘기가 되기 훨씬 이전부터 나에게 들어차 있었다. 내가 기억하는 나의 어린 시절은 친한 친구와 무엇을 하며 놀았는가가 아니라 나라는 존재를 업신여겨 온 시간과 그 느낌들로 채워져 있다. '덜 된 인간', '사람이 되다가 만' 딸, 신뢰받지 못하는 몸, 써먹을 곳에 적당히 써먹으면 되는 구성원, 필요는 하나 충분치는 않은 자식 등은 나를 표현하는 적절한 문구들이었다. 상실된 이로서 내가 택해

온 삶의 방식은 비굴하게도 더는 부족해지지 않으려는 노력들이었다.

일상은 젠더 정치가 벌어지는 무대이고 젠더 정치에서 벗어나 있는 장소는 어디에도 없다.[4] 이 말대로 태어날 때부터 내 몸에는 '여자'라는 이름이 붙었다. 비록 '여자'라는 이름표를 달지도 않았고, 부모님은 내가 남자처럼 보이도록 연출했지만 그럴수록 내가 남자가 아니라는 사실이 강조됐다. 여아 낙태를 피해 운 좋게 태어나게 된 '아들 바라는 집' 막내딸은 성장기 내내 XX(염색체)라는 출신 성분과 그 본분을 익혔고, 고추가 되다 만 몸에 대한 안타까움과 멸시를 맞장구치며 받아 냈다. 한편 나는 고추가 되다 말았지만 언니들은 아예 (고추) 근처에도 못 간 '여자들'이라 여기며 속으로 우쭐했다. 나보다 공부도 잘하고 운동도 잘하고 바느질 등 손재주도 좋은 두 살 위 언니를 늘 만만하게 여겼던 건, 유사 아들이던 나의 젠더 착각에서 비롯된다. 그 멸시의 범주 안에 나도 포함된다는 걸 알아챈 후에 아들인 척하던 그 시절이 부끄러움으로 몰려왔지만, 부끄러움을 알기 전까지 그건 내 자존감의 근거였다.

"네가 태어난 날, 아빠는 집을 나갔고, 할머니, 할아버지는 병원으로 향하던 발길을 돌렸지. 몸조리는 무슨. 그때가 겨울이잖어. 그냥 찬 바닥에서 잤어"라고 엄마가 말해 줬다. 그런 안타까움을 나에게 전하는 일에 (식구들과 친척들 모두) 머뭇거림이란 없었다. 나에게도, 그들

---

4 R. W. 코넬, 『남/성성들』, 안상욱·현민 옮김, 이매진, 2013.

에게도 그런 말은 상처도 아니고, 위로는 더더욱 아니며, 그냥 어떤 의미도 획득하지 못한 '사실'의 전달에 불과했다. 페미니즘을 접한 후 그때서야 난 왜 그 사실들이 '의미'가 될 수 없었을까 생각했다. '아무도 너를 반기지 않았지. 너 말고 다른 (온전한-남자) 사람이 태어나야 했지. 적어도 너는 아니어야 했던 거야'라는 저 말이 왜 아무에게도 아무런 의미가 아니었을까. 어떻게 당사자인 나에게도 그건 아무것도 아닐 수 있었을까.

'아! 아들이어야 했는데!'라는 주변인들의 탄식을 '내 일처럼' 공감하고, 동시에 마치 '내 일이 아닌 것처럼' 함께 안타까워했던 나는, 스무 살이 되어서야 그런 나에 대해 질문을 시작했다. '나'이면서도 내가 아닌, '나'여야 하지만 내가 아니어야 살아지는 그 분열을 이해할 수 없었지만, 분명한 건 나를 타자로 만드는 일은 누워서 떡 먹기보다 쉬웠다는 사실이다. 내가 그깟, 볼품없고 지위도 없는, 하찮은 '여자'라는 걸 인정하지 않는 것보다 쉬운 일은 세상에 없었다. 치마를 입지 않았고 머리를 기른 적 없었다. 어릴 땐 엄마의 의지였겠지만 내 기억에 치마를 입겠다고 엄마와 다퉜던 기억이 없는 걸 보면 남자 같은 삶은 나에게도 '좋은 것'이었음에 틀림없다.

스무 살. 그 온갖 것에 대한 배신감이 한꺼번에 몰려왔다. 남자가 되다 만 나를 안쓰럽다 여기며, 그래도 여자보다 낫다(?)라고 자위하며, 사촌 남동생들 앞에서 늘 기죽으며, 딸로 태어난 나를 원망하며 보낸 그 시간이 통째로 억울하고 분했다. 나를 사랑하는 법을 배우기는

커녕 나를 인정하기도 전에 나를 부정하는 법부터 익힌 '나'라는 존재를 되돌려 놓고 싶어 미칠 지경이었다. 되돌릴 수만 있다면 처음으로 되돌려서 내가 누구인지 알고 싶었다. 알아야 했다. 나를 사랑하는 느낌이 대체 뭔지 알 수만 있다면. 늦었지만 이제라도 나로 살 수 있다면.

처음 만난 페미니즘과 나의 페미니스트 집착

그런 나에게 페미니즘은 동아줄이었다. 호랑이에게 쫓겨 더 이상 갈 곳 없는 내가 나무 꼭대기에서 만난 유일하고 든든한 동아줄은 그렇게 나에게로 왔다. 1960~70년대 미국 급진페미니스트들의 의식고양 집단(Consciousness-Raising group)이 그랬듯이 페미니즘으로 뛰어들어 온 1990년대 후반의 (서울 지역 몇몇 학교 중심으로 등장한 일군의) 페미니스트들은 무언가를 설명하거나 입증하는 과정 없이도 함께 공유할 수 있는 것들이 많았다. '개떡같이 말해도 찰떡같이 알아듣는다'는 말은 '우리'[5]를 위해 준비된 걸로 알았다. 각자가 경험한 분노, 좌절, 고

---

5 '우리'라는 말을 사용하는 데 있어서 머뭇거림이 있다. 물론 그 말의 사용이 어떤 이들을 한 집단으로 묶고 집단의 정체성을 단일하게 고정하는 노릇'만' 하는 것은 아니다. 하지만 그걸 안다고 하더라도 그 단어를 사용하는 일은 여전히 주저된다. 이런 주저함은 '우리'이기를 거부했던 '우리들'에게 일면 당연한 것이기도 하다. 그때의 '우리들'이 지금 나와 함께 '우리'라고 묶이는 일에 동의하는지도 알 길 없다. 당시 나와 내가 만난 페미니스트들은 단일한 '우리'가 되길 거부했고 어떤 특정한 집단으로 호명받는 것도 달가워하지 않았다. 2000년대 들어 누군가가 그때의 '우리'를 '영페미니스트'라고 적었을 때 나 역

통, 억울함의 스토리는 싱크로율이 매우 높은 공통의 경험이었다. 스무 살 남짓 '여자애'들의 분노는 어디에서도 환영받지 못했지만 우리역시 세상의 이해나 환영을 바라지 않았다. 그보다는 우리가 지금 여기에 우글우글 모여들고 있다는 사실이 그저 벅찼다. 우리의 분노는당시 주변인들로부터 '피해망상'이라거나 '히스테릭하다'며 업신여김 받았지만 그런 말을 듣는 일은 부끄럽지 않았다. 심지어는 자랑스러웠다. 내 분노를 기각할 힘은 당신에게 있지 않다고 맞받아쳤다. 후에 악셀 호네트가 그의 책 『인정투쟁』[6]을 통해서 분노가 갖는 저항의힘을 이야기하는 걸 보고는 다 아는 이야기를 참 어렵게도 한다며 썰룩했을 만큼, 분노는 그렇게 나에겐 뽐낼 만한 감정 반응들이었다. 알다시피 분노는 여성들에게 허락된 감정이 아니다. 성폭력 생존자들이

~~~~~~~~

시 '대체 누가 영페미니스트?'라고 되물었던 것처럼, 단일한 정체성으로 묶이고 싶지 않아 했던 당시의 정서와 '영페미니스트'라는 집단적 명명은 어울리지 않는다. 하지만 그때 '우리'는 분명히 존재했고, 그것은 기록될 필요가 있으며, 다수의 '우리들'에겐 기록하는 일이 남아 있다. 여성 운동을 부문 운동쯤으로 생각하는 기존의 학생 운동과 결별하며, 이대 앞 '피어라 들꽃'에 모여 일상의 전복을 꿈꾸던 무리들이 있었고('피어라 들꽃'은 페미니스트들의 아지트였던 카페의 이름이다. 이곳에서 처음 모인 '들꽃모임'에 대한 상세한설명은 이 글의 각주 11번을 참조하라), 이 글에서의 '우리'는 그 무리들의 한 부분이었다고 말할 수 있겠다. '우리'는 정체성의 정치와 차이의 정치를 버무리면서 그 시대를 살았고 정체성과 차이를 소화해 보려고 '개별적으로' 고군분투했다. '조직'이 되기를 거부하는 노력들 속에서 '우리'는 기존의 조직화된/세력화된 운동과는 멀어지게 됐는지 모르지만 나름의 방식으로 세를 키워 갔다. 이 글에서의 '우리'는 그런 시절을 보낸 '우리들'을 뜻한다. 이후 '우리'라는 말을 이런 의미로 사용하고자 하며, 본문에서 따옴표는 생략하겠다.

6 악셀 호네트, 『인정투쟁』, 이현재·문성훈 옮김, 사월의책, 2011.

가해자에 대한 분노를 줄기차게 표출함에도 불구하고 성폭력 피해를 입증하는 주요한 감정으로 채택된 것은 두려움이나 '(성적) 수치심' 같은 것들이었다. (아마도 가부장의 목소리는 이렇지 않을까? '여자가 화를 낸다고? 그것도 남자에게 화를 낸다고? 두려움이 아니라 분노라고? 그럴 리가?! 여자는 수치심을 느껴야 해. 그리고 두려워해야 하지. 피해여성이 분노한다니. 아니 아니 그럴 리 없어. 절대 그럴 리 없지. 그래서는 안 되고 말고!')

분노하기를 머뭇거리는 것은 내 이야기이기도 하고 이 글을 읽는 당신의 이야기이기도 하다. 제사가 있는 날이면 제사음식도, 설거지도, 심부름도 열심히 했지만, 제주는 물론 집사 역할도 주어진 적 없는 내 몸에 억울함과 분노는 상주했다. 하지만 그건 어디까지나 피부 안쪽에서 웅웅댔을 뿐이었다. 내가 해결할 수 없는 이유로 자식이 되는 일을 거절당하는 일이 빈번해지면서 마늘과 쑥을 먹고 100일을 버텨 사람이 됐다는 웅녀가 부러웠던 적도 있다. 어쨌든 곰은 노력해서 '사람'이 되지 않았던가. 이런 흑역사 덕분에 나는 젠더, 장애, 인종, 계급, 성적 지향, 국적, 정치적 신념 등의 이유로 존재를 부정당하는 사람들이 '사라진 나'를 복원하기로 마음먹기까지 어떤 경로를 거치는지 조금은 짐작할 수 있게 됐다. 나를 없애는 일에 합심해 온 그동안의 자신을 용서하고, 그런 나와 화해하고, 조각난 몸을 맞추는 일에는 언제나 분열이 따랐다. 여전히 머뭇거리는 나를 용서할 수 없어서 또 그 원망을 나에게로 향했고, 동시에 나를 이렇게 만든 타인들에게로 자신 없는 분노가 솟았다. 몸 안쪽에서만 빙빙 돌던 분노가 피부를 뚫고 나오는 데에는 이렇게 못마땅한 내가 있고 그런 나를 닦달하는 또 못마땅한 내가 있다. 때문에 힘겹게 살갗을 뚫고 나온 분노는 옳고, 귀하고, 정당하다. 그리고 충분히 존중받아야 한다.

하지만 얼마간의 시간이 지난 후, 삶의 방식을 공유한다고 생각했던 페미니스트들은 '차이들'의 분출 속에서 우리는 과연 무엇을 공유했던 것일까 되묻기 시작했다. 교차한다는 권력들이 이 안에서는 어떻게 이야기되어야 하는 것인지 질문했지만 그 답은 쉽게 찾아지지 않았다. 그 사이 낯설어진 서로를 대하는 일이 서툴렀던 우리는 정치적 옳고 그름을 경쟁했고, 이미 몸에 들러붙어 익숙해진 분노와 적대감은 우리들 사이에도 예외 없이 발현됐다. 우리는 서로를 향해 더 질문하고 더 가까이 몸을 기울이기보다는, 서로를 미리 진단하고 평가한 후 거리를 두는 방식에 더 익숙했다. 그것이 우리가 '차이'의 시대를 지내 온 방식이 아니었나 싶다. 적어도 그건, 궁금해하고 질문하고 가까이하고 알아 가는 방식과는 거리가 멀었다.

그렇게, 서로를 만나지 않는 방식으로 각자의 페미니즘을 단련해 온 과정에 대해 생각하면서, 나는 '페미니즘 고딕체'라는 단어를 떠올리게 된다. (궁서체가 '진지함'이라는 속성을 표상하는 것처럼) 고딕체가 표상하는 단단한 성질은 그때 내가 '가졌던' 페미니즘을 표현하는 데에 적합하다. 페미니즘 고딕체를 고수하던 때의 나는 홀로 단단했다. 홀로 단단해지는 일은 필연적으로, 연결된 이들과의 단절로 이어졌다. 변화는 단절된 세계에서 일어날 수 없는 일임에도, '나 홀로 올바른'

페미니즘은 다른 정주지를 만나기 전까지 이어졌던 것 같다. 우연인지 운명인지, 운 좋게도 나는 '여성의전화' 선배 활동가들과 나눈 경험들 속에서 타인의 경험과 어우러지지 않는 정의로움이 얼마나 억지스러운 일인지를 알아갔다. 그리고 그 앎이 삶의 방식으로 정착하는 데에는 또 얼마간의 시간이 필요했다.

부끄러운 고백이지만 나는 윗세대 영페미니스트 운동의 수혜를[7] 입었음에도 불구하고 제도화된 여성 단체에 대한 불신이 있었다. 이 불신은 운동의 역사를 알지 못하거나 자체적으로 그 역사를 사소화하는 과정에서 병처럼 깊어졌다. 10년 전 여성의전화 활동가가 되려고 했던 배경에는 '여성의전화 운동이 잘못됐고 내가 그것을 고쳐 보겠다'는 나름의 결연한 의지가 있었다. 당시에 나는 '아내폭력'으로 석사 논문을 썼는데, '멍든 몸'으로 폭력의 여부를 판단할 수 없으며, 그것을 통해 폭력을 입증하려고 해도 안 된다고 목소리를 높였다. 여성의전화 활동가가 되어 멍든 사진 전시를 멈추고 피해여성의 언어로 아내

---

7 1990년대 중후반의 급진적 페미니즘 물결은 1980년대에 독립적 여성 운동 조직을 조직한 여성 운동 진영(여성의전화, 여성평우회 등)의 결단과 중산층·지식인 여성 운동이라는 비난 속에서 묵묵히 씨앗을 뿌려 온 여성주의 문화 운동(또하나의문화 등) 속에 배태된 것들이다. '영페미니스트'라는 이름은 1990년대 중후반 등장한 급진적 페미니스트 그룹을 이전의 흐름과 구분짓기 위해 만들어졌지만, 1980년대 초중반 사회 운동과 결별을 선언하고 독자적 여성 운동 조직을 만든 윗세대 여성들 또한 그 시대의 '영페미니스트'라 할 수 있을 것이다. 나를 포함해서 1990년대 중후반에 등장한 한국의 영페미니스트들은 이러한 윗세대 '영'페미니스트들이 쏟아부은 에너지에 빚지고 있다.

폭력 저항 담론을 만들어 보겠다는 포부도 그래서 생겼다. 그리고 선배들은 그런 내 '오만함'을 열정이라 반기며 기꺼이 받아 주었다. 내가 들어갔을 때 여성의전화는 '이미' 피해자 전형을 만드는 우려가 있다는 이유로 피해자의 멍든 몸 전시를 금지하고 있었고, 이미 아내폭력에 대한 '다른 말하기'를 시작하고 있었음에도 불구하고 말이다. 선배들은 나에게 "우리도 다 알아. 다 해봤어"라고 이야기하기보다는 내목소리를 들으려 했고, 듣고 싶어 했으며, 기다려 주고 보여 주고 질문을 던져 주었다. 지켜보고, 대화하고, (때론 구박하며) 일러 주는 것은 운동에 오랫동안 몸담아 온 이들이 가지고 있는 인간에 대한 신뢰와 애정이라고밖에는 나는 해석할 수가 없겠다. 그런 관계 맺음 속에서 활동가의 변화와 성장은 당연한 것이다. 내가 얼결에 찾은 첫번째 정주지는 바로 나의 이런 자만을 품어 준 여성의전화다. 덕분에 나는 뒤늦게 돌아볼 수 있게 됐다. 질문, 관찰, 이야기, 만남, 사유, 실천, 다툼, 연대가 있어야 할 그 자리를 '옳음과 옳지 않음'으로 채우기 바빴던 나의 흑역사에 대해서 말이다.

옳은 나와 틀린 당신들: 단단한 페미니스트와 모자란 페미니스트들

페미니스트 집착이 심했던 때의 나는 더 단단한 페미니스트가 되고 싶었다. "저는 왜 OOO 같은 페미니스트가 될 수 없을까요? 왜 저만이 모양일까요?" 이건 2004년 어느 날 몇 번 만나 보지도 못했던 페미니스트 선배(당시 여성학 강사)를 붙들고 걷잡을 수 없는 눈물과 함께 쏟아 낸 나의 '절규'다. 그건 절규였다. 나는 왜 그 사람처럼 살지 못할까. 왜 그 사람처럼 단호하지 못하며 그 사람처럼 똑똑하지 못한가. 나는 왜 그 페미니스트처럼 페미니스트'답지' 못한가. 나는 왜 언제나 그 모양이고, 왜 나는 페미니스트가 아/닌/가. 나를 구원해 줄 것만 같았던 페미니즘은 나를 더 깊은 절망으로 몰아넣었다. 그때 나는 페미니즘 '속에서' 길을 잃었다. 페미니즘 속에서 한참을 헤맸던 걸로 기억한다. 공부를 한다고 해서 페미니스트 '자격'을 얻는 것도 아니었다. 페미니즘을 공부하는 일과 페미니스트가 되는 일은 별개의 것처럼 느껴졌다. 페미니즘은 분명 다양한 페미니즘에 대해 이야기하고 있었지만 그 중에서 가장 '옳은' 페미니즘을 선택해야 할 의무가 우리에게/나에게 있는 것만 같았다. 그리고 그런 페미니스트가 되고 싶었다.

홀로 단단해지려고 했던 만큼 나는 다른 이들에게도 그 단단함을 요구했다. 거꾸로 '네가 페미니스트야?'라는 말을 다른 페미니스트들로부터 듣고 난 다음에도 나는 페미니스트 인증 집착을 놓지 못했다. 부끄럽게도 나는 그럴수록 더 페미니스트 맞다고 우기면서, '나 정말 페미니스트임'을 인정받으려 했던 것 같다.

대문자 페미니즘(FEMINISM)이 아니라 소문자 페미니즘'들'(feminisms)을 이야기하던 시절에 우리 사이에 오간 요구가 '진짜 페미니스트'에 대한 '인증'이었다는 건 아이러니다. 서로를 향해 있기보다는 자신의 묵은 상처와 새롭게 내쳐지는 상처를 들여다보는 일이 급했다.

생애 곳곳에서 입은 상처는 내가 타인의 고통에 둔감할 수 없게 돕고 타인의 고통을 알아채는 데 도움을 주었지만, 내 아픔으로 너의 아픔을 어떻게 마주해야 할지에 대해서는 알려 주지 않았다. 처음에 이것은 반가움이었지만(너도 그랬니? 나도 그랬는데!) 그다음에 그것은 분석과 판단의 대상이 되었다(너는 그랬구나, 나도 비슷한데. 그런데 그건 페미니즘이 아니야). 팍팍하게 살아온 서로의 삶을 응원했던 그 시절의 우리들은 시간이 가면서 점점 서로를 보듬고 대화를 나누는 일에 인색했다. 인색했다는 걸 아는 데에도 시간이 필요했다. 우린 서로가 서로에게 속해 있기를 바랐고, 그 이름이 페미니즘이어야 했으며, 그 페미니즘은 우리가 모두 동의한 어떤 것이기를 바랐던 것 같다. 페미니즘은 다양하지만 '우리의 페미니즘'은 정치적 올바름의 최종판이어야 했고, 그런(정치적으로 올바른) 페미니스트가 되어야만 했다.

제2의 물결 페미니즘이 일던 1960년대 '뉴욕의 급진적 여성들'(New York Radical Women, NYRW)의 창립 멤버이고, 미스아메리카 반대 시위를 제안했으며, "개인적인 것은 정치적인 것이다"라는 슬로건을 만들었던 캐럴 해니시는, 리더 없는 혹은 모두가 리더인 운동을 바랐던 1960~70년대 여성해방 운동 액티비스트들의 이상이 '현실'에서 어떻게 운동의 지속 가능성에 (부정적) 영향을 미쳤는지에 대해 이야기한 바 있다. 기존의 권위적이고 수직적인 리더십을 거부하면서 운동의 조직화를 거부한 페미니스트들 중 수천 명이 왜 여성 운동을 떠났는가에 대한 그의 질문은 1990년대 한국의 영페미니스트들에게도

그리고 2015년의 영페미니스트들에게도 유효하다.[8]

그리고 이 글이 나에게 전하는 메시지는 페미니스트 리더십이 필요하다는 유의 것이 아니다. 나의 시선은 여성주의적인 조직이 무엇인지를 갑론을박하느라 정당한 분노를 조직할 수 없었던 시간과 떠나버린 사람들에게 멈춰 있다. 누구나 리더였지만 역설적으로 누구도 책임지지 않는(책임지지 않을 수 있고 책임지지 않아도 되는) 개별화된 운동이 가져오는 방향의 상실과 관련된다. 개별적으로 열심히 분투하는 일은 자신의 정당성은 강화시켜 주지만, 다른 이의 분투를 알기 어렵게 만들면서 자기정당화의 서사에 갇히기 쉽게 한다. 유기적인 운동의 몰역사적인 이해 속에서 타인의 부족함을 원망하거나 '그건 페미니즘이 아니야'라는 말을 내던지기 쉽고, 그 말을 끝으로 모자란 페미니스트와의 결별을 통해 자신의 페미니스트다움을 입증하려 하는 일도 쉽다.

없던 길을 만들고 닫혀 있던 문을 열면서 힘 있게 움직여야 할 여

---

8 "1975년, 수천 명의 여성들이 여성해방 운동을 떠나갔다. 그들의 요구나 바람을 더 이상 말할 필요가 없어서가 아니었다. 페미니즘을 완전히 버릴 수는 없었다. 어떤 사람들은 전미여성기구(National Organization for Women, NOW)와 같은 자유주의 그룹으로 돌아갔다. NOW의 위계적인 구조와 재정적 토대는 그 조직이 살아남을 수 있는 이유이기도 했다. 운동을 추동해 온 많은 페미니스트 리더들이 남성우월주의와 여성해방과 관련된 공적인 장을 여는 것조차 거의 불가능하게 만드는 개인적 공격과 분열에 질려 갔다" (Carol Hanisch, "Struggles over Leadership in the Women's Liberation Movement", eds. Colin Barker, Alan Johnson, Michael Lavalette, *Leadership & Social Movements*, Manchester University Press, December 2001).

성 운동은 권위나 대의를 통해서 움직여지지 않는다. 적어도 그건 여성주의적이지 않다고 직감한다. 때문에 어떻게 길을 만들고 어떻게 문을 힘껏 열 수 있는지 발견하지 못한 이들이 저마다의 방식으로 조직을 실험해 왔고 지나고 보니 투박하게 걸어온 그 삶이 '길을 내는' 일이기도 했다. 운동은 또 그렇게 만들어 가는 것이기도 하다. 2015년 8월 7일 한국여성학회 여름캠프 '나는 페미니스트이다'의 영페미니스트 세션에서 90년대 영페미니스트인 푸하와 푸근이 말한 것처럼, 그때의 영페미니스트들은 가시적으로 드러나지 않을 뿐 현재에도 나름의 방식으로 페미니즘을 실천하며 살고 있다. 우리는 연결되어 있지 않았지만, 내가 애쓰며 살았듯이 그들도 그렇게 살았다. 그리고 나의 포인트는 '애쓰며' 살았다가 아니라 '연결되지 않았다'는 데에 있다. 정작 우리는 80년대 영페미니스트 운동의 수혜를 듬뿍 받았음에도 불구하고, 종횡으로 연결하는 일에는 소홀한 방식으로 운동을 해온 것은 아닌가 싶은 거다.

또한 페미니즘이 '전승'되지 않듯이 페미니스트들의 운동도 전승되지 않았다. 역사화되지 않는 페미니즘의 문제는 전승되기는커녕 말해도 말할 수 없는 서발턴에 대한 이야기이고, 페미니스트들이 매번 운동을 '처음처럼' 하게 되는 일은 하위주체의 말을 듣지 않는 응답 없는 세계의 문제만은 아니다. 예컨대 2011년 여성회의에 참가한 대학생 페미니스트의 말을 기억해 보면, 페미니즘에 대한 백래시가 심해진 때에, 삼포세대 청년이자 대학 내 페미니스트로 살아가는 이들 곁에서 학내 운동을 고민해 줄 수 있는 선배 페미니스트는 사실상 부재했다.[9] 90년대 영페미니스트는 각자 열심히 일상을 바꾸며 살아 냈지만 운동의 역사성을 고려하고 지속 가능한 운동을 고민하는 일에는 인색했다. 나부터도 대학 졸업 후에는 총여학생회가 있는지 없는지 관심을 갖지 않았다. 그 일은 내 운동의 부분으로 들어와 있지 않았다. 수평적인 관계를 지향했던 우리 시대의 영페미니스트들에게 필요한 건 (가르치려 드는 선배가 아니라) 동지였고, 그래서 운동의 동지로서 '언제든 와라' 생각했던 것이겠지만, 사실 우리는/나는 후에 찾아올 누군가를 위해 별도의 공간을 비워 두지는 않았다. 다행히 2011년 여성회의 이후 '선배' 페미니스트들은 이에 대해 숙고하고 의지되는 공간을 더 적극적으로 만들기로 한다. 페미니즘은 죽었다고 선언하던 2000년 ~2010년대를 지나 2015년 페미니즘이 다시 사람들의 관심거리로 부상하기 시작한 건, 그리고 2015년 버전 영페미니스트 그룹이 폭발적으로 늘어난 건 '갑자기' 일어난 일이 아니다. 여성민우회와 여성의전화 등 기존 여성 운동 단체들이 여성주의자들을 위한 프로그램과 모임을 만들고 모여서 떠들 수 있는 공간을 열어 두는 것을 통해서 그런 힘이 준비되고 있었다. 또한 '연결'하고 싶었으나 연결되는 일이 소원했던 상황 속에서, 조직화되지 않은 개인들로 흩어져 '정치화'되기를

---

9 2011년 4월 28일~30일에 열린 '2011 여성회의: 여성 운동, 새로운 전환의 모색' 참가자 발표 내용 중.

꺼려하고 연결되는 일에 회의를 표하는 온오프라인의 움직임들 속에서, 연결을 모색하는 이들이 꼬물꼬물 움직이고 있었던 것이다.

그리고 지금은 그런 연결들 속에서 폭발적으로 모습을 드러낸 이들에게 이야기를 건넬 시간이다. 스스로 이런 글은 꼰대짓이 아니라고 자위하며 글을 쓰는 중이다. 그땐 그랬지라는 이야기를 늘어 놓는 이유는 '그때만큼 잘해 봐'라거나 '그때보단 잘해야지'라는 훈계를 위한 것이 아니다. 다만 이 이야기들 속에서 운동은 변해 왔고 변하는 중이며 변할 것이라는 감각을 발견했으면 한다. 우리는 (처음이지만) 변화된 지형 속에서 달라진 '처음'을 경험하는 중이며, 과거에 놓쳐 온 것들이 무엇인지를 살펴보는 것들 속에서 조금은 다른 '처음'을 기획해 볼 수도 있지 않을까 한다.

적어도 스스로 모자란 페미니스트라고 여기거나, '진짜' 페미니스트가 되려고 발버둥 치는 중이라면, 그런 별 볼 일 없는 페미니스트 인증의 덫은 한 번 쳐다보고 반갑게 웃어 준 후 일단 지나쳤으면 한다. 그 대신 '모자란 페미니스트'와 '진짜(라고 여겨지는) 페미니스트들'이 모여서 어떻게 길을 내고 문을 열어 갈 것인지 말할 수 있으면 좋겠다. "말할 수 있기만 하다면야 문제는 문제가 아니다."[10]

10 "말할 수 있기만 하면 문제가 아니야. 크게 문제될 것도 없어. 문제는 말을 할 수 없을 때 생겨." 이 말은 전주여성의전화 활동가 한선미의 말이다. 이 말을 통해서 나는 또 한 번 크게 배운다.

2015년의 '영페미니스트'를 환영하며

2015년 5월 디시인사이드 메르스 갤러리에서 마주한 갤러들의 분노는 나와 함께 1990년대 중후반을 보낸 페미니스트들의 그것과 많이 닮아 있다. '들꽃모임'을 함께했던 한 친구의 기억에 의존해 보면 그때의 영페미니스트들도 미러링을 즐겼다.[11] 지금처럼 무한 확장되는 SNS가 없었고, PC통신과 입소문을 통해 알음알음 모여든 많지 않은 이들의 봉기였지만 지금의 메갈리안처럼 사람들은 영페미니스트의 등장을 신기해했다. '우리'라고 묶지 않는다는 기조와 무관하게 '우리'

---

11 '들꽃모임'(이하 '들꽃')은 1996년 이화여대 대동제 기간에 일어난 고려대 학생들의 집단 '난동' 사건에 대응하기 위한 학교 간 연대체로 시작됐다. 대책위는 이 사건을 '성폭력'으로 명명하였고, 사건이 정리된 후에도 '피어라 들꽃' 카페에서 매주 화요일 저녁마다 모여 수다모임을 열었다. 기존의 조직적이고 위계적인 학생 운동 단위 운동권과 경계를 긋고, 여성주의 지향을 분명히 하면서 기존의 학생 운동과는 다른 여성주의적인 운동을 꿈꿨다. 누구나 참여할 수 있었고, 참여하지 않아도 괜찮았다. 수다를 통해서 함께 움직여야 할 일을 발견하면 바로 실행에 옮겼다. 당시 여성 운동을 부문 운동으로 분류하고 전체 운동에 복무해야 한다는 가부장적 학생 운동판에서 들꽃은 여성주의자들의 해방구가 되어 주었다. 이후 들꽃은 '서울 중심, 신촌 지역 대학 페미니스트 중심'이라는 비판을 받기도 했다. 초기의 해방적이고 수평적인 문화가 시간이 지나면서 예측하지 못한 방향—기존 멤버와 신규 멤버 사이의 보이지 않는 장벽 등—으로 변했다는 뒷이야기도 있다. (들꽃모임에 대한 이 설명은 나의 부분적인 기억과 몇몇 지인들과의 대화를 토대로 작성되었다. 1996년 나를 처음 들꽃모임에 데려간 분다, 들꽃에서 만났던 짜투리와 샘, 들꽃이면서 학내 여성 운동을 같이했던 푸하, 들꽃을 같이하지는 않았지만 동시대에 서울 지역 모 대학 여학생회장이었던 쿡이 당시의 기억을 나누어 주었다. 또한 당시의 통화는 이 글을 쓰기 위한 목적으로 한 인터뷰가 아니라 동시대를 지낸 이들의 들꽃에 대한 기억이 어떤지 개인적 궁금함으로 물은 질문들이었다. 통화는 2013년 9월에 이루어졌고 당시에 써 놓은 기록을 토대로 정리했다.)

를 통칭할 이름을 필요로 했을 만큼 '우리'는 주목받았다.[12] 지금의 메갈리안들이 게임회사의 성차별적인 게임 캐릭터를 바꿔 내고, 표지 사진을 통해 여성에 대한 일천한 성 인식을 드러낸 『맥심(MAXIM) 코리아』의 사과를 받아 내고, 남성들의 공모로 알려지지 않았던 소라넷 강간 모의를 사회 문제화한 것처럼, 그때의 우리도 만연한 학내 성폭력을 드러내서 대학이 관련 학칙을 제정해야 한다며 목소리를 높였고 실제로 대학 내 성폭력 근절을 위한 학칙을 만들었다.[13] 졸업한 들꽃들의 모임인 '돌꽃모임'은 지하철 성추행 방지 퍼포먼스를 통해 1999년에 지하철 성추행 경고 안내방송을 시작하게 했다. 안내방송 멘트에

~~~~~~

12 그래서 '우리'는 후에 '영페미니스트'라 불렸다(「페미니스트 아니라 영페미니스트」, 『한겨레신문』, 2000년 5월 8일자). 2016년 '여성회의'에서는 최근에 등장한 페미니스트를 호명하는 말로, '영(young)페미니스트'와 구별되는 의미의 '영거(younger) 페미니스트'라는 말이 등장하기도 했는데, 세대로 구분짓는 그 호명은 회의 내내 참가자들에게 회자됐다. 그것보다는 '디지털 페미니스트', 그보다는 '메갈 페미' 등이 제안되기도 했다. 그리고 2016년에 등장한 페미니스트들 모두가 디지털 베이스의 활동을 펼치는 것도 아니고, 모두가 메갈리아 활동을 하는 것도 아니라는 점에서 그 이름 모두 속 시원한 동의를 이끌어 내기 어려웠다. 중요한 건, '무엇이 적합한 명명이냐' 혹은 '그건 틀렸다'라는 진단이 아니라 호명의 문제를 두고 이렇게 많은 이들이 질문을 시작하고, 응답하고, 다시 질문하고 있다는 사실에 있다. 그런 질문을 통해 지금의 지형이 독해될 수 있으며, 각자가 서 있는 지점이 어딘지 알아채는 일이 가능해지는 것이다. 연대란 그런 독해가 일어난 후에, 그런 자기위치 확인 속에서 시작될 수 있겠다.

13 1996년 '학내성폭력근절과여성권확보를위한여성연대회의'(이하 '연대회의')가 꾸려졌고, 같은 해 『대학, 성폭력 공화국』이라는 학내 성폭력 백서를 발간했다. 연대회의는 1996년 연세대 한총련 시위자 연행 과정에서 발생한, 공권력에 의한 여학생 성폭력 사건에 공동 대응하기 위한 모임(이하 공대위)이 그 시작이었으며, 공대위 모임에서 학내 성폭력 사건에 각자 대응하는 것의 어려움을 공유하면서 연대회의를 구성하게 된다.

서 '성추행'이라는 말을 사용해야 한다는 의견이 끝내 받아들여지지 않았고 '승객에게 불편을 주는 행위를 하지 맙시다'라는 모호한 표현으로 대체되긴 했지만,[14] 창궐한 지하철 성추행 문제를 수면 위로 올린 건 '돌꽃'이었다.

스무 살에 내가 만난 세계는 살아남은 이유가 투쟁이라고 말해도 될 만큼 숨 쉬는 곳곳에 싸워야 할 일들 투성이었다. 분노할 일은 도처에 있었고 분노의 정당함까지 일러 줘야 하는 번거로움을 감당해야 했다. 친절하게 이야기해도 알아듣지 못하는 이들 사이에서 어디까지 친절해야 할 것인가를 두고도 비웃듯 성토했던 기억이 있다. 그건 2016년인 지금도 낯설지 않은 풍경이다. 2015년, '코르셋'을 벗어 던진 이들이 폭발적으로 증가했고 만연한 여성혐오에 딴지를 걸기 시작했다. 과거에 그랬듯이 적지 않은 사람들은 이들이 딴지 거는 방식이 과격하다고 진단 내리는 중이고 이들이 말하는 핵심(몰래카메라 근절, 성차별 금지, 성폭력 근절 등)을 버릇처럼 외면한다. 어떤 이들은 메갈리아를 '여자일베'라고 부르는 일('여자'라는 접두어를 붙이는 일)을 서슴지 않으면서 성에 따른 차별이 난무한 사회구조를 뭉개고 '상호혐오'로 퉁쳤다. 언론은 메갈리아를 남성혐오 집단으로 몰아가는 일에 톡

---

14 당시 제작된 성추행 방지 안내방송 전문은 다음과 같다. "안내 말씀 드리겠습니다. 복잡한 열차 내에서 승객에게 불편을 주는 행위를 하지 맙시다. 열차 내에서 옆 사람에게 혐오감을 주는 불쾌한 행위는 법에 의해 처벌을 받게 되는 경우가 있습니다. 고맙습니다" (출처: 서울메트로 알림마당).

톡히 기여 중이다.[15] 이런 걸 보면 지금의 한국사회는 분노를 기각하는 방식에 있어서는 나의 스무 살 때보다 더 세련됐고 더 고약해졌다. '그 정도로 화가 나 있었구나. 그동안 여성혐오를 이렇게까지 방치했다니. 이제부터라도 같이 바꿔 보자'라는 정도의 공감과 이런 수준의 연대를 기대하지는 않겠다. 하지만 적어도 메갈리안이 한국사회에 왜 등장했는지에 대해서 질문해 보고, 단 몇 분만이라도 이분법적 젠더 위계로 구획된 세계에 대해 숙고해 볼 기회가 되지 않겠는가 하는 기대

~~~~~~

15 '남성혐오와 메갈리아'를 검색어로 지정하면 관련 기사를 시간 순서로 살펴볼 수 있다. 여성혐오에 그렇게도 둔감하던 사회는 2015년 6월 메갈리아가 여성혐오에 반기를 든 후에야 비로소 '혐오'에 집중하기 시작한다. 문제는 여성에 대한 익숙한 혐오는 건너뛰고, 익숙한 여성혐오에 낯설게 반응하는 여성들의 방식을 주목한다는 데 있었다. 혹은 2015년 8월 4일 방영한 MBC 〈PD수첩〉처럼 만연한 여성혐오를 '합리화'하기 위한 작업을 시작했다. 〈2030 남성 보고서, 그 남자, 왜 그녀에게 등을 돌렸나?〉라는 제목에서 볼 수 있듯이 이 프로그램의 주어는 '그 남자'였고, 방송 내내 여성을 혐오하는 '그 남자'들의 항변을 속속들이 대변했다. 그날 방영된 〈PD수첩〉이야말로 여성혐오에 공감하는 남성들이 만들어 낸 여혐 최종판이었다. 이후 메갈리아를 남성혐오로 진단하는 기사들이 꾸준했다. 젠더 이슈에서 '중립'을 가장한 편파적인 보도는 2016년까지 진행 중이다. 2016년 1월 27일 JTBC 〈뉴스룸〉의 '탐사플러스'는 한국사회의 날뛰는 혐오를 보도한다. 이 보도에서 말하는 날뛰는 혐오의 주 내용은 '이성혐오'였고 주원인은 메갈리아였다. 메갈리아가 아니었다면 (이제까지 그래 왔듯이) 여성혐오가 조용히 지속 가능했을 텐데, 뜬금없이 나타난 메갈리아 때문에 한국은 소란스러워졌다고 진단한다. 문제는 여성혐오에 침묵했던 과거가 아니라 여성혐오에 반발하는 지금이라고 전한다. 이하 보도 내용 중 일부를 옮긴다. "지난해 4월 연예인 장동민 씨의 여성 비하 발언으로 남성혐오가 급증한 것이 대표적입니다. 5월엔 메르스 의심 환자 여성 두 명이 격리를 거부한 것이 알려지며 여성혐오도 크게 증가했습니다. 이에 여성들이 반발하며, 8월엔 남성을 혐오하는 커뮤니티인 '메갈리아'까지 등장하는 등 이성 간 혐오가 극에 달했습니다"("날뛰는 '혐오', 2년 새 2배…… 게시물 분석하니", JTBC 〈뉴스룸〉 '탐사플러스', 2016년 1월 27일자 보도).

는 있었다. 그리고 그런 기대는 보기 좋게 빗나갔다. 사람들은 여성들의 분노를 기각하고 '여성이 (감히) 분노했다'는 것에 대해 더 격하게 분노할 준비가 되어 있었다. 여성들의 분노에 대한 1997년의 응답이 '어리둥절'이었다면, 2016년 한국사회는 분노한 여성에 대한 '응징'으로 답한다. 누가 너희에게 분노해도 된다고 허락했느냐며 버럭 하는 모양새다.

2015년 5월 메르스 갤러리의 문이 열린 후 여기저기 페미니즘에 눈뜬 이들이 메갈리아로 몰려들기 '시작'할 때, 그러니까 성차별적 사회를 알아 가기 시작한 사람들이 메갈리아로 채 몰려들기도 전에 이미 사람들은 메갈리아를 부정할 준비가 되어 있었다. 곳곳에 메갈리아를 비난하지 못해 안달난 이들이 즐비했다. '메갈리아는 처음부터 끝까지 혐오에서 시작해서 혐오로 망할 것'이라는 진단 속에서, 사람들은 '분노해도 될지 말지'를 생각하고, 설사 분노하기로 결정하더라도 그다음에는 메갈리아로 몰려들지 말지를 두고 머뭇거렸다. 메갈리아가 일평생 미러링(만)을 할 건지, 성-비하(만)를 쏟아 내다 망할 건지, 어떻게든 결국 망할 건지, 아니면 움직이는 시도들 속에서 분화하고 논쟁하고 숙고하고 변화할 것인지 알 수 없음에도 불구하고 메갈리아에 대한 사망선고는 생후 3개월을 넘기지 않고 일어났다. 사람들이 어떻게 그렇게 확신에 차서 말할 수 있었던 건지 나는 여전히 궁금하다. 모든 것은 영향을 주고받으면서 변화하고 이동하는 것일 텐데 사람들은 왜 메갈리아의 필멸(必滅)을 탄생 한 달 후부터 줄기차게 예측하고 있었던 걸까. 마치 메갈리아의 죽음을 선언하기 위해 처음부터 죽이기로 결정한 것처럼, 그렇게 세상은 작정한 듯 한통속으로 메갈리아를 궁지로 몰아갔다.

결국 많은 사람들이 예측한 대로, 혹은 목표한 바대로 '메갈리아'는 그 이름을 잃어 가는 중이다. 우르르 몰려들어 함께 분노하고, 그 분노를 어떻게 조직화하고 어떻게 사용할 것인지를 이야기하기도 전에 그 공간은 오명에, 오명에, 오명을 뒤집어썼다. 성폭력 생존자들의 네트워크이자, 언어를 갖지 못해 입 없이 살던 이들이 언어를 찾은 공간이고, 지지받지 못해 온 이들이 힘 받는 공간이면서, 먼저 코르셋 벗은 이들이 알려 주는 소소한 노하우로 키득거리던 공간은 이쯤에서 변태를 꿈꿔야 할지도 모르겠다. 간신히 살갗을 뚫고 올라온 분노를 슬쩍 돌아 보고는 "다시 들어가. 너는 날 때부터 틀려 먹었어"라고 못 박는 사람들 덕분에 메갈리안은 생각보다 빨리 '헤쳐 모여' 해볼 수도 있겠다.

낯선 질문을 향해 몸을 움직이는 페미니즘

간혹(자주) 어떤 이들은 나에게 '메갈리안이 페미니스트 맞나?'라는 질문과 함께 메갈리아를 그렇게 긍정적으로 볼 수만은 없다는 의견을 전한다. 일면 동의가 된다. 숱하게 욕을 하다 보면 욕이 그 사람을 삼켜 버리기도 하고, 하루가 멀다 하게 보도되는 여성폭력 기사를 접하다 보면[16] 소수의 가해자 남성들과 다수의 침묵하는 남성들 간의 차이를 크게 느끼지 못하기도 해서 진심 '한남충'들과는 엮이고 싶지 않을 수도 있다. '남성'을 단일한 집단으로 묶는 오류를 범할 수도 있고 남자-사람에 대한 신뢰를 거둘 수도 있다. 우려하는 것과 같이 이것은 젠더 이분법을 고착화시킬 수 있고, 우려한 바대로 게이혐오 발언이 메갈리아에 등장해서 문제가 되기도 했다. 그리고 이 논란은 교차하는 권력들 사이에서 발화자의 위치를 성찰할 필요성을 제기하는 한편, 시스젠더-남성 게이의 위치가 어디쯤인지에 대한 질문을 촉발시키는 중이다.

여기서 잠시, 페미니즘은 질문과 논쟁의 역사라는 걸 기억해 낼 필요가 있다. 페미니즘에서 당연한 듯 보이는 '성에 따른 모든 차별에 반대한다'는 문장 역시 '성'은 무엇인지, '모든'은 무엇인지, '차별'은 무엇인지, '반대'란 무엇인지, 어떻게 하는 것이 반대인지 등에 대한 질문 속에서 변화하는 명제다. '여성은 태어나는 것이 아니라 만들어지는 것이다'라는 보부아르의 명문도 알다시피 페미니즘의 정언명령이 아니었다.[17] 성별은 생물학적으로 결정되는 것(섹스)이 아니라 사

---

16 메갈리아 페이지에는 뉴스/기사가 올라오는 저장소가 있는데, 그곳에는 여성 살해를 포함해서 데이트 폭력, 구타, 강간 등 여성에 대한 남성의 폭력을 보도한 기사들이 올라온다. 페이스북 '메르스 갤러리3'이나 '메갈리아4' 등에 게시되는 글도 남성혐오를 목표로 조작된 글이 아니라 신문보도나 그 보도에 달린 여성혐오성 댓글인 경우가 많다.

17 시몬 드 보부아르, 『제2의 성』, 조흥식 옮김, 을유문화사, 1993.

회문화적인 영향력 아래에서 기대되고 습득되는 것(젠더)이라는 급진적 논의는 얼마 후 "섹스는 그릇이고 젠더는 내용물인가?"라는 질문을 통해 다시 급진화된다.[18] 이런 질문 속에서 생물학적으로 인간이 '남자'와 '여자'(만으)로 구분되는 '자연의 질서' 또한 사회적 구성물일 따름이라는 사유와, 주체의 젠더 수행에 대한 논의들이 일어날 수 있게 된다. 한국의 여성 운동 역사도 성에 기반한 차별을 없애는 것을 둘러싼 논쟁과 저항의 역사다. 조국의 민주화가 곧 여성해방이라 여겼던 1970~80년대 여성 운동이 점차 '남녀관계의 민주화 없는 사회민주화는 공허하다'고 외치며 기존 사회 운동과의 분리를 주장할 수 있었던 것은 '민주화'와 '성평등'의 관계를 둘러싼 뜨거운 논쟁을 배경으로 한다. 이런 과정을 통해 1980년대에 독자적인 여성 운동 조직을 구성할 수 있었고, 독자 조직은 이후 1990년대에 「성폭력특별법」, 「가정폭력방지법」, 「남녀고용평등법」 제정 및 호주제 폐지 등 법제도적 정비를 이루어 냈다. 하지만 움직이는 페미니즘은 질문을 멈춘 적이 없는바, 쟁점은 다시 '제도화와 성평등'의 관계로 이동했다. 90년대 중후반 영 페미니스트들이 반여성폭력 제도 마련과 호주제 폐지 운동에 동참하면서도, 제도화된 운동 말고 그것과는 '다른' 운동을 추구했던 건 이런

---

18 Christine Delphy, "Rethinking sex and gender", *Women's Studies International Forum*, vol. 16, iss. 1, January-February 1993, pp. 1~9. (이 글에서 델피는 다음과 같이 말한다. "We now see gender as the content with sex as the container.")

질문들 때문이었다. 그리고 조직되지 않은 개인들의 자율적인 연대를 꿈꾸며 게릴라 운동을 추구한 90년대 영페미니스트의 쟁점은 페미니즘과 레즈비어니즘을 둘러싸고 벌어졌다. 페미니스트 정체성과 성 정체성을 어떻게 '같이' 이야기할지 몰라 상대가 낯설어질 때, 입을 다물거나 하던 말을 멈추고 서로에게서 멀어졌다. 그리고 10여 년을 보낸 2015년 현재, 우리는 성평등의 개념에서 성소수자를 삭제한 여성가족부의 몰성적 관점을[19] 비판함과 동시에, '메갈리안도 페미니스트냐'고 질문하는 사회를 살아가는 중이다.

페미니즘은 늘 논쟁적이고 질문 속에서 변화를 거듭해 왔다는 것을 기억할 때, 그 속에서 우리가 페미니스트 '인증'에 집착하는 일은 덧없기까지 하다. 그 과정에서 우선해야 할 것은 '누가 진짜 페미니스트인지 여부'를 진단하는 일이 아니라, 우리가 '어디에서 와서 어디쯤 머물고 있으며 어디를 향하고 있는지'를 살피는 일이어야 한다. 논쟁은 그런 논쟁이 가능한 조건에서만 '논쟁'이 될 수 있다. 이런 때에 우리는 페미니즘 인증에 나설 것이 아니라 낯선 질문을 향해 몸을 움직

---

19 2015년 8월 대전시가 기독교 단체 등의 거센 반발에 부딪혀 대전시 성평등기본조례에서 성소수자 관련 조항을 삭제하겠다는 방침을 발표하고, 뒤이어 여성가족부가 「양성평등기본법」은 성소수자와 관련된 개념이나 정책을 포함하고 있지 않다'는 입장을 공문으로 하달한다. 이것은 페미니즘을 '양성'의 문제로 고착시키고 더 이상의 질문을 시도하지 않음으로써 일어나는 폐해를 보여 주는 적절한 예다. 이에 대한 자세한 내용은 나영, 「"여성을 사랑한다, 나는 여성이 아닙니까?"」(기획연재 [페미니즘이 뭐길래] 7회), 『경향신문』, 2015년 12월 7일자 기사 참고.

이고, 소소한 이야기와 만남에서 마침표를 찍기보다 쉼표를 찍어야 하는 것이다. 그런 쉼표들을 찍는 가운데, 우리가 어디쯤에서 만나고 만나지지 않는지를 생각할 수 있어야 하며 그 속에서 '우리는 연결되어 있다'[20]는 아주 당연한 사실들을 감지해 보는 것이다. 이 모든 것들에 우선해서 페미니스트냐 아니냐에 대한 진단이 앞설 때 '페미니스트 집착'이 일어난다. 페미니즘은 어느 하나로 귀결되는 정답이 있지 않음에도 불구하고, 유독 페미니즘을 고체화하려는 시도들이 거센 문화 속에서, '너 페미니스트 아니야. 그게 페미니즘이야?'라는 타인의 질문을 통해서, 우리는 '나 정말 페미니스트 맞거든!'이라는 고집스러움을 챙기게 된다. 당신과 나는 생각보다 자주 그렇게 진단받기도 하고 또 그렇게 진단하기도 한다. 진단받는 일은 내가 어찌할 수 없겠지만, 진단에 앞서 둘러볼 것들이 있다면 이제 그렇게 진단하는 일을 잠시 멈출 수 있다면 좋겠다.

나는 지금의 패착이 미러링이 가진 본래적인 한계라기보다는 여

---

20 한국여성민우회는 2015년 사업목표를 '고통에 연대하는 여성주의 실천, 우리는 연결될수록 강하다'로 삼았고, 한국여성의전화는 '그 일은 전혀 사소하지 않습니다'라는 문구를 통해 사소한 무관심 혹은 방임이 타인에 대한 차별과 폭력, 고통과 연루되어 있음을 알렸다. 우리는 연결되어 있지만 단절된 것처럼 살아갈 것을 권고받으며 살고, 심지어 '엮일까 봐' 긴장하면서 살기도 하지만, 연결되어 있다는 감각을 되찾으면서부터 '나'로서 내가 할 수 있는 일이 많아진다는 걸 발견하게 될 것이다. 구획된 삶 속 타자화된 내 모습으로부터 삶들과 연결된 나의 모습이 보이기 시작하는 어떤 순간, 내가 삶에서 기획할 수 있는 일들이 생겨난다는 것이다.

성혐오에 반대하지만 어떻게 하는 것이 '반대'하는 것인지에 대한 집합적 고민이 부재하기 때문에 오는 결과라고 본다. 처음 시작한 미러링은 운동의 유일하거나 장기적인 전략이 아니며 아마도 메갈리아를 오고간 사람들도 이어갈 저항의 방식에 대한 고민이 없지 않았을 것이다. 다만 그 이후에 무엇을 어떻게 해야 할지에 대해서 상상할 수 있는 시간과 기회가 충분히 열려 있지 않았던 것이라 이해한다. 그런 점에서 2015년 한국사회는 메갈리아를 기다리고 지켜보는 일에 인색했다는 사실을 인정하고 반성할 필요가 있다.

한 인터넷 서점의 통계에 따르면, 2016년 출간된 페미니즘 도서 종수는 114종으로 전년도(73종) 대비 156% 성장했고, 페미니즘 도서 판매량은 전년도 대비 204% 성장했다. 이는 4년 전인 2012년과 비교하면 무려 679%나 늘어난 수치다.[21] 페미니즘 도서에 대한 급증된 수요를 통해 유추할 수 있듯, 코르셋 벗은 이들의 분노는 남성에 대한 혐오로 이동한 것이 아니라 이 세계에 대한 질문으로 이어지는 중이다.[22] 이러한 변화를 애써 외면하면서 메갈리안을 '혐오집단'으로 서둘러 낙인찍고 '진정한' 페미니스트 운운하며 페미니즘의 이름으로 삭제하려는 걸 보면, 메갈리안이 세력화되는 것에 대한 이 사회의 두려움이 생각보다 크지 않았나 싶다.

~~~~~~

21 「[아듀, 2016 문화계 결산] ③뜨거운 '페미니즘'······ 양도 늘고 질도 높아졌다」, 『경향신문』, 2016년 12월 14일자.

'메갈리안이 페미니스트냐 아니냐'라는 질문은 참 의미 없지만, 굳이 물어 오고 또 굳이 답해야 한다면, 그렇게 묻는 이의 의도에 맞추어 '물론 그러하다'라고 답해야겠다. 메갈리안은 특정되지 않는다. (메 갈리안은 누구이고, 페미니스트는 누구란 말인가?) 메갈리아를 방문하거나 메갈리아에 관심 있는 모두가 스스로를 페미니스트로 자처하지 않을 수 있지만 그렇다고 해서 그와 반대로 모두가 페미니스트가 아닌 것도 아니다. 때문에 그 질문은 메갈리안과 페미니스트 둘 다를 물화시킨다는 점에서 위험할 뿐 아니라 그 둘의 분할을 시도한다는 점에서 문제적이다. 더욱이 페미니스트는 인증을 통해 확인받는 자격증이 아니다. 페미니즘은 젠더로 구획된 세상에 대한 질문에서 시작하고, 질문하기를 시작한 이상 삶의 장소로서 세상이 나를 향해 던져 오는 질문에는 끝이 없다. 그래서 페미니스트는 '나는 페미니스트 맞나?'라는 질문 속에서 산다. 질문을 시작한 이상 누군가가 나를 페미니스트로 부르든 페미니스트가 아니라고 정하든 그건 그리 중요하지가 않다.

〰〰〰

22 2015년 8월 6일 메갈리아 저장소 자료실 공지에 '페미니즘 책 목록'이 올라왔다. 작성자 '탈조선'은 "갓치들 중에서 이번 여혐 현상과 상황, 대처에 대해서 깊게 사고해 본 사람들도 많겠지만 이제 갓 투명히잡을 벗고 어떻게 해야 할까 하고 고민하는 메갈리안도 많을 거라 생각"한다는 글귀와 함께 48권의 페미니즘 서적과 17편의 영화, 만화와 작가 등을 추천한다. 87여 개의 댓글에는 추가로 페미니즘 추천도서와 영화, 영상물들에 대한 정보가 이어졌다. 이 게시물은 2016년 3월 현재까지 자료실 '공지'로 올라 있으며 페미니즘 관련 논문, 학술정보, 일러스트 등에 대한 정보도 이 안에서 공유된다. (http://www.megalian.com/data/1320)

페미니스트 '이다/아니다'라는 타인의 진단이 나를 규정할 수 없다는 이야기다.

'진짜' 페미니즘, '진짜' 페미니스트라는 덫에 걸리지 않기

내 삶의 전부를 설명해 줄 것 같았던 스무 살의 페미니즘은 서른 살이 되었을 때 나의 아무것도 설명해 주지 못했다. '진짜' 페미니즘, '그런' 페미니즘, '이상해진' 페미니즘 등의 말을 쏟아 내는 몇몇 사람들처럼 나도 페미니즘을 물화시키는 일에 매진하던 시간이 꽤 길다. 그걸 깨닫고 이불킥의 시간을 보내면서, 마흔 살의 페미니즘은 내가 곁에 있는 이들과 함께 만들어 가야 할 어떤 것이 되어 간다. 그리고 아이러니하게도 나는, '굳이 페미니스트일 필요는 없겠다'는 생각이 들었을 때 정말 페미니스트가 된 것 같았다. 페미니스트 연결감은 '페미니스트이다'라는 선언에 의존해 있지 않다는 걸 그때서야 알았다. 분노와 열정으로 '팽팽해진' 몸을 만드는 것이 곧 페미니스트다움이자 페미니즘을 할 자격이라고 여겼던 나는, 주름지고 여백 많은 몸들과 부대끼면서 들숨과 날숨을 내쉴 수 있게 됐다. 팽팽함이 필요할 때는 서로에게 산소를 공급하며 날선 투쟁에 나섰고, 긴장을 늦추고 기다림이 필요할 때에는 서로 보살핌 속에서 의지하는 법을 배웠다. 파블로 네루다에게 '시'가 왔다면, 나에게는 페미니즘은 그렇게, 어디서 왔는지 나도 모르게 서서히 내게로 왔다.

사라 아메드의 표현을 빌리면 이 이야기는 '페미니스트 연결감'
(feminist attachments)[23]에서 출발해 볼 수 있다. 페미니즘이 처음 내게
로 올 때, 나를 설명해 주는 언어를 만나 놀랍기만 한 그 경험은 페미
니즘에 대한 관심과 환호, 열광으로 연결되곤 한다. 페미니즘은 지금
까지 당연하게 알아 온 것들을 재인식하는 렌즈이고, 나에게 그랬듯
이 페미니즘은 우리에게 새로운 세계를 선사한다. "너는 여자로 살 필
요가 없단다, 남자로 살 필요도 없지. 그냥 너는 너로 살면 된단다. 그
게 바로 너란다!"라는 것만큼 강렬한 메시지를 나는 이제껏 받아 본
적 없다. 젠더화된 세계에서 페미니즘과의 만남은 일상을 전쟁터로
만들기도 하지만, 페미니즘에 눈뜬 이들은 차별의 세계를 종전과 같
은 방식으로 살아 낼 수 없다. 세상을 바라보는 인식론인 페미니즘은
삶의 방식을 변화시키며 이런 변화 속에서 스스로를 페미니스트로 호
명하는지 여부는 크게 중요치 않다. 아디치에의 증조할머니가 그러했

23 2013년에 만난 사라 아메드의 글 "Feminist attachments"는 페미니스트로 살아온 지
난 삶과 대면하고 그 시간을 해석하는 좋은 길잡이가 되어 주었다. 여성학자 마정윤은
이 글에서 아메드가 사용하는 'attachments'의 의미가 '애착'에서 시작해서 '집착'을 지
나 '연결감'으로 이어지는 것 같다는 해석을 내놓았다. 그의 해석으로 아메드의 글은 물
론, 만성적 체증 상태이던 내 삶도 해석 가능한 형태로 재배열되어 갔다. 페미니즘에 대
한 '애착'이 '집착'이 되어 가고, 더 이상 타자들과 연루되려 하지 않을 때 '고착'이 일어
나며, 이럴수록 우리가 살려 내야 할 정동은 '연결감'인 것이었다. 그리고 나는 아메드와
마정윤과의 연결 속에서 단단히 막아 둔 살갗을 열어 두는 연습을 시작해 볼 수 있었다.
이 글이 실린 아메드의 책 *The Cultural Politics of Emotion*(『감정의 문화정치학』)은
2017년에 번역서가 발간될 예정이다. Sara Ahmed, *The Cultural Politics of Emotion*,
New York: Routledge, 2004.

듯이 페미니스트라는 이름 없이 성에 따른 차별에 저항하는 일은 언제나 가능했고, 지금도 여전히 그 이름 없이도 우리는 누구나 페미니스트로 살아갈 수 있다.[24] 메갈리안이 페미니스트인지 아닌지를 두고 흔히 벌어지는 논쟁은 그래서 의미가 없다.

지금의 사회는 예외 없이 여성혐오의 정서로 들어차 있다. 페미니즘 역시 이러한 정서 구조의 예외가 아니어서 '이기적인 여자들의 조잘거림'이나 '배운 여자들의 특권의식', '꼬인 여자들의 히스테리' 등 꾸준히 여성화되고 대상화되어 왔었다. 그리고 지금도 오래된 그 방식대로 '페미니즘! 너희가 걱정되어서 그런다'면서 '페미니즘에게 페미니즘을 가르치는' 중이다. 페미니즘과 떨어져서 그것을 관찰하고 진단하고 평가하고 가르쳐야 하기 때문에 이들에게 페미니즘 애착은 결코 일어날 수가 없다. 그러니 메갈리안의 정체를 '남혐'과 떨어뜨릴 생각도 없다. 터져 나오는 분노에 귀 기울일 생각이 없고 페미니스트와 메갈리안을, 진짜 페미니즘과 가짜 페미니즘을, 진성 메갈리안과 아닌 메갈리안을, 또 어떻게든 구분 지으려는 시도도 멈추지 않을 전망이다.

나의 우려는 애착 없는 이들이 퍼뜨리는 '진단 프레임'에 빠져서 애착과 고착을 오가는 페미니스트들이 정작 열어야 할 문을 찾지 못

---

24 치마만다 응고지 아디치에, 『우리는 모두 페미니스트가 되어야 합니다』, 김명남 옮김, 창비, 2016.

해 길을 잃고 주저앉을지도 모른다는 데에서 온다. 규정짓고 구별짓는 방식으로 그렇게 또 여자들의 분노는 힘으로 직조될 수 없게 흩어지는 중이다. 2015년 메르스 갤러리 발화를 기점으로 '처음' 페미니즘을 맞이한 사람들은 저 많은 '진짜', '진정한', '진성' 등의 말들 속에서 자신이 어디쯤 있는지 가늠하는 일에 (또) 집중하기 시작했다. 이렇게 또 조직화되지 않는 분노는 우리들 몸 주변을 어슬렁거리면서 개별화되어 간다. 그 사이 우리는 또 서로에게 위로받은 후, 다시 서로에게 상처받는 중이다.

코르셋을 벗어던지기가 무섭게 서로를 페미니즘의 이름으로 공격하고 페미니즘의 이름으로 방어하는 모습들 속에서 왜 각자가 가진 무기가 '페미니즘'인가에 대해 되묻게 된다. 질문하는 삶의 방식으로서의 페미니즘이 아니라 '올바른 페미니즘'을 규범화하고, 그것에 어긋나는 것에 대한 실망과 분노를 서로에게 전달하는 모습은 페미니즘을 두텁게 하기보다 획일화하는 일에 기여한다. 질문을 생략한 비난은 논쟁할 공간을 열어 두지 못한다. 방문을 걸어 잠근 채 유리문 사이로 서로를 비난하고 각자의 방에서 '올바름'을 챙긴 페미니즘은 의도했던 바와는 다른 방향으로 가부장제를 지속시키는 데 기여하고 있을지도 모른다. 이건 기우일 수도 있지만 90년대에 페미니즘의 이름으로 타인을 정의하고 평가하고 공격하고 공격받는 시기를 지나 온 나로서 그런 의구심은 어쩌면 당연하다. 때문에 더는 페미니즘에 모여들고 있는 이들이 '진짜' 페미니즘 가리기 게임에 말려들지 않았으면

한다. 우리는 각기 다른 속도로 페미니즘을 향해 있다는 걸 기억해 냈으면 한다. 처음 페미니스트하기로 할 때 우리는 쉽게 페미니스트 인증 게임에 걸려들 수도 있겠지만 과거로부터 걸려 온 '시그널'[25]을 통해서 그 '처음'을 바꿀 수 있지 않겠나 한다.

---

25 tvN 드라마 〈시그널〉은 과거와 현재를 무전으로 연결하면서 미래를 바꾼다. 정의가 상실된 사회에서 정의를 되찾으려는 과거와 미래의 형사는 "절대 포기하지 마세요. 과거는 바뀔 수 있습니다"를 외치며 미제 사건을 해결해 간다.

계속, 끝까지, 페미니스트로

전희경

여성, 세대, 시대

1974년에 태어나 모범생으로 자란 나는 '여학생 비율이 30%가 넘어 교세(敎勢)가 기울까 우려된다'는 총장의 말을 들으며 남녀공학대학에 입학했다. 당시 몇 년째 '막차 탔다'며 가열차게 한탄하고 있던 좌파 학생 운동의 언저리에서 불만과 열망이 가득한 대학 생활의 대부분을 보냈고, 졸업을 한 학기 남겨 두고 뒷북치듯 페미니스트가 되었다. 계기는 '사소'했다. 총학생회에서 만들어 전교생에게 배포하는 학생수첩에서 우연히 '3·8 국제 여성의 날'이라는 것을 처음 발견했던 것. 그토록 많은 운동권 선배 중 누구에게도 이런 날이 있다는 사실을 배운 적이 없다는 사실에 나는 충격을 받았다. 그리고, 마치 마른 장작에 불이 옮겨붙듯이 갑작스럽게 모든 것에 화가 났다. 존경했던 남자 선배들의 술자리 음담패설, 이성애 연애가 시작되고 끝나는 과정의

뻔한 불균형, 분열적이어서 존경받을 수 없었던 여자 선배들, 페미니즘에 대해 모르고자 하는 완고한 의지가 '논리'로 통용되는 상황. 세상은 문제 투성이었고, 이게 이제야 눈에 보이는 나 자신에 대해서도 어이가 없었다. 누구 말마따나 페미니스트가 된다는 '돌아올 수 없는 강'을 건너면서, 숨이 찼지만 또한 희열도 컸다.

그래도 때로 익사할 것 같은 기분이 없었던 것은 아니다. 고백하건대, 주로는 어디에 속해 있다(belonging)는 감각을 갖기가 어려웠기 때문이다. 혼자서 대자보를 쓰는 것, 싸한 분위기 속에서 나이 많은 남자 선배와 맞장 뜨는 것, 논리로 무장하고 쎄게 표현하는 것, 그런 것은 하나도 어렵지 않았다. 그것은 남성 중심적인 운동권 문화 안에서 명예남성으로서 인정투쟁을 해왔던 나에게는, 상대적으로 편안한 무기였기 때문이다. 더 거슬러 올라가자면, 애초에 '딸도 아들 못지않게 가르치려는' 도시중산층의 촉망받는 맏딸이었던 나에게 '아들 못지않게'라는 것만큼 익숙한 미션은 없었다. 일과 성취가 중요했고, 특히 '남자 분야'에서 '남자처럼' 무언가를 해내는 것에 더 신을 내며, 누구에게서든 탁월성에 매혹되곤 하는 것이 나였다. 탁월했던 이들을 비판하는 일에는 위험이 뒤따랐지만, 사실 그것은 나 자신 역시 탁월해지는 일이기도 했다. 정작 어려웠던 건, 어디에도 '페미니스트 1등급 인정' 같은 승인 체계는 없다는 것, 홀로/스스로 자신의 페미니즘을 끝없이 갱신해 가야 한다는 것이었다.

좌파 페미니스트에서('여성활동가모임'과 '100인위') 급진/분리주의 페미니스트로('언니네트워크'), 그리고 다시 마을에 기반한 여성주의 의료협동조합 활동가('살림의료협동조합')로 변화해 온 과정에 등장하는 '모먼트'들은 모두 바로 이 문제와 연결되어 있었던 것 같다. 지속되는 삶 속에서 '스스로' 페미니즘을 갱신하는 것과, 특정 국면 속에서 동지들과 '함께' 조직화된 페미니즘 운동을 해나가는 것 사이를 어떻게 연결할 것인가라는 문제 말이다. 삶은 지속되는 것이고, 운동은 상황과 국면 속에 일어나는 것이다. 반대로, 삶에도 상황과 국면의 변화가 있고, 운동도 역사 속에 지속된다. 20대 페미니스트 시절의 나에게 '우리'였던 이들과 40대 페미니스트인 지금의 나에게 '우리'인 이들은 같지 않다. 그래서 이 글에는 때에 따라 1인칭 단수, 1인칭 복수, 3인칭의 주어들이 등장한다. 때로는 주어 자체를 생략하고 쓴 문장도 있다. 혼자이기도 하고 함께이기도 한 페미니즘의 다양한 국면들을 읽어 내주려는 독자가, 분명 있을 거라고 믿으면서.

분노의 조직화

20대의 나는 몹시 외로웠다. 꽤 오랜 시간 동안 나 자신을 '번역자' 혹은 '끼어 있는 존재'라고 느꼈기 때문이다. 여기 가면 '페미니스트'라서 튀고, 저기 가면 '좌파 운동권 출신'이라서 튀는 존재. 20대 중후반 내내 1990년대 영페미니스트 운동의 주축을 이루었던 페미니스트들이 손 닿을 만큼 가까이에 있었지만, '시대, 구조, 변혁' 같은 단어들로 대화를 하는 집단에 속해 있었던 나에게, '일상, 재미, 통쾌함' 같은 단어들로 설명되던[1] 영페미니스트 친구들은 매력적이면서도 낯설었다(가끔 질문을 받으면, 나는 지금도 스스로를 '운 좋게 영페미니스트들 가까이 있었던 친구'라고 설명한다). 어떤 농담에 웃고 어떤 사람을 앞 다투어 욕하는가, 무엇을 하며 놀고 어디에서 주로 술을 마시는가 같은, 사소해 보이는 문화적 문법들이 나의 귀속감을 분열시켰다(여성영화제의 열혈 관객들은 알겠지만, '농담'이 통한다는 것은 그 자체가 강력한 정치적 커뮤니티임을 의미한다. 그러나 당시만 해도 나는 심각한 표정이 정치적 진지함의 지표라 여기는 촌스러운 사람이었다). 그러다가 이 분열을 공유하고 있는 사람들을 만나게 되었는데, 그것이 바로 1990년대 후반에 PC통신을 매개로 만들어진 '여성활동가모임'[2]이었다. 그리고 그 모임의 끝에

---

1 "대화하던"이 아니라 "설명되던"이라고 쓴 것은, 같은 세대이고 물리적으로 가까이 있었음에도 불구하고 내가 당시 영페미니스트들에 대해 알았던 것들은 직접적인 대화를 통해서보다 언론을 통해 재현된 내용이 더 컸다는 생각이 들어서다. 90년대 영페미니스트들이 받은 즉각적인 언론의 주목은, 한편으로는 새롭게 제기할 의제가 있었던 한국 여성 운동의 역사성과 새로운 방식의 운동이 공적으로 받아들여질 수 있었던 당시의 문화적 조건을 반증한다(권김현영, 「시대의 무게를 벗고 일상의 정치에 나서다: 여성 운동의 새로운 흐름, 영페미니스트」, 여성사 연구모임 길밖세상, 『20세기 여성 사건사: 근대 여성교육의 시작에서 사이버 페미니즘까지』, 여성신문사, 2001). 그러나 '유쾌, 상쾌, 통쾌' 같은 언어로 이들의 새로움을 재현하는 것은 또한, ('남성은 제도정치, 여성은 생활정치'라는 식으로) 기존의 분류 체계를 전혀 해체하지 않은 채 성별에 따라 '영역'을 할당하는 나태함의 결과이기도 하다. 여하튼, 이런 식의 묘사가 공정하지는 못하다고 생각한다. 내가 아는 한 그들은 정말로 철저한 '골수 운동가'들이었고, 적지 않은 수가 지금도 그렇다.

2 '여성활동가모임'(운동사회 내 가부장성과 권위주의 철폐를 위한 여성활동가 모임), '100인위'(운동사회 성폭력 뿌리뽑기 100인위원회)의 결성 배경과 활동에 대한 보다 자세한

'100인위'가 있었다.

처음 페미니스트로 정체화했던 1997년부터 100인위 활동을 마무리했던 2003년까지의 시간은, 말하자면 내 인생의 '페미니즘 시즌1' 같은 것이다. '시즌1'의 가장 큰 동력은 바로 '분노'였다. 당시의 나는 페미니즘에 대해 아는 것이 별로 없었다. 체계적으로 공부한 것은 더더욱 아니었다. 몇 번의 여성학 세미나, 몇 권의 책과 영화들, 학교 안에서 이루어진 몇 가지 액션들과 친구들과의 간헐적인 대화를 통해 배운 것들이 전부였다. 하지만 별로 개의치 않았다. 충분히 화가 나 있었기 때문이다.

페미니스트 이론가들이 설명해 온 것처럼, 가부장제 사회에서 '감정적'이라 분류되어 온 여성들에게 '분노'는 거의 유일하게 금지된 감정이다.[3] 인류 역사상 가장 오래된 억압 체계인 가부장제하에서, 여성들이 분노를 조직화하는 것은 위협적인 일이며 그만큼 집요하게 공격받아 왔다. 소위 진보와 보수를 막론하고, 남성들이 일관되게 요구해 온 것이 바로 '부드럽게' 페미니즘 하라는 성역할 규범 아니던가. 물어뜯지 말고, 소리 지르지 말고, 과격하지 않게, 혹시라도 편이 되어 줄 수 있는 사람(남자)들을 차분하게 설득해 가면서, 페미니즘에 관심을

설명은 다음의 졸고를 참고할 수 있다. 전희경, 『오빠는 필요 없다 : 진보의 가부장제에 도전한 여자들 이야기』, 이매진, 2008.

3 캐롤린 하일브런, 『셰익스피어에게 누이가 있다면: 여자들에 대한 글쓰기』, 김희정 옮김, 여성신문사, 2002.

가져 준 고마운 사람(남자)들이 기분 상하지 않도록, 페미니즘에 대해 궁금증을 가졌다는 것을 칭찬해 주면서, 불편해진 기분을 달래 주고, 그래도 불편함을 감수하려 애쓰는 것만으로도 고마워하고 치켜세워 주면서 말이다. 이런 가당찮은 요구에 대해 '닥쳐!'라고 하면 표현의 자유를 억압한다며 비난받고, '엿 먹어!'라고 하면 과격한 페미니즘이 라고 불려 가고, '꺼져!'라고 하면 분리주의 페미니즘이라고 욕을 먹 었다.

화가 났는데 화를 낸다고 욕을 먹는 상황이라니 부당하기 짝이 없 었지만, 오랫동안 자신의 감정을 믿지 않도록 키워져 온 평범한 여자 였던 나에게, 욕먹는 것을 두려워하지 않기 위한 새로운 준거집단은 절실하게 필요했다. 마침 그즈음 활성화되기 시작한 PC통신은, 온라 인 공간 역시 오프라인의 권력관계를 반영한다는 것을 확인한 여성들 이 서로를 알아보고 만나는 매개체가 되고 있었다.[4] 여성 운동의 새로 운 방법론이자 장(場)이 되기 시작한 온라인 공간에서, 우리는 만났다.

'여성활동가모임'에 속한 여성들은 온/오프라인에서 만나 각자 자신이 활동하는 '진보 단체'에서 벌어진 일들을 성토하고 함께 욕하 면서 분노를 조직화하기 시작했다. 이야기를 나누면 나눌수록 이 상 황이 무엇인지가 또렷해졌고, 각자가 자기 조직에서 가졌던 찜찜함과 불쾌감, 분노와 억울함 같은 것들이 빠르게 공감받는 경험을 하면서

---

4 권김현영, 「사이버 스페이스, 여성 운동의 새로운 도전 : 표현의 자유와 사이버 성폭력」

'설득은 언어의 문제가 아니라 권력의 문제'라는 것을 체감했다. "네가 과도하게 예민한 거야"라거나 "너무 흥분하지 말고 진정해"라는 말을 듣지 않아도 된다는 것, 더 나아가 그 분노를 '주요 의제'로 삼아 무언가를 도모할 수 있을 거라는 기대 자체가 놀랍고 기뻤다. 우리는 끝없이 사례들을 열거했고, 맞닥뜨린 상황에 이름이 있다는 것을 알게 되었다. '성별 분업'이라든가, '성역할 규범'이라든가, '성적 대상화' 같은 단어들 말이다. 각자 속한 단체들은 다양했지만 운동의 주제나 세대와 무관하게 구리기는 매한가지라는 것이 우리의 결론이었다. 이렇게까지 비슷하다니! 한번 이야기를 시작하면 좀처럼 끝이 나지 않았다. 우리는 이유 없이 모였고, 결과물 없이 밤을 새웠다.

누군가는 '여성활동가모임'을 "뒷담화 모임"이라고 불렀다. "그래, 우리 뒷담화 모임 맞지 뭐!"라며 서늘한 표정으로 깔깔거렸던 날이 생각난다. 폄하와 경멸이 담긴 언어를 (거부하기보다) 적극적으로 수용함으로써 받아치는 것이 만들어 내는 힘이 있다. '미친년 프로젝트'나 '아줌마 운동' 같은 예에서 보듯, 가부장제가 덧씌운 부당한 오명을 적극 차용하는 것이 갖는 가장 중요한 의미는 더 이상 그 오명을 두려워하지 않음으로써 오명을 덧씌운 사람으로부터 '판단자'의 지위를 빼앗는 것이다. '니 마음에 들기 위한 노력을 그만두겠다'는 선언만큼 강자의 지위를 훼손하는 것은 없다.[5] 그런 면에서, 나와 또 많은 이들에게 '여성활동가모임'은 과거의 준거집단으로부터 자신을 떼어 낼 수 있게 해준 유일한 버팀목이었다. 우리는 서로가 서로에게 '기댈 곳'

이 되어 주리라 믿었다.

"타임라인에 잠 못 이루는 페친들이 보인다"

"타임라인에 잠 못 이루는 페친들이 보인다." 강남역 10번 출구 공용 화장실에서 일어난 여성표적 살해 사건 이후의 어느 날, 페이스북 타임라인에서 이 문장을 읽었다. 데자뷰. 그리고 반사적으로 생각했다. 아, 나 이거 뭔지 알아. 누군가에게는 여느 날과 다름없을 날들을 '폭풍 같은 며칠 동안'이라고 느끼는 나날. 언론기사나 댓글에서 어떤 단어만 보아도 인생의 여러 장면들을 한꺼번에 소환하고 마는 미친 감정들. 나는 허락 없이 메갈리안(으로 상징되는 젊은 액티비스트들)에게 동일시했다. 마치 컵에서 물이 넘치는 순간처럼, 더 이상은 단 한 번도 참을 수 없게 된 분노의 임계점을 지나고 있는 사람들에게.

"나는 우연히 살아남았다"라는, 2016년 강남역 10번 출구를 뒤덮은 애도와 행동의 포스트잇들을 대표하는 이 문구는, '여성이라면 누

---

5 마거릿 애트우드는 "남자들은 여자가 자기를 무시할까 봐 두려워하지만, 여자들은 남자가 자기를 죽일까 봐 두려워한다"고 썼다(Margaret Atwood, "Writing the Male Character", 1982; reprinted in *Second Words: Selected Critical Prose*, Toronto: Anansi, 1982). 이 문장이 단적으로 설명하는 것이 2016년 서울 '강남역 10번 출구'에서 발생한 여성표적 살해 사건이 아닌가? "평소에 여자들이 나를 무시했다"는 것이 인간이 다른 인간을 죽이겠다고 마음먹는 이유가 된다는 것. '무시'를 범죄로 연결하는 행동은 압도적으로 남성에게만 나타나는 현상이라는 것. 분석되어야 하는 것은 바로 이것이다.

구나' 겪는 문제가 있다는 발견이자 '여성이기 때문에' 겪는 문제라는 정치 인식을 드러낸다. 된장녀부터 김치녀까지 10년간의 모욕, 17년 간 태연히 방치되었던 소라넷, 지적 장애를 지닌 십대 여성의 강간 피해에 대해 '다음 날 학교에 갔으므로' 강간당했다고 믿기 어렵다고 판결하고, '서신을 주고받았으니' 사랑하는 사이 아니었냐며 성폭력을 저지른 연예기획사 대표를 용서해 주는 법원. 이 모든 일들이 따로 떨어진 게 아니라 동일한 구조의 일부라는 걸 깨닫는 순간, 세상은 완전히 다르게 보이기 시작하는 것이다.

100인위 결성의 직접적 계기가 되었던 2000년 6월 '이제는 말하자, 운동사회 성폭력' 토론회에서 일어난 일도 그랬다. '여성활동가모임'과 서울여성노조가 공동주최했던 이 자리에는 두 조직에 속한 활동가들과 대학 내에서 반성폭력 운동을 하고 있던 활동가들, 그리고 문제의식을 공유하는 사회 운동 단체 여성활동가들이 모였다. 자료집에 명시된 몇 개의 '굵직한'(유명한) 성폭력 사건들의 발제가 끝나고 이어진 토론 자리에서, 그곳에 모인 여성활동가들은 하나둘씩 자신이 알고 있는 다른 사건들을 열거하기 시작했다. A조직 대표가 강간을 했다더라, 어린 여자 운운하던 놈이니 놀랍지도 않다, B조직에서는 성추행이 있었는데 그냥 넘어갔다, 아 그 조직은 술자리마다 음담패설 때문에 너무 괴롭다는 얘기 들었다, C조직 활동가는 사무실 컴퓨터로 포르노를 본다더라, 그 새끼가 지난번에 논쟁하다가 전화기 집어던졌다잖아……. 계속되는 증언들을 들을수록 그야말로 총체적 난국이었다. 강간과 언어성폭력은 다르게 느껴지지 않았다. 둘 다 가부장제라는 동일한 구조의 일부라는 점이 중요했다.[6] 다같이 경악하고 분노하는 과정에서 이 총체적 난국을 설명하는 말들이 오갔고, 그 가장 뾰족한 지점에 위치한 단어가 바로 '성폭력'이었다. 사회 전체에 성폭력이 만연해 있음을 모르는 사람은 없었지만, 스스로 '운동가'로 정체화하고 있던 여성들에게 충격적이었던 건 '진보'를 자임하는 자들이 그토록 자주 그토록 많이 성폭력을 저지르고도 아무 일 없이 조직의 대표가 되고, '진보 인사'로 분류되어 언론에 인터뷰를 하고 있다는 사실이었다. 이런 상황을 돌이켜 보면, '가해자 실명 공개'[7]는 당시의 격분의 크기에 비해 아주 소박한(!) 발상이었다. 당장 그들 모두를 사퇴시키지는 못하더라도, 적어도 또 다른 피해자가 생기지 않도록 블랙리스트라도 돌려서 정보라도 공유해야 하는 거 아니야? 하는.

---

6 어쩌면 이것은 시대적 현상이었는지도 모르겠다. 당시 대학가에서 강렬하게 타오르고 있던 반성폭력 운동은 '성폭력 개념 확장'이라는 깃발을 중심에 두고 펼쳐지고 있었으니 말이다(대학 반성폭력 운동가들 중 일부는 100인위에 직접 참여했다). 어떤 '흐름' 속에서, '강간만 성폭력인 것은 아니다', '성폭력은 일상 곳곳에 있다', '다양한 유형의 성폭력들은 연속선 위에 있다'는 인식이 공유되고 있었다. 이후 대학가 중심의 영페미니스트들이 이 '일상성과 연속선'에 대한 인식을 가족제도와 이성애제도에 대한 비판까지 연장했다면, 사회 운동 조직의 여성활동가들은 운동 단체 사무실에서의 성별 분업과 성폭력을 연결해 비판하는 데에 집중했다.

7 1990년대 중후반 영페미니스트들은 대학 내 성폭력을 강력하게 문제화했고, 학생들이 자치적 조직(대책위원회)을 만들어 피해자를 보호하고 가해자에게 실명으로 공개 사과문을 써 붙이도록 하는 사건 해결 방식은 이미 상당히 널리 확산되어 있었다. 그런 점에서 '가해자 실명 공개'는 100인위가 창안한 운동이 아니라 '빌려 온' 운동 방법이다.

100인위가 한 것과 하지 않은 것

여기까지 쓴 다음, 나는 많은 페이지를 썼다 지우고, 다시 썼다가 다시 지웠다. 써야 할 것이 너무 많고 또 쓸 수 없는 것이 너무 많다고 느낀다. '진보'를 표방하는 운동사회 특유의 메커니즘에 의해 비호되어 왔던 차별과 폭력에 대해 함께 분노했다는 것, 그 분노로 무언가를 하려했다는 것, '가해자 실명 공개'는 '최소한'의 방법으로 여겨졌다는 것. 여기까진 분명하다. 하지만 그다음부터는 혼란스럽다. 2000년 12월 1차 실명 공개 이전, 사례수집의 과정에서부터 서로 다른 판본의 이야기들이 있기 때문이다. 지난 15년간 가끔씩 100인위에 대해 물어 오는 사람들에게, 나는 "매우 힘들었는데……이유는 잘 모르겠다"는 말밖에 하지 못했다. 그런 날엔 역시 정확히 설명할 수 없는 심정으로 술을 마셨다. 실은 아주 가끔이긴 하지만 아직도 100인위 꿈을 꿀 때가 있다. 그런 날엔 100인위가 '예의 있게 헤어지지 못한 옛 연인'처럼 느껴지기도 한다. 열렬함이란 면에서건, 지나갔다는 면에서건, 감정적인 정리가안 끝났다는 면에서건. 그동안 100인위에 대해 평가하고 분석하는 글이 없었던 게 아닌데도, 나는 여전히 100인위의 공과(功過)와 '실제'를 제대로 기록하고 평가해야 한다는 강박에 시달린다. '뭐하러?'라는 자조, '내가 무슨 자격으로?'라는 회한, '하지만 그럼 누가?'라는 의무감, '이제 와서 가능할까?'라는 자신 없음, '내 기억이 확실하긴 한가?'라는 멘붕 사이를 방황만 했을 뿐 여태 아무것도 못하긴 했지만 말이다.

해석되지 않는 상처만큼 괴로운 것도 없으니, '나의 상처'에서 출발해 보기로 한다. 나에게는 100인위를 기억할 때마다 쓰라린 마음이 드는 장면들이 있다. 전부 100인위 내부의 '관계'에 대한 것들이다. 1차 공개 직후의 오프라인 회의에서, 예상과는 전혀 다른 공격들[8] 앞에 가장 열심히 활동했던 사람이 가장 많은 비난을 받게 되었던 그날의 회의. 뒤늦게 발견된 입장 차이들이 뒷담화에서 앞담화로 전환되지 못하고 서로가 서로에게 '배신감'을 느끼던 나날. "상처받았다"는 말만 남기고 떠난 핵심 활동가들. 100인위가 사건을 공개했지만 제대로 지원하지 못했던 피해자들에 대한 죄책감. 새벽 3시 신촌의 어느 술집에서 '너는 앞으로 100인위로 글도 쓰고 강의도 할 수 있겠지만, 고졸 노동자로 시작해서 노동 운동 하다가 100인위까지 온 나는 이제 이게 운동의 끝이다'라며, 비난인지 사과인지 모를 말을 남기고 탈퇴를 선언했던 그녀의 표정. 한 평짜리 자취방에서 서울 남부지검으로부

---

8 2000년 12월 11일에 이루어진 1차 가해자 실명 공개 이후 몰려온 후폭풍에, 나를 포함해서 100인위의 많은 사람들은 적잖이 당황했다. 우리가 예상한 반격은 '조직보위론'이었는데, 논쟁은 데이트 성폭력과 여성의 성적 '주체성'을 둘러싸고 벌어졌다. 100인위가 가해자 실명을 공개한 것은 '진보넷'이라는 사회 운동들이 주로 사용하는 PC통신 게시판이었는데, 명예훼손, 사회적 매장, 페미나치, 백색테러라는 비난이 돌아왔다(물론 명예를 훼손당한 것도 테러를 당한 것도 가해자가 아니라 피해자다. 가해자는 좀처럼 매장되지 않는다는 것은 곧 밝혀졌다). 운동사회에 만연한 성폭력에 가장 큰 책임이 있는 '어른'들은 조용히 팔짱을 끼고 귀빈석으로 사라졌고, 엉뚱하게도 '리버럴'(liberalist)들이 마이크를 잡고 아주 시끄럽게 떠들어 댔다. 마침 온라인 공간에서는 이제 막 '논객'이라는 유명세의 문법이 만들어지고 있던 때이기도 했다. 이도 저도 아닌 '진보 남성'들은 '모든 남성을 적이라고 생각하지는 말아 달라'고 중얼거리며 술을 마셨다.

터 피고인 조사받으러 오라는 전화를 받았던 날의 두려움. 그 두려움에 대한 수치심. 100인위를 공식적으로 해산하는 내부 평가회의 때 여전히 '승리적으로만' 평가하는 다른 회원의 평가글을 읽고 느꼈던 거대한 냉소. 표현할 시간도 대상도 찾기 어려웠던 억하심정. 영원히 서로 얼굴 안 보는 사이가 된 사람들……. 이 모든 장면들이 내게 반복해서 말해 주는 것은, '분노 그 이상이 필요했었다'는 사실이다. 넘치도록 분노했고, 나름대로 열심히 했고, 정말 힘들었지만, 그것으로는 전혀 충분하지 않았다.

2001년 1월, 스물여덟 살의 아주 추웠던 어느 날. 100인위 오프라인 회의에서 2차 실명 공개를 할지 말지에 대해 격론이 벌어졌다. 그즈음에는 이미 반격(backlash)의 광범위한 스펙트럼이 확인되고, 내부의 이견들이 수면 위로 떠올랐던 시점이었다. 다들 일상은 전쟁이었다. 각자의 조직에서 노골적/암묵적으로 가해지는 압박을 버텨야 했고, 가해자 실명 공개를 전후로 해서는 몰려드는 질문들에 대해 입장을 정리하여 발표해야 했고, 또 여전히 진행 중인 사건들에 최소한의 지원이라도 해야 했다. 이것만으로도 감정적/신체적으로 탈진할 지경이어서, 우리가 생각하지 못한 것들, 미처 몰랐거나 준비하지 못한 것들이 많이 있었다.

이제 와서(이제라도) 하는 말이지만, 가령 이런 것들이다. 100인위가 공식적으로 주장한 주요 용어들은 일종의 상황적 전략이었지만, 의식적으로 사용한 전략은 아니었다. '피해자중심주의'와 '2차 가해'

라는 용어가 대표적인 예다. 100인위가 조어(措語)했던 '피해자중심주의'와, 전 세계 반성폭력 운동의 역사에서 오랫동안 사용되어 온 '피해자 관점'이라는 용어에는 어떤 차이가 있을까? '없다.' 적어도 100인위 활동 당시의 나에게, 두 용어는 정확히 동일한 것을 의미했다. 성폭력 사건에서 피해자의 진실과 가해자의 진실은 상충된다는 것, 그것은 '진위'(眞僞)의 문제가 아니라 인식론의 문제 —— 즉 '누구 말이 사실이냐'가 아니라 '누구 말을 신뢰하는 것이 더 정의로운가'의 문제 —— 라는 것 말이다. 다만, 100인위는 자신들이 속한 장(場)에서 가장 효과적으로 작동할 수 있는 레토릭을 구사한 것이라 믿었다. 자신의 진보성에 대해 의심이 없고 '젠더 문제는 계급 문제에 비해 부차적'이라는 식의 사유가 만연해 있는 운동사회에서, '피해자 관점'은 수용되기는커녕 이해조차 요원했다. '~주의'(-ism)라는 이름표라도 달아야 듣는 시늉이라도 하지 않을까. '2차 가해'라는 용어 역시 마찬가지다. 나는 이 용어가 한국의 반성폭력 운동가들이 30여 년 전부터 말해 왔던 '2차 피해'(사회적 강간, social rape)와 다른 말이 아니라고 생각했다. 다만 방향을 역전시켜 청자를 정확하게 설정했던 것뿐이다("당신이 한 바로 그 말이 피해자를 위축시킨다고!"). 아무리 설명을 해도 결국은 "그러니까 정확히 원하는 게 뭐야? 어떻게 하라는 거야?" 따위의 말이나 돌아오는 상황이 지긋지긋했으니까. 원하는 게 뭐냐고? 일단 니가 그 개소리 좀 닥쳤으면 좋겠다는 거야. 어떻게 할지는 니 스스로 생각해 봐. 그러나 '피해자중심주의'와 '2차 가해' 모두, 의도한 것과는 다른 (문제적)

효과를 가져왔다.[9] 여기에 100인위의 책임이 없다고 생각하지 않는다.

물러설 수 없으므로 앞으로 간다

물론 100인위 운동의 목표는 개별 사건을 지원하는 것이 아니라 운동 사회 전체에 문제 제기를 하는 것이었다. 하지만 구체적인 성폭력 '사건'을 상담·지원·해결해 본 경험은 물론이고 반성폭력 운동이라는 싸움에 있어서도, 초기의 100인위[10]는 한국성폭력상담소나 한국여성민

---

9 여러 해에 걸쳐, '2차 가해'라는 말이 조직 내 구성원들의 인식을 제고하기보다는 '피해자의 의사'를 제외한 모든 공적 논의를 종료시키는 방식으로 작동했다는 사례들이 들려왔다(하지만 '피해자의 의사'는 고정되어 있지 않다. 모든 말하기가 그러하듯, '피해자의 말'은 그 말을 듣는 공동체의 반응과 협상하는 가운데 구성된다). 곳곳에서 문제의식들이 쌓였고, 2012년 한국여성민우회 성폭력상담소가 주최한 토론회에서는 존경하는 한 여성운동가가 '2차 가해'라는 말을 사용하지 말자는 제안을 하기도 했다. 나는 그녀의 제안에 마음속으로 동의했지만, 정확하게 말하지는 않았다. 동의했던 이유는, '2차 가해'라는 단어가 여성들에게조차 성폭력에 대한 질문이나 공적인 토론 자체를 두려워하게 만드는 방식으로('아무 말도 안 하는 게 제일 안전하다'), 더 나쁘게는 우연히 피해자 대리인이 된 사람에게 지나친 책임을 전가하거나 반대로 전횡을 허용하는 방식으로 작동하는 사례가 여럿 있다는 걸 알았기 때문이다. 그렇지만 말하지 않은 이유는, 여전히 어떤 장에서는 '당신이 하는 말이 바로 가해'라고 지목하지 않는 한 절대로 닥치지 않는 자들이 있을 거라 생각했기 때문이다.

10 100인위가 시작할 때와 끝날 때는 그 구성원이 상당히 다르다. 100인위의 발족은 '이제는 말하자, 운동사회 성폭력' 토론회를 주관한 '여성활동가모임'과 '서울여성노조' 멤버들을 주축으로 이뤄졌다. 하지만 100인위는 가입과 탈퇴에 특별한 제한이 없는 열린 구조를 지향했고, 온라인 가입 외에는 회원을 '관리'하는 별다른 체계가 없었다. 그래서 1차 공개 직후 한편으로는 내부의 분열이 시작되기도 했지만, 다른 한편으로는 100인위에 도움이 되려는 마음으로 새롭게 가입하는 페미니스트들도 많았다. 100인위의 '고생'

우회 성폭력상담소 같은 단체, 대학 내 반성폭력 운동가들에 비해서도 훨씬 '아마추어'들이었다(물론 '아마추어'도 액티비스트가 될 수 있다). 지금은 명백해 보이는 부족함과 과함, 허점과 미비들이, 100인위 활동을 하던 당시에는 눈에 보이지 않았다. 무엇보다 그때의 나는 아직 언어와 조직의 중요성을 충분히 몰랐다. 100인위의 코어 멤버들 대부분도 그랬다고 생각한다. 우리는 뭉툭하고 부정확한 '아버지의 언어'(운동권 말투)로 대화했고, 감정을 통해 서로의 말을 이해했다. "그 새끼가 그런 말을 하는데, 막 말문이 막히고 막⋯⋯ 그런 미치겠는 마음 있잖아. 뭔지 알지?"라고 말하면, 나는 "안다"고 대답했다. 그러나 이런 정서적 결속감에 비하면, 목표에 대한 명시적 합의, 전략에 대한 공동의 검토, 액션을 위한 역할 분담의 체계성 모두 허술했다.

성폭력은 맥락의 문제다. "야 이 미친년아!"라는 말을 절친한 고교 동창이 하면 정다운 직설이지만, 직장 상사가 하면 폭력이다. 그래서 반성폭력 운동은 법제화 운동에 그치지 않고 문화 운동으로 확장

에 대해 그녀들이 발휘해 준 의리가, 지금도 놀랍다. 맨 처음 위험을 감수한 것은 100인위가 맞지만, 그것을 의미 있게 만든 것은 난장판에 온몸으로 뛰어들어 100인위의 허점들을 함께 메워 주었던 수많은 페미니스트들의 힘이었다고 생각한다. 공대위에 참여하여 조직의 힘을 실어 준 여성 운동 단체들, 여러 이론과 개념들을 소개해 준 여성학 연구자들, '성폭력 개념 확장'이라는 슬로건을 공유해 주고 시위와 재판 방청에 함께해 준 대학 내 반성폭력 운동가들, 가해자가 명예훼손 역고소라는 '권력자의 무기'를 꺼내 들었을 때 기꺼이 변호를 맡아 주고, 성명서에 이름을 연명해 주고, 법정에 참고인이 되어 출석해 준 인권 변호사들과 페미니스트 교수들⋯⋯. 거론하자면 끝이 없다.

될 수밖에 없는 것이다. 결국은 특정한 상황에 대한 맥락적 인식이 가능해질 때에만, 그리고 그런 인식을 사회가 공유할 때에만 고통을 멈출 수 있기 때문에. 그러나 맥락적 인식이란 어렵고 혼란스럽다. 그래서 그 어렵고 혼란스러운 과정을 단축시키기 위해 '매뉴얼'(원칙, 규정)에 대한 욕구가 만들어진다. 100인위 역시 '이런 혼란과 삽질을 다른 여성들이 반복하지 말았으면 하는 바람'에서 「해결과 처벌의 원칙」이라는 글을 발표했다.[11] 100인위가 제시한 원칙을 '규정'으로 명문화한 사회 운동 조직들과 함께 토론회를 열기도 했다. 그러나 원칙과 규정은, 그것이 만들어지기까지의 피땀 어린 노력이 무색할 정도로, 너무 쉽게 성찰의 책무를 면제하는 알리바이로 사용되어 버리곤 한다. 직장 내 성희롱 예방이 좋은 예다. 법제화는 절실했고, 직장 내 성희롱 예방교육은 당연히 의무화되어야 하지만, 나는 지금도 내게 들어오는 강의 요청 중에 직장 내 성희롱 예방교육이 가장 하기 싫다. 매뉴얼화된 지식 앞에서, 사람들은 몇 개의 단어들을 외운 후 편안한 마음으로 사유를 중단하기 때문이다. 사랑과 폭력의 경계가 모호하고 '정상적' 성관계와 '문제적' 성관계가 연속선 위에 있는 사회에서, 혼란은 필연이고 생략될 수 없다. 법의 변화와 문화의 변화 사이, 사건의 해결과 일상의 재조직 사이에는 커다란 간극이 놓여 있다. 어떤 힘으로 그

---

11 해당 글의 원문은 다음의 링크를 참조. http://go.jinbo.net/commune/view.php?board=wom100-2&id=264&page=91

간극을 버텨 내고, 누구의 몸으로 그 거리를 연결할 것인가. 그러려면 '우리'는 어떤 페미니스트여야 하는가.

하지만 답은커녕 질문도 정확히 만들지 못했던 2001년 초 그 겨울의 회의에서, 어쨌든 나는 2차 공개를 하자는 쪽에 손을 들었다. 이미 몇 달 전부터 100인위를 통해 사건을 공개하고 싶다며 기다려 온 피해자들을 저버릴 수 없었고, 서서히 깨닫게 된 100인위의 '부족함'이 있었지만 그게 100인위가 '틀렸다'는 뜻은 아니라고 생각했기 때문이다. 나는 온 힘을 다해 100인위 운동의 정당성을 껴안았고, 혼란은 나중에 정리하자고 마음먹었다. 회의 결과, 피해자들이 적극적인 공개 의지를 가지고 있었던 KBS노조 부위원장 성폭력 사건을 단일 사례로 2차 공개를 하기로 했다. 1차 공개 때 석사논문을 쓰느라 몸을 많이 움직이지 못한 것이 미안했던 나는, 자원하여 그 사건의 담당자가 되었다. 그리고 이후 2년여의 시간은 명예훼손 역고소에 대응하느라 피해자들과 함께 검찰과 법원에 출두하고, 변호사를 만나고, 성명서를 쓰고, 거리 시위를 하고, 후원금을 모으고, 연대체를 꾸리고, 언론을 상대하는 일들로 채워졌다.

개인 네트워크 조직의 이상(理想)과 고통

100인위가 공식적으로 백서를 내고 조직을 해산한 것은 2003년이었지만, 사실 조직의 해체는 2001년부터 서서히, 긴 시간에 걸쳐 이루어졌다고 생각한다. 소송이라는 상황에 대응하기에 100인위의 조직 구조는 취약하기 짝이 없었다. 소송 후반부 즈음에 이르자, 나는 (100인위보다는) '100인위의 친구들'이라 자칭했던 대학 반성폭력 운동가들, 영페미니스트들, 새로 가까워진 여성학과 동료들과 주로 회의를 했다.

우리는 우리가 만든 조직을 "자유로운 개인들의 수평적 네트워크 조직"이라 불렀다. 이 문구가 무엇을 의미하는지는 분명치 않았지만, 무엇이 아니어야 하는지는 분명했다. 반면교사로 삼을 사례들이 눈앞에 넘쳐났기 때문이다. 우리는 권위주의를 없애기로 했고(그래서 100인위에는 '대표'가 없었다), 일상 속 성별 분업을 해체하기로 했고(그래서 모든 일을 '자발성'에 기대어 분담했다), 폭력적인 의사소통 방식을 지양하자고 약속했다(그래서 이견異見이 '폭력적'으로 들릴까 봐 끊임없이 검열하거나, 아예 말하지 않았다). 아무런 체계를 만들지 않는 것에 가까운 이런 조직 구상에, 내부 민주주의를 향한 순정한 바람이 담겨 있었다는 점은 기억되어야 한다. 그러나 어쨌든 검사는 '수평적 네트워크 조직'이라는 말을 이해하지 못했고, 가나다 순으로 적힌 100인위 회원 명단에서 맨 위에 있는 이름을 고르거나, 아니면 공문에 적힌 담당자 이름을 골라 기소했다. 민·형사 소송의 한가운데서 '같이 분노할 사람'보다 '같이 일할 사람'이 더 절실해졌고, 나는 '수평적 개인 네트워크 조직'이라는 것에 대해 회의하기 시작했다.

'수평적 네트워크'라는 건 누구나 평등하게 참여할 수 있다는 뜻이기도 하지만, 동시에 누구나 평등하게 뒤로 빠질 수 있다는 뜻이기도 하다. 의사 결정은 온/오프라인의 열린 회의에서 이루어졌지만 '누구나 말할 수 있다'는 형식만 가지고 누구나 말할 수 있게 되는 것은 당연히 아니다. 동의가 만들어지는 과정, 이견이 말해지는 방식에 무언가 비공식적인 요인들이 힘을 발휘했다. 명시적으로 운영되지 않는 조직은 명시적이지 않은 힘에 의해 움직이게 된다. 그 결과, 책임은 책임감 강한 사람이 지고, 일은 하겠다고 손 든 사람이 '담당'하고, 반성은 양심적인 사람들의 몫이 되었다. '자발성'은 아름다운 말이지만, 기대할 수는 있어도 요구할 수는 없다. 몇 번 기대가 좌절되니 무릎이 꺾이고, 사람이 미워지고, 나중에는 억하심정이 생겼다. 가장 민주적이고자 했던 조직론이 가장 부정의한 분업을 가져오는 아이러니에 나는 참담한 심정이었다. 그토록 아름다웠던 우리의 이상이 이 꼴로 끝나다니.

이런 관점에서 돌아보면, 사실 당시의 나는 우리를 '우리'로 묶어 주는 것이 무엇인지, '우리' 사이의 관계, 역할 분담, 의사소통이 어때야 할지에 대해 숙고한 적이 없었다. '나와 같은 지점에서 분노하는가'가 중요했고, 그것으로 충분했다. "A라는 사건에 대해 어떻게 생각해?"라는 질문을 날마다 주고받았고, 날마다 많은 인간관계를 정리했다. 절교한 관계들이 남긴 헛헛함만큼 더욱더 같은 분노를 가진 사람들을 의지했다. 물러설 곳도 돌아갈 곳도 없다. '우리'가 함께 시작한 일이니, 끝까지 '우리'의 일원으로서 내 몫의 책임을 다하자고 생각했다. '우리'에 대해서는 의심하지 않았다. 그러나 지금 생각해 보면, 흔들리는 '나'의 정체성만큼이나 그런 '나'들이 모인 '우리'는 참 균질하지 않았다. 홀로 서면서도 타인에게 열려 있는 존재로서의 '개인', 나는 아직 그런 개인이 아니었다. 그러니 '개인 네트워크 조직'이라는 것이 제대로 작동할 리가 만무했다.

페미니즘이 스스로 어제와 다른 인간이 되는 것, 그리고 어제와 다른 관계를 발명하고 일구어 내는 것을 포함하는 것이라면, 나는 100 인위가 하지 못한 것이 바로 그것이라고 생각한다. 가부장적 운동권 문화 속의 '동지애'를 넘어서는, 그리고 가부장제 사회가 여성들에게 뼛속 깊이 새겨 넣은 '소녀들의 심리학'[12]을 넘어서는 새로운 관계의 문법을 발명해 내는 데 실패했다고 생각하기 때문이다. 당시의 나에게는 논쟁하면서도 협동할 수 있는 팀워크에 대한 상상력이 없었고, 성찰적인 상상력을 갖기에는 눈앞의 싸움이 너무 다급하고 분명했다.

우리는 누구였는가? : 피해자/당사자/운동가

물론 가부장적 구조하에서 억압받는 약자라는 공동의 인식은 있었다. 우리들 각자는 모두 자신이 속한 운동 조직 안에서 설거지통에 쌓인

---

12 레이철 시먼스의 책 *Odd Girl Out: The Hidden Culture Of Aggression In Girls*의 한국어 번역판 제목(레이철 시먼스, 『소녀들의 심리학: 그들은 어떻게 친구가 되고 왜 등을 돌리는가』, 정연희 옮김, 양철북, 2011). 이 책에서 시먼스는 여성들에게 '착한 소녀'가 되기를 강요하는 성차별주의 사회에서 여성들의 공격성과 경쟁심이 수동적 공격이나 관계를 이용한 공격으로 은밀하게 변환됨으로써 초래되는 파괴적 결과들에 대해 분석하고 있다.

컵을 혼자 씻으며 홧병이 날 뻔하거나, 윽박지르는 권위적 선배에게 맞서다 실패했거나, 다양한 유형의 조직 내 성폭력을 경험하고 '개인적으로 해결'했던 경험들이 있었다. 100인위가 초반에 강력하게 주장했던 '우리는 (잠재적) 피해자의 위치에서 말하고 있다'는 포지셔닝은 이런 피해와 상처의 경험들에서 나온 것이기도 했다(실제로 100인위 멤버 중에도 1차 공개 사건의 피해자들이 있었다). 어쩌면 100인위는 '피해자'라는 단어에 묻어 있는 무력함과 취약함의 그늘을 걷어 내면서(그것은 '운동가'로서의 자기정체성과 양립하기 어렵다), 동시에 페미니즘 운동이 피해자의 자리에 부여해 온 '권위'를 강화하고자 했던 것일지도 모르겠다. 운동가로 살아온 자신의 인생을 송두리째 쓰레기통에 버릴 수는 없었던 여성활동가들에게, 필요한 것은 자기 역사를 부정하지 않으면서도 페미니스트가 된 지금의 자신을 드러내고 발언권을 획득하는 것, 즉 일종의 '대항권위'를 구축하는 것이었다.[13]

그런데, 상처받은 자들의 연대는 무엇을 통해 가능한가? 공감인가? 그렇다면 그 공감은 무엇을 통해 확보되는가? 경험의 동일성에서? 하지만 "같은 여자끼리 어떻게 그럴 수 있어?"라는 익숙한 비명을

---

13 여기서 나는 다음과 같은 문구들을 염두에 두고 있다. "권력이란 덩치 큰 남자가 체구 작은 남녀를 때리는 행위 같은 것으로 설명될 수 없다. 권력이란 행동으로 연결되는 핵심 담론에서 자기 위치를 주장할 수 있는 능력이며, 자기가 차지한 위치를 중요한 것으로 만들 수 있는 권리다"(하일브런, 『셰익스피어에게 누이가 있다면: 여자들에 대한 글쓰기』, 22쪽); "권력이란 상황을 정의할 수 있는 힘"(우에노 치즈코·노부타 사요코, 『결혼제국: 결혼이 지배하는 사회 여자들의 성과 사랑』, 이매진, 2008).

상기해 보면 알 수 있듯이, 사실 '같은 여자'(동일한 경험) 같은 건 존재하지 않는다. 조앤 스콧이 통찰했듯이,[14] 경험은 특정한 세계관 속에서만 '같은 경험'으로 해석되며 그 경험에 기반하여 어떤 행동으로 나아가는가에 따라 다른 이야기를 만들어 내기 때문이다. 그냥 '나도 그런 일 때문에 힘들었어'라거나 '나는 그 조직에 반대해(너도 반대하지?)'라는 말로는 어딘가에 도달할 수 없다. '피해자'라는 위치를 입장이 아니라 경험으로 환원해 버리면, 구체적인 개별 피해자(은평구에 사는 29세 여성 박모 씨)의 진술 그 자체가 '객관'인 것처럼 오도된다. '피해자중심주의'라는 표현이 이후에 가져온 문제적 효과들은 바로 이 지점과 관련이 있다.[15] 사건의 피해자는 '사람'이고, 구조적(잠재적) 피해자는 '위치'다. 위치(position)는 아직 입장(standpoint)이 아니며, 분노 그 자체만으로 정치학이 되는 것도 아니다. 특히 100인위가 16년 전 주장한 '원칙'이 이후 운동사회에서 '매뉴얼'화되면서 젠더 구조로 인한 모든 부정의와 고통을 성폭력'처럼' 다루려는 경향이 생긴 것은 문제적이다. 구체적인 사건 속에 정당하게 다루어지고 경청되어야 할 고통이

---

14 Joan Scott, "Experience", Judith Butler and J. W. Scott eds., *Feminist Theorize the Political*, New York: Routledge, 1992, pp. 22~40.

15 이와 관련해서는 정희진, 『페미니즘의 도전: 한국사회 일상의 성정치학』(개정판), 교양인, 2013과 전희경, 「공동체 성폭력 '이후', 새로운 관계를 상상하다」, 한국여성민우회 성폭력상담소 토론회 '성폭력을 직면하고 다시 사는 법'(2012년 10월 10일) 자료집, 미간행을 참고하길 바란다.

있음을 의심치 않지만, 성폭력 사건을 문제 해결 전략의 유일한 참조점으로 삼는 것은 옳지 않다고 생각한다. 훌륭한 인간이 되는 자기 완성만이 아니라 세상을 변화시키는 데에 관심이 있는 페미니스트라면, 더 정확한 언어를 만들고 그것을 의미 있게 작동시킬 책임이 있다. 성폭력 사건을 해결하는 것과 성폭력 사건'처럼' 해결하는 것은 다르다. '피해자=취약함 / 운동가=강함'이라는 이분법을 허물고자 했던 100인위가 실패했던 바로 그 지점에서, 페미니스트들이 더 작업해 나가야 하는 부분이 있다.

100인위 초기에 '운동판에서는 이렇게 말해야 알아들을 것이다'라고 생각하며 특별한 검열 없이 새로운 단어를 만들어 내고 '원칙'을 제시하고 '명문화'를 요구했던 것의 한켠에, 당시의 페미니스트 운동에 대한 미묘한 심리적 거리감이 없지 않았음을 고백한다. 물론 100인위 멤버들 중에 자신을 페미니스트가 아니라고 생각한 사람은 없었을 것이다. 하지만 나를 포함한 100인위 코어멤버들은 운동사회 '안에서', 그리고 그들을 '향해서' 페미니스트였다. 아직 자신을 페미니스트 '판'의 일원이라고 느끼지는 않았다는 뜻이다. 페미니스트 역사 속에 자신을 위치 짓고 반성폭력 운동가들과 대화하며 함께 나아가는 것보다, '진보' 운동권들을 향해 정확하고 날카로운 일격을 가하는 것에 좀더 관심이 있었다.

이것이 그 지독했던 고립감의 이유였는지도 모른다. 도대체 나는 누구인가? 좌파 운동권이라기엔 너무 페미니스트이고, 페미니스트라기엔 여전히 좌파 사회에 연결되어 있는, 이 정체성은 무엇인가? 우리는 무엇을 하고 싶었던 것일까? 운동사회를 환골탈태시켜 더 훌륭한 운동권으로 만들고 싶었나? 아니면 가부장적 운동권에서 떠나고 싶었나? 그러나 나는 여전히 '그들을 향해' 하고 싶은 말이 너무 많았다. 파내고 싶은 마음과 떠나고 싶은 마음. 두 마음 사이에서 100인위 구성원들은 제각기 다르게 흔들렸을 것이라고, 지금은 생각한다. 우리는 같지 않았다. 100인위 코어멤버들 중에서 충성했던 좌파조직이나 소속된 정파가 없고 상대적으로 어린 편이었던 나는, 때로 내가 억압받은 경험의 '양'이 적고, 그래서 '덜 당사자'라고 느끼기도 했던 것 같다. 여기에 무언가 규명해야 할 이슈가 있음을 깨닫게 된 건, 소송 중이던 2002년에 여성학과에 진학하여 페미니스트 인식론을 공부한 이후였다. 모든 사회 운동은 피억압자의 경험에서 출발한다. 그리고 피억압 당사자의 말은 지금보다 훨씬 더 사회적으로 경청되어야 한다. 그러나, 당사자성 자체가 곧바로 해석의 여지없는 진실인 것은 아니다. 그것은 조직화를 통해, 운동을 통해, 좀더 정확하게 대화하려는 언어의 교환을 통해, 책임을 나누는 내부 민주주의 속에서 서로를 길러 내는 과정을 통해서만 진실이 '된다'.

만약 100인위가 만들어지던 시점으로 돌아간다면? 나는 꽤 오랫동안 자문해 보곤 했다. 때에 따라 여러 대답들이 후보에 올랐지만, 지금은 이렇게 생각한다. 그때로 돌아간다 해도 나는 똑같이 (용감하게, 무모하게, 어리석게) 행동했을 것이다. 이유는 단순하다. 가만히 있을 수는 없을 테니까. 100인위의 수많은 허점과 한계가 바로 나/우리의 '현주소'였다. 20~30대가 주축이 되었던, 분노가 내용이자 동력인, 각자 다른 본업을 갖고 있는 비상근활동가들이 모인, 개인 네트워크 조직을 표방했던, 그러나 정체성의 분열 속에서 각자의 혼란에 휩싸여 있었던 '좌파 페미니스트'들의 조직. 다만 후회되는 것이 있다면 내부의 문제를 정면으로 돌파하지 못한 것이다. 이견이 생겼다면 그것을 공적으로 다루었어야 했다. 이견을 넘어 마음까지 상했다면 만나서 얼굴 보고 머리끄덩이라도 잡았어야 했다. 와해될 거면 각자의 모서리들을 분명히 하고 아예 산산조각이 났어야 했다. 나는 어느 하나 해내지 못했다. 나의 소속감이 위협받지 않을 만큼만 이견을 이야기했고, 머리끄덩이를 잡는 것이 두려워 마음 상할 일 아니라고 자기최면을 걸었다. 지금 이 관계가 깨져도 페미니즘은 계속된다는 것을 알지 못했다.

여성들 사이에서 나 자신을 다시 발명하기[16]

2004년부터 시작한 언니네트워크 활동은 그런 점에서 나에게 새로운 시즌을 열어 주었다. 언니네 사이트가 웹진으로 출발했던 2000년부터 종종 칼럼을 기고했고, 커뮤니티 사이트로 개편한 후에는 '100인위의 친구들'이라는 커뮤니티가 가교가 되어 주긴 했지만, 역시 몸이 이동하는 데에 결정적이었던 건 가까이 있던 영페미니스트들과의 대화였다. 특히 100인위 활동에 조언, 정보 제공, 시위 참여, 노하우 공유 등 다양한 방법으로 몸을 움직여 연대해 주었던 이들이 나를 여성주의 커뮤니티로 강하게 잡아끌어 주었다(좀 '구식'일지 모르겠지만, 그래서 나는 지금도 오프라인에서의 관계가 페미니스트로 계속 살아가는 데 가장 중요하다고 생각한다).

나는 인생에서 처음으로 여자들에게 '반했다'. 언니네 사이트에 개설된 수많은 '자기만의 방'에는 글쓰기를 통해 자기 자신을 다시 설명하고자 하는 동시대 여성들의 이야기가 넘쳐났다. 그리고 나도 자기만의 방을 만들었다(언니네에 1494번째로 개설된 자기만의 방이었다). 여성이 언어를 갖는다는 것의 희열. 그리고 남성이 아니라 여성을 향한 언어를 만든다는 것의 놀라움. 언니네에 올라온 글들은 나를 새로운 방식으로 '의식화'시켰다. 말하기는 결국 듣는 이가 있을 때 가능한 것이어서, 여성 청자들이 집단적으로 존재한다는 것은 그 자체가 새로운 사유를 가능하게 하는 필수조건이다. '여성 친화적 사이버 공간 만들기'를 공식적으로 표방한 언니네와 그곳에서 글쓰기를 실천한 다수의 여성 유저들은, '징계'나 '대책위' 없이도 마초적 말하기를 제어

---

16 "당신이 노예가 아니었던 때가 있었다, 기억해 보라. 당신은 혼자서 걸었고, 웃음이 그치지 않았고, 홀딱 벗고 목욕을 했다. 당신은 그 모든 기억을 잃어버렸다고 말하지만, 기억해 보라. …… 당신은 그 시절을 묘사할 단어가 존재하지 않는다고 말하고, 그 시절 자체가 존재하지 않는다고 말한다. 그러나 기억해 보라. 기억하려고 노력해 보라. 기억하지 못하겠다면, 발명하라"(Monique Wittig, *Les Guérillères*, Paris: Éditions de Minuit, 1969).

하는 문화 규범을 성공적으로 정착시켰다. 그것은 무슨 글을 쓰든 의심과 반박에 시달리고 항상 '답변'을 준비해야 했던 100인위 때와는 정말 다른 풍경이었다. 그제서야 나는 그동안 내가 남성의 뇌를 경유하여 사고하고 있었다는 것을 깨달았다.

'논리정연'하지 않은 글을 통해서만 표현될 수 있는 현실이 있다. 어둠 속을 더듬는 대화를 통해서만 만들어지는 통찰이 있다. 페미니스트 언어학자인 데버러 캐머런은, "남성이 여성의 말을 하찮게 여기는 것은 그런 종류의 말을 두려워해서가 아니라 여성 스스로 여자의 말을 경시하도록 만들기 위해서다"라고 썼다.[17] 2014년 사이트 운영을 중단할 때까지 십여 년 동안, 나에게 언니네는 정확히 그 반대 방향을 향해 달려갈 수 있는 넓은 들판이었다. 여성들이 잔뜩(이 점이 특히 중요하다) 모여 온라인과 오프라인에서 서로 이야기를 나누게 된 것이다! 아이디를 가진 가입자가 5만 2천 명에 달했던 '언니네' 사이트는 2000년대 중반의 수년 동안 일종의 페미니스트 공론장 역할을 했다. 언니네를 통해 다양한 페미니스트 활동을 접하고 제각기 다른 삶을 사는 여성들의 이야기를 읽으면서, 나는 1960~70년대 1세계 래디컬 페미니스트들이 말했던 '여성 정체화된 여성'(The Woman-Identified Woman)이 되는 것을 차차 몸으로 배우게 되었다.[18] 그것은 무엇보다

---

17 Deborah Cameron, *Feminism and Linguistic Theory*, London: Macmillan, 1985.
18 리사 터틀, 『페미니즘 사전』, 유혜련·호승희 옮김, 동문선, 1999, 460쪽.

남성과의 관계 속에서 자신을 정의해 온 역사를 비판적으로 분석하고, 다른 여성들에게 우선적인 관심을 갖고, 자기 자신에게 정직해지는 것이다.[19] 그러자, 20대 내내 그저 부족하거나, 이상하거나, 설명될 수 없는 존재들로 멀리서 스쳐 지나간 여성들이 한꺼번에 귀환했다. 멋진 여자들은 도처에 있었다. 그리고 다른 여성을 생각할 때 언제나 따라다녔던 이중감정도 거의 사라졌다. 친구, 동지, 연인, 스승, 가족, 논쟁 상대, 파트너, 선배, 후배, 역사적 인물, 롤 모델, 이론가, 논평자, 상담자인 여성들로 내 인생은 빠르게 풍요로워졌다.

'마이 페미니즘'의 세대성과 비혼 선택의 정치성

어떤 단어는 그 자체가 하나의 역사적 인식틀인 경우가 있다. 서울국제여성영화제에서 상영된 영화 제목이기도 한 '마이 페미니즘'[20]은, 세대적으로 균질했던 초반 5~6년 동안 언니네트워크가 실천한 페미

---

19 "우리의 현재 주된 임무는 경험을 공유하고, 우리를 둘러싼 제도들 모두에 기초한 성차별주의적 토대를 공적으로 드러내는 것을 통해 여성 계급의식을 개발하는 것이다. ……계급의식을 고양시키기 위한 첫번째 필요사항은 사적이며 공적인 차원에서의 우리 자신과 다른 여성들에게 갖는 정직함이다. 우리는 모든 여성들과 동일시한다"('레드스타킹스 선언문' 중에서. 고정갑희, 「슐라미스 파이어스톤, 『성의 변증법』: 성 계급과 급진적 여성해방론」, 한정숙 엮음, 『여성주의 고전을 읽는다: 계몽주의에서 포스트모더니즘까지, 두 세기의 사상적 여정』, 한길사, 2012, 382쪽에서 재인용. 이 선언문은 최근 『페미니즘 선언』이라는 책의 일부로 엮여 나왔다. 한우리 기획·번역, 『페미니즘 선언』, 현실문화, 2016).

니즘이 어떤 시대적 조건과 주체화 양식에 기반한 것이었는지를 상징적으로 표현해 준다. 우리 세대는, 딸에게도 아들만큼 고등교육 기회를 주고자 했던 어머니 세대의 노력과, 법제화 운동에 헌신했던 윗세대 여성 운동가들의 투쟁이 만들어 낸 변화의 수혜자였다. 도시 중산층의 장녀인 나는 충분한 교육 지원을 받았고, 여성 운동을 해나가는 과정에서 비판할 선배가 있다는 행운을 가졌다. 근대 정치의 기본 구조가 아버지를 죽이고 형제들의 질서를 만들어 내는 것이었다면,[21] 우리는 형제들의 질서에 의문을 제기하는 딸들이었다. 나도 많은 딸들이 그랬듯 '어머니처럼 살지 않겠다'는 다짐에서 시작했지만, 그러한 자의식 자체가 시대의 산물이기도 하다. 하일브런은 여성의 삶에 대한 자서전과 전기들을 비판적으로 분석한 책에서 "여성들의 삶은 완전히 새로운 것으로 발명되든가, 발견되든가, 아니면 다시 쓰여야" 한다고 말한 바 있다.[22] "마이 페미니즘"이라는 표현 속에 숨어 있는 것은 바로 이러한 자의식과 욕망이었다고 생각한다. 영페미니스트들은 '일상의 정치화'를 표방하며 1인칭의 사고와 발화를 정치적 방법론으

20 다큐멘터리 〈마이 페미니즘〉(my feminism, 도미니크 카도나·로리 콜버트 작, 1997)에 나오는 작가/변호사/레즈비언 활동가인 우르바시 베이드의 말은 지금도 나에게 중요한 문장이다. "페미니스트들이 서로 같거나 좋아하거나 동의해야 할 필요는 없다. 그러나 같이 이야기하고 의견을 교환하는 것은 필요하다."

21 린 헌트, 『프랑스 혁명의 가족로망스』, 조한욱 옮김, 새물결, 1999; 캐럴 페이트먼, 『남과 여, 은폐된 성적 계약』, 이후, 2001.

22 하일브런, 『셰익스피어에게 누이가 있다면: 여자들에 대한 글쓰기』, 23쪽.

로 만들어 냈다.

우리는 결혼하지 않는 삶을 집단적으로 선택한 첫번째 세대였다. 1990년대 중후반의 성정치 운동과 만난 영페미니스트 운동[23]의 연속선 위에 있었던 언니네트워크는 결혼제도의 불평등을 '교정'하는 것에 그치지 않고 결혼 '바깥'에서의 삶을 적극적으로 탐색하고 이를 사회적으로 공론화하기 시작했다. 우리는 이성애제도-결혼제도-젠더 이분법을 연결시킬 때 우리가 경험하는 여성 억압을 가장 잘 분석할 수 있다고 생각했고, 실제로 우리 자신의 연애, 파트너십, 인생 계획을 바꾸어 가기도 했다. 언니네트워크가 개최한 페미니즘 캠프는 언제나 '여성 전용'으로 진행되어 분리주의라는 '악명'을 떨쳤고, 준비 과정부터 뒤풀이에 이르기까지 '연애 가능성의 텐션'으로 가득하다는 소문이 파다했다(그리고 사실이다). 그것은 '착한 딸'의 규범에서 벗어나고 싶어서 눈먼 소처럼 이리저리 쿵쿵 부딪치며 '막나가던' 시절의 성적 실험들과는 다른 방식으로, 여성을 애정, 돌봄, 파트너십, 성적 친밀성의 대상으로 다시 볼 수 있는 조건을 제공했다. 단순히 사랑의 대상이 '변하거나' 정체성을 '깨닫는' 문제를 넘어서, 나에게 '사랑'이 무엇을 의미하는지, 야동과 구린 성교육에 침습되지 않은 성적 친밀성이라는 것이 가능한지, 제도는 왜 특정한 관계(이성애 법률혼)만 보호하며 그

~~~~~~

23 권김현영, 「시대의 무게를 벗고 일상의 정치에 나서다: 여성 운동의 새로운 흐름, 영페미니스트」

렇다면 제도가 보호하지 않는 관계는 무엇이 다르고 어떻게 준비해야 하는지를 자문자답하는 과정이기도 했다. 말하자면 언니네트워크는 나에게, '남성에게 여자로 보이는 것'을 통해 정상성을 획득하기를 요구하는 가부장제 안에 만들어진 망명정부 같은 곳이었다. 그 망명정부가 어떤 세계를 목표로 하는가에 대해서는 온도와 질감의 차이들이 있었지만 말이다. 여하튼, 덕분에 여성학과에 진학하고 언니네트워크 활동을 병행했던 약 5년여 동안 아버지와 남동생을 제외하고는 인생에 남자가 주요 인물로 전혀 등장하지 않는 시간을 보낼 수 있었다. 여성들만으로도 충분했고, 완전했다.

정치적·문화적 동질성의 힘과 칼
: 액티비스트 조직의 '시간'과 '공간'에 대하여

2004년 11월 언니네트워크가 창립한 지 얼마 되지 않아 여성부가 여성가족부로 개편된다는 소식이 들려왔다. 「여성가족부에 반대한다」(2005)는 제목의 성명서는 언니네트워크의 첫번째 성명서가 되었다. 양성 평등도 한때 혁명적인 말이었고 국가인권위원회도 처음에는 인권 운동의 소중한 결실이었듯이, 여성부가 애초에 만들어진 과정 역시 한국 여성 운동의 역사를 빼고 설명할 수 없다. 그러나 여성'가족'부로의 개편은 성평등을 정부 정책 전반에 확산시키려는 목표를 순치시키고 다시 '가족 내 존재로서의 여성에게 잘해 주는' 것으로 회귀하

는 결정적 신호탄이었다. 법과 제도를 바꾸려 했던 윗세대 여성 운동
이 이성애 가족을 전제로 하고 있다고 문제 제기해 왔던 언니네트워
크의 영페미니스트들은, 양가감정 없이 여성가족부를 비판하면서 본
격적으로 '비혼 운동'을 시작했다.

비혼은 '존중하면 되는 개인의 취향'이 아니라 정치적 입장이며,[24]
이성애를 제도로서 분석하고 성적 지향으로 인한 차별과 억압에 저
항하는 것은 그 자체가 페미니스트 이슈이다.[25] 아마 이것이 언니네트
워크가 다른 페미니스트 단체와는 조금 다른 좌표를 가졌던 지점이었
을 것이다. 꽤 오랜 시간 동안 언니네트워크는 여성 운동 단체에게는
'성소수자 운동하는 단체'로, 성소수자 운동 단체에게는 '여성 운동하
는 단체'로, 또 어떤 페미니스트들에게는 '분리주의자들'이나 '레즈비
언 페미니스트 단체'로 여겨졌다(그리고 '선생님'들은 우리가 40대가 되도
록 언니네트워크를 '젊은/새로운 단체'라고 불렀다). 교집합이기도 하고 틈
새이기도 한 어떤 좁다란 면적 위에서, 우리는 우리의 삶과 입장을 설
명하는 가장 정확한 문장을 만들어 내기 위해 애썼다. 장애여성 운동
이 '장애'와 '여성'을 단순히 덧셈하는 것이 아니듯, 언니네트워크의

---

24 노미선, 『고학력 30대 비혼여성의 성별/나이의 위치성에 관한 연구』, 이화여자대학교
   대학원 여성학과 석사학위 논문, 2008; 몽, 「그래, 비혼은 라이프스타일 '정치'다!」, 주간
   인권신문 『인권오름』 248호, 2011년 4월 26일자.

25 Adrienne Rich, "Compulsory Heterosexuality and Lesbian Existence", *Signs*, vol. 5,
   no. 4, Women: Sex and Sexuality, Summer, 1980, pp. 631~660.

비혼 운동은 '퀴어'와 '여성'을 단순히 덧셈하는 것 이상이어야 한다고 생각했다.

언니네트워크 활동을 하는 동안 나의 페미니즘은 '좀더 정치적으로 올바른' 방향으로 세련(洗練)되어 갔다. 순도 높은 페미니즘으로의 자기 갱신. 액티비스트 조직답게 우리의 액션은 가슴 뛰는 것이었고, 고생과 유머가 버무려진 진한 낮과 밤이 쌓일수록 사적 관계와 공적 관계는 점점 뒤섞여 갔다. 비슷한 세대, 비슷한 언어, 비슷한 생각, 비슷한 문화를 공유하는 작고 탄탄한 관계가 주는 평화와 자신감이 있었다. 그리고 당연히 인간관계는 더 좁아지고 참을성도 더 없어졌다. 가끔씩 '이러다 그나마 눈곱만큼 있던 사회성마저 완전 없어지는 거 아냐?' 하는 불안감이 들 정도로. 나의 페미니즘은 아주 작은 면적 위에 선명하게 서 있었다.

정치적 이슈에 첨예하게 개입하려는 액티비스트 조직은 나름의 정치적·문화적 동질성을 성취해야 하고, 그렇게 성취된 동질성은 그 다음 질문을 낳는다. 어느 날엔가, 부산에서 나고 자란 친구 M이 '서울' 페미니스트들을 처음 만났을 때 나이와 학교를 물어보지 못하게 해서 정말 황당했었다는 이야기를 했다. 그러고 보니, 전주에서 나고 자란 친구 N이 '서울 여자들'은 50원 단위까지 철저하게 더치페이 하지 않느냐며 뒤풀이 비용의 거스름돈을 건네준 일도 떠올랐다. 나이와 학벌이 만들어 내는 권력을 비판하고 새로운 문화를 만들고자 했던 영페미니스트 운동[26]은 '반말 쓰기', '별명 부르기', '학교나 학번을 언급하지 않기' 등을 문화적으로 정착시켜 나갔고, 여기에 '"남자친구 있어요?"라고 묻지 않기', '차별적 단어 사용하지 않기' 등 새롭게 발견한 차별의 목록들이 추가되었다. 그리고 이러한 '세련됨'은 때로 신규 진입자에게 보이지 않는 장벽이 되기도 했다("언니네트워크 사람들은 뭔가 자기네들끼리만 너무 친한 것 같아"). 조직 문화의 지속과 확산에 대한 구체적이고 의식적인 전략이 필요했다. 하지만 사실 새로운 문화와 감수성은 말이나 규칙으로 전달되기 어렵다. 다만 오랜 시간에 걸쳐 스며들고 물들 수 있을 뿐이다. 나는 '시간'의 문제를 고민하게 되었다. 액티비스트 조직은 세월을 견딜 수 있을까?

20~30대를 지나고 있던 활동가들의 인생은 변화무쌍했다. 누구는 취직을 하고, 누구는 대학원을 가고, 이직이나 투병으로 삶이 크게 변하기도 했다. 대부분의 활동가가 비상근인 조직 구성은 개개인의 상황 변화에 크게 영향을 받을 수밖에 없었다. 지속 가능성과 활동가 재생산 문제가 우리에게도 찾아왔다. 초기부터 대학에서 여성 운동을 하면서 활동가로 훈련된 페미니스트들이 주도했던 언니네트워크는, 총여학생회 폐지나 고사로 상징되는 대학 여성 운동 침체기의 영향을 직접적으로 받았다. 게다가 (100인위와 마찬가지로) '수평적 네트워크' 조직론을 추구하는 한, 기존 활동가와 신규 회원 사이의 감각의 차이,

---

26 권김현영, 「시대의 무게를 벗고 일상의 정치에 나서다: 여성 운동의 새로운 흐름, 영페미니스트」, 324쪽.

쌓인 시간의 차이, 그리고 무엇보다 노하우·정보·숙련의 차이는 다루기 어려운 것이었다. 조직의 역사성은 새로운 활동가에게 어떻게 전달될 수 있는가. 세대적 경험이 다른 사람들이 평등하게 대화할 수 있으려면 조직 문화는 어때야 하는가. '자발성'이 성취였던 우리와 달리 '자발성'을 강요받아 너무 피곤한 새로운 세대에게, 자발성을 동력으로 하는 조직은 어떻게 작동 가능한가. 나는 30년 넘는 역사를 가진 여성 운동 단체들을 새로운 눈으로 곁눈질하기 시작했다. 그리고 다시 '조직론'을 고민하기 시작했다.

영혼을 담은 밀도 높은 관계와 활동으로 빛나던 한 시절이 지나가고 있었다. 어쩌다 생각하면 괜히 한두 번씩 물어보시던 "정말 결혼 안 할 거냐?"는 부모님의 질문도, 어느 날 걸려 온 재혼정보회사 텔레마케터의 전화 한 통으로 완전히 끝났다. 주변에서는 점점 결혼식 소식 대신 장례식 소식이 들려오기 시작했다. 개인적으로 꽤 긴 투쟁의 이슈였던 '비혼'이라는 문제를, 시간이 (해결이 아니라) '해소'했다. 그리고 나는 2015년 말 언니네트워크 11주년 행사를 계기로 언니네트워크를 '졸업'했다.

몸으로 만드는 신뢰

40대가 되었다. 이런저런 질병들이 찾아오고, 체력이 떨어지고, 노안이 왔다. 그리고 나에게 몸이 있다는 사실을 새삼스럽게 '발견'했다.

손가락 관절이 아프고 나서야 손가락이 있다는 사실을 깨닫고, 이전까지는 손가락 관절이 아프지 않았기에 워커홀릭으로 살아올 수 있었다는 것 역시 깨닫게 된 것이다. 갑작스러운 사고로 장기요양이 필요해지자 그간 불화해 왔던 부모님 집으로 다시 들어갔던 페미니스트 친구의 선택을 보며, 대안은 지금 당장 만들어야 하는 것이기도 하다는 생각을 했다. 몸의 유한성과 죽음의 확실성이 점점 더 구체적으로 다가왔다. 사람이 몸이(몸에) 있는 존재이고 누구나 아프고 늙고 죽어가는 존재라는 사실을, 페미니스트는 어떻게 대면해야 하는가? 20대 때와는 달리, 40대가 된 나에게는 '독립'보다 '의존'이 더 중요한 이슈다. 아프면 '페미니즘을 쉬는' 게 아니라, '페미니스트로서' 아프고 늙고 죽어가는 그 현실을 마주하고 분석하고 개입해야 하지 않을까. 비혼 페미니스트들이 시작하고 마을 운동으로 확장 중인 살림의료협동조합은 나에게 페미니즘의 의제뿐 아니라 방법과 조직론에 있어서도 새로운 장을 열어 주었다.

마흔을 바라보던 2012년 1월, 박사논문을 근 4년 만에 겨우 마무리하고 떠난 휴가지에서 한 페미니스트 친구의 전화를 받았다. 여성주의에 기반을 둔 살림의료협동조합의 창립을 앞두고 초대 이사진을 구성 중인데, '여성학 전문이사'를 맡아 달라는 것이었다. 듣도 보도 못한 직함인 데다가 당시 너무 지쳐 있었기 때문에 완곡하게 거절하려 했다. 나는 돈이 없고, 돈 끌어올 능력도 없다는 말도 덧붙였다. 그러자 돈 끌어 오는 이사가 아니라 일하는 이사가 필요하다는 말과 함께, "살림에서 활동하면 분명 감동할 일이 많을 것"이라는 호언장담이 돌아왔다. 그 말에 깜빡 넘어가고 말았다. 넘어가길 참 잘했다고 생각한다.

살림에서 지금도 잊지 못할 장면은, 창립총회 때 마을의 선(先)주민 여성 활동가들이 "우리 동네에 여성주의자들이 들어와서 참 좋다"고 이야기해 주었던 것과, 사무실을 임대해 주셨던 고(故) 박영숙 선생님이 "첫 딸이 잘 되어 나가서 너무 기쁘다. 비록 살림이 발전하는 것까지 보지는 못하겠지만, 잘 해나가리라 믿는다"는 축사를 해주셨던 것이다. 잘 알지 못하는 이들에게 '여성주의자로서' 환영받는 경험은 처음이었다. 그리고 죽음이 멀지 않다는 것을 인식하는 이에게 축복과 응원을 받는 것도 처음이었다. 물론 그것은, 창립 이전 3년 동안 '여성주의 의료협동조합'이라는 비전과 가치를 타협하지 않으면서 마을의 일원이 되고자 부단히 몸을 움직인 페미니스트들의 노력 덕분이었다는 것을 차차 알게 되었다.

사람은 낯선 인간을 어떻게 이해할 수 있고 또 신뢰하게 되는가. 살림의 '여성학 전문이사'로 마을에서 활동하면서 내가 배우고 있는 것은, 공동체성은 세계관의 동일성에서 연역되는 것이 아니라 구체적인 노동과 얼굴이 있는 시간의 결과물이라는 점이다. 마을에서, 페미니스트들은 '옳기 때문'이라기보다는 '열심히 하기 때문에' 신뢰받는다. 그리고 그 '열심히'에 성평등과 민주주의가 녹아 있고, 정직과 성실과 예의가 담겨 있기에 '새롭다'는 평가를 받는다. 마을에서 페미니스트가 '되고 싶다'고 말하는 사람들이 생기는 것은, 에누리 없는 땀의 결과였다.

이것은 '입장이 같은가?'를 중심으로 인간관계를 맺어 왔던 나에게 새로운 접촉면과 생각할 거리를 가져다주었다. 최근 몇 년간 '마을 공동체 만들기'가 민관협력의 블루오션으로 각광받고 있는 중이지만, 사실 나는 마을에 대해 그다지 낭만적으로 생각하지 않는다. 마을에는 어마어마한 이질성이 공존하며, 시끄럽고 짜증나고 성미에 안 맞는 일들도 많다. 그런데, 사실 그래야 한다. 만약 마을이 질서정연하고 아무런 큰 소리가 나지 않는 곳이어야 한다면, 가장 먼저 침묵당하는 것은 여성, 성소수자, 장애인 등 사회적 약자들일 테니까. 마을의 일원이 되고자 하는 페미니스트인 나는, 소란을 참아 내는 힘을 키우고 동시에 의미 있는 소란을 일으킬 수 있어야 한다고 느낀다. 세계관이 다른 사람들과 뒤섞인 채로, 그러나 나의 세계관을 타협하지 않으면서 살아가는 방법을 만들어 내고 싶다. 그러기 위한 다양한 방법론 중 하나는 잘 설계되고 일상적으로 관리되는 '조직구조'다. '수평적 개인 네트워크 조직'의 단맛과 쓴맛을 기억하는 나는, 시스템이 오히려 관계를 보호해 줄 수도 있다는 생각을 한다. 수직적(권위적) 의사소통과 조직적 의사소통은 다르다. 적어도 민주적 원칙을 엄격하게 고수하는 조직적 의사소통 시스템이, 종지 그릇만큼 쪼잔한 내 품성보다는 나을 때가 많다는 생각이다.

계속, 끝까지, 페미니스트로

살림이 첫 의료기관인 '살림의원'을 개원할 당시, 한 페미니스트가 '여성의 몸에 대한 부정적 인식을 불식시키는 방법 중 하나로 부인과 체어 옆에 다양한 보지 그림을 전시하자'는 제안을 했다가 선주민 여성 활동가들을 대경실색하게 한 적이 있었다(결국 그 아이디어는 철회되었다). 수많은 에피소드들 중 하나인 이 사례가 나에게 가르쳐 준 것은, 살림에서 '궁극적으로' 하려는 것과 '지금' 해야 할 일 사이에 놓인 간극을 정확히 인식하고, 바로 그곳에서 끈질기게 대화해 나가야 한다는 것이다. 살림은 여성주의에 기반해 있지만, 여성주의적으로 '순결' 하지 않다. 나는 그것을 받아들인다. 그리고 거기에서 매일 시작한다.

가령, 의료의 남성 중심성을 비판하는 것과 좋은 의료를 지금/여기에서 만들어 내는 것은 다른 과제/문제다. 분노와 비판과 문제 제기는 언제나 중요하지만, 또한 그 이상의 무엇이 필요하다. 아직 존재하지 않는 것을 구상하는 상상력, 구성원 개개인의 현주소를 점검하는 신중함, '능력'의 차이(존재한다)를 조화시키는 시스템과 개인의 성장을 기다려 주는 인내심, 그리고 '삑사리'와 지지부진과 성에 안 차는 불완전성의 시간을 버틸 수 있는 관용의 에너지 같은 것들. 전부 소수 액티비스트들의 힘만으로는 불가능한 것들이다. 그래서 낯선 이들을 끊임없이 초대하고, 개인의 불완전성들이 부딪히고 어우러지는 장면들을 관찰하고, 나의 평범함을 발견하며 사람들과 대화하고 일하고 관계 맺을 수 있는 몸으로 나 자신을 변형시키기 위해 노력하는 중이다. 또한 그 어느 때보다 '무엇이 문제인가'보다 '어떻게 해결할 것인가'에 골몰하고 있기도 하다.

물론 '동네 바보 형'부터 '애기 엄마'와 '음담패설 즐기는 할머니'까지 역대급으로 다양하고 이질적인 사람들을 만나고 부대끼는 일은 버겁다. 정 떨어지는 일이 있어도 내일을 기약해야 하고, 도저히 저 사람과는 말이 안 통한다는 결론이 났는데 다음 날 또 봐야 할 때도 있다. '내가 지금 뭐 하고 있는 건가'라고 자문하게 되는 날엔, '페미니스트로서 질병과 나이 듦이라는 내 삶의 현안을 놓고 활동하고 있는 거다'라고 자답하며 친구가 선물 준 홍삼을 한 잔 타 마신다. 솔직히 내가 이런 사람이 될 줄은 정말 몰랐다. 이것은 이전까지의 페미니스트 시즌에서는 별로 해본 적이 없었던 작업이다. 페미니스트로서의 '모드'가 달라졌다고나 할까. 좀더 구체적인 것, 좀더 '몸'인 것, 좀더 피부의 촉감과 얼굴 표정인 것의 방향으로 말이다. 그래서 지금 나의 페미니즘은 좀 울퉁불퉁하다. 충분히 소화되지 않은 단어들('협동'이라든가 '주민 운동'이라든가……)과 씨름하는 재미가 있고, 끊임없이 싸우고 화해하기를 반복한 끝에 3년 만에 자신을 '페미니스트'라 말하게 된 여성을 보며 느끼는 뜨거움이 있다. 어떨 때는 무려, 여성주의 의료협동조합 운동이 처음부터 내 몸에 꼭 맞는 운동이었다면 이렇게까지 열심히 하지는 않았을 것 같다는 생각이 들 때마저 있다(컨디션이 특별히 좋을 때 얘기다). 페미니즘은 지금도 진화하고 있고, 넓어지고 있다. 놀라운 일이다.

페미니즘은 '아는 것'을 넘어 '하는 것'이고 '사는 것'이라는 생각, 그리고 그 '사는' 일은 평생 이어지며, 어떤 면에서는 죽음 이후에도 이어지는 것이라는 생각을 한다. 40대 중반이 된 나는 '할머니 페미니스트'가 된 나를 상상하고, 20대 페미니스트들과 대화하는 법을 배우려고 고민한다. 지금은 살림이 내게 요구하는 속도와 범위에 몸을 맞추느라 '빛의 속도로 진행되는' 수많은 다른 페미니스트 현안들을 못 따라가고 있지만, 페미니스트 '판'의 일원임을 잊지 않고 팀워크 속에서 움직이기 위해 노력 중이다. '내가 아니면 안 되는 일'은 없다. 그러나 '니가 아니면 안 되는 일'은 많다. 물론 치열하게 현실을 마주하고 그 현실에 개입하면서 자기 삶과 몸을 변화시키려 하는 한, 페미니스트들이 서로 뜨겁게 만나고 장렬하게 헤어지는 것은 피할 수 없는 일인지도 모른다. 나이가 들어도 그런 만남은 언제나 환희에 찰 것이고, 또한 헤어짐은 언제나 처절함과 씁쓸함으로 가득할 것이다.

변하지 않는 세상에 절망하고, 한 걸음 나아갔다 생각한 것이 10년 만에 무로 돌아가는 걸 보면서도 "계속 운동할 수 있는" 힘은 무엇일까. 무엇에 기대어 계속 페미니스트로 살아갈 수 있는가. 대답은 나도 모르겠다. 다만, 막다른 길이라 생각한 곳에서 벽을 뛰어넘는 놀라운 사람들이 있고, 답이 없다 생각한 문제에 대해 포기하지 않고 답을 발명하는 끈질긴 사람들이 있다는 걸 알고 있다. 언제나 그랬다. 그러니 나도 그들 곁에서 계속, 끝까지, 페미니스트로 살아가고 싶을 뿐이다.

기획 대담

다시, 새롭게,
페미니스트 모먼트

다시, 새롭게,
페미니스트 모먼트

when 2016. 2. 17.

with 권김현영(권김), 김홍미리(김홍), 나영정(나),
손희정(손), 전희경(전), 한채윤(한)

host 권김현영

권김 사회를 맡게 된 권김현영입니다. 출판사에서는 우리가 각자 어떻게 페미니스트가 되었는지부터 이야기를 시작해 보라고 하셨는데, 이거 시작하면 우리가 밤을 새워야 하기 때문에, 그 이야기는 차츰 하는 것으로 하고요. (일동 웃음) 지금까지의 집필 작업이 어떻게 진행되고 있는지, 현재의 고민은 무엇이고, 앞으로는 어떤 계획이 있는지 이야기를 들려 주시면 좋을 것 같습니다.

나의 할머니 '들', 그리고 배봉기 할머니의 이야기

손 고민을 많이 했던 것 같아요. 개인적인 이야기에서부터 시작해서 페미니즘 의제로 연결되는 에세이라는 것을 도대체 어떻게 쓸 수 있을 것인가. 그러던 중 애초에 '어떻게 페미니스트가 되었느냐'가 필자인 우리의 중요한 화두 중 하나였던 것이 생각이 났어요. 그래서 그 시점에 대해 생각을 하게 된 거죠. 저는 늦게 페미니즘이 뭔지에 대해 생각하기 시작했고, 내가 페미니스트일 수도 있겠다고 생각했던 게 20대 중반이고 그랬거든요.

중요한 계기랄 것이 집안 사정이랑 연결이 되어 있는 부분이었어요. 친할머니가 두 분이 계셨는데, 그래서 저는 당연히 친할머니가 둘인 줄 알았어요. 큰할머니, 작은할머니 이렇게요. 어린 시절 친구들과 '친할머니가 한 분이다', '두 분이다'를 두고 의미 없는 싸움을 했었죠. 10대 중반쯤 되었을 때 작은할머니가 실제로 생물학적 할머니라는 걸 알았고, 20대 중반이 되었을 때 이 작은할머니가 일본분이라는 걸 알게 되었어요. 일본에서 오셨는데, 여러 배경 때문에 호적을 바꾸신 거죠. 일본인의 뿌리는 없어지고, 그냥 한국 사람, '최말순'으로 쭉 살아오셨던 거예요. 실제로 아버지 세대의 어른들을 제외하고, 우리 세대에는 '장손'인 오빠밖에 모르는 공공연한 비밀 같은 거였는데, 그 문제에 대해서 계속 고민을 하고 있었어요. 그 비밀을 알면서 '민족'과 '젠더'라고 하는 게 복잡하게 얽혀 있는 문제라는 걸 생각하게 되었어요. 되게 단순하게 일본 사람 만나면 "임진왜란 아니?", "식민 지배는 알고 있니?" 이런 식의 태도를 가지고 있었는데, 할머니가 자신의 뿌리가 싹 다 지워진 채로, 여기 한국에서 '두번째 할머니'로, "이 아이가 내 자식이다"라고 속 시원히 말할 수도 없는 배경들을 가지고 쭉 살아 왔던 것을 보면서, 젠더와 민족이 복잡한 문제라는 걸 감각적으로 알게 되었던 것 같아요. 책 같은 걸 읽거나 이랬던 것은 아니니까.

그 부분을 계속 고민하고 있었는데, 올해[2016년] 1월에 오키나와에 '평화순례' 같은 걸 가게 된 거죠. 오키나와가 가지고 있는 일본에서의 특수한 위치 등에 대해 고민을 하면서, 그걸 좀 제대로 보고 싶다는 생각으로 오키나와 여행을 가게 되었어요. 오키나와 본섬 부근의 도카시

| 손희정 |

키라는 섬에 있는, [위안부 최초 증언자인] 배봉기 할머님이 계셨던 빨간 기와집까지 배를 타고 들어가서 보는 경험을 했어요. 그러면서 『제국의 위안부』와 '12·28 불가역적 합의' 같은 문제들을 함께 고민하게 됐죠. 실제로는 '할머니 얘기를 써야겠다'라고 생각했을 때, '어떻게 젠더 모순과 민족 모순이 교차적으로 존재하는가' 정도까지 생각을 했던 건데, 이 얘기를 못 쓰겠다고 생각하게 되었던 거예요. 『제국의 위안부』를 둘러싸고 펼쳐지는 논의들 때문에. 위안부 문제와 관련해서 피해자들의 경험을 시공간적 특수성을 초월하는 보편적인 가부장제의 억압과 폭력의 문제로 설명하고, 그렇게 페미니즘이 일본 제국주의에 면죄부를 주는 방식으로 이용되는 맥락이 있는 건데요. 제가 우리 할머니 이야기를 하면서 역사적 특수성 위에 젠더 모순을 놓는 것이 오해를 불러일으킬 수도 있겠다는 생각이 들었던 거죠. 제가 설명을 지금 잘 하고 있나요?

권김 네, 지금 굉장히 좋은 이야기를 들려주고 계셔요.

손 그래서 할머니 이야기를 못하겠다, 생각을 했었는데. 서울에서 동경, 동경에서 오키나와 본섬, 또 거기에서 다시 도카시키까지 들어가는 몸의 이동이라는 경험이, 단순히 책상에 앉아서 '자발적이네, 비자발적이네'라고 얘기할 수 있는 문제가 아니라는 감각을 명백하게 주는 거예요. 섬이라는 폐쇄적인 공간과, 빨간 기와집을 찾아가기까지의 이동의 경로가. 그런 경험 안에서 우리 할머니와 나의 페미니스트 정체성과 오키나와라는 특수한 지역의 역사, 그리고 배봉기 할머니 이야기까지가 서로 분리된 것이 아니라는 생각을 하게 되었고, 그래서 같이 얘기하고 싶었어요. 나에게는 너무나 중요한 문제가 된 거죠. 하지만 도저히 쓸 수 없는 이야기이기도 하고.

권김 그런 내용들을 에세이에 담으려고 계획하고 계시는 거죠?

손 지금 계속 생각하고 있는 중이에요. 실제로는 할머니 얘기를 기어이 쓰겠다고 결심한 게 거의 1월 말이에요. 그렇다면 할머니 얘기에서 멈추어서는 안 되고 배봉기 할머니까지 가야 한다는 생각에 이르렀어요. 배봉기 할머니는 전후 오키나와에서도 계속 고생하셨고, 미군 '위안부'로도 일하셨다고 해요. 돈을 벌기 위해 일본으로 가셨고, 미군 '위안부'이시기도 했고, 할머니를 지원해 주셨던 분들이 조총련계 분들이어서 한국에서는 많이 감추어져 있었어요. 개인적인 상황에서부터 배봉기 할머니의 복잡한 상황에 이르기까지를 다루려니, 사실 제가 도저히 쓸 수 없는 원고가 되었어요. 이걸 다 연결할 수 있어야 내가 하고 싶은 이야기를 할 수 있을 것 같은데……. 이야기의 여러 층위들이 서로 잘 안 붙어요.

권김 사실 그런데 그렇게 인과적으로 붙는 이야기들이 아니잖아요. 그걸 붙여서 글을 쓴다고 생각하시면 못 쓸 것 같아요. 그렇게 되어 있지 않기 때문에. 굉장히 우연하고, 굉장히 임의적으로 붙어 있는 일들, 경향적으로 비슷해 보이는 상황을 인과적으로 만들려고 하다가, 무리할 수 있게 되니, 그것을 매끈하게 정리하겠다고 생각하지 않으시는 게 낫지 않을까요?

한 재밌겠는데요? 기대됩니다.

권김 손희정 선생님의 페미니스트 정체성과 관련해서, 할머니 이야기가 어떤 영향을 미쳤던 것이 있으신가요?

손 그러니까 사실은, 두 할머니의 삶과 할아버지의 삶, 거기서 왔다갔다 하면서 힘들었던 아버지와 어머니. 그런 조금은 다른 세계 안에서 장손으로 태어나 뭐든지 맞추고 또 갖춰야 했던 오빠. 이런 삶들을 설명할 언어들이 나에게는 없었던 거죠. 20대 중반까지. 어쨌거나 그 상황들을 설명할 수 있는, 하나의 단어가 '가부장제'였던 거예요. 실제로 "나는 페미니스트야"라고 말한 다음에, 그다음부터 그 정체성에 맞추기 위해서, 그후로 15년을 계속 공부를 해온 과정이었다고 생각해요.

권김 그 과정에서 하나의 단어로 설명되지 않는 굉장히 복잡한 것을 알아간 것, 그것을 얘기할 수 있는 언어가 충분하지 않다고 생각하시게 된 것, 그것이 결국 공부의 시작이기도 하고, 그랬겠네요. 손희정 선생님이 어떻게 막혀 있는지는 알 것 같고, 그런데 어떻게 풀어야 할지는 모르겠으니 일단 넘어가겠습니다. (일동 웃음)

페미니스트 선언, 의리의 문제

한 지난번에 기획회의 차원에서 만났을 때, '각자 어떻게 페미니즘을 만나게 되었는가, 이 책을 읽는 독자들에게, 다른 책들과 달리 좀더 진솔한 이야기들을 하자. 20대들이 우리가 처음 페미니즘을 만났을 때와 비슷한 혼란들을 느낄 텐데, 그것과 관련해서 고민을 하자'고 했는데요. 저는 일단 '나의 포지션을 레즈비언에 맞추겠다'고 결정을 했고, '레즈비언 페미니스트'라는 과제를 놓고, 글을 쓰기 시작했어요.

저는 다른 분들과 약간 다른 게, 페미니즘이란 걸 대학 다닐 때 전혀 접하지 못했던지라, 전설로 "서울에 '여성학과'가 있대" 이런 이야기를 듣고 지냈어요. 그리고 사실 '민족 해방', '민중 해방'은 들어 봤어도, '성 해방'은 들어 보지도 못했던 시절을 보내서, 레즈비언 정체성을 먼저 알고, '내가 레즈비언으로 어떻게 살아야 할 것인가'에 대한 고민들을 하다가 페미니즘이라고 하는 걸 알게 되었어요. 페미니즘은 나의 레즈비언 정체성을 설명해 주는 이름

| 한채윤 |

이었던 거죠. 여기서 이렇게 훌륭하게 많이 설명을 했었구나. 페미니즘에서 '사회구조 자체가 굉장히 오랫동안 이렇게 구성되어 왔고, 이런 성 차별이 동성애 혐오를 만들어 냈다. 이걸 넘어서기 위해서는 남자와 여자의 성별 차이라는 것을 어떻게 바라봐야 하고⋯⋯' 이런 이야기를 해주니까, 굉장한 학문이라는 생각이 들었죠. 그런데 저는 스스로 페미니스트라고 생각하기보다는, '페미니즘으로부터 굉장히 많은 도움을 받고 있는 레즈비언'으로서의 정체성이 훨씬 더 강했어요. 그래서 내가 페미니스트인지 아닌지의 여부를 왜 중요하지 않다고 생각하게 되었는지, 그 계기가 되는 사건들을 얘기로 풀어 보려 했죠. 앞부분까지 쭉 써 놓고 나서, '이걸 어떻게 풀어야 하지?' 고민이 되었어요. 사실 지금 레즈비언 페미니스트 지형이 좀 복잡해졌잖아요. 예전에는 조금 더 분리되어 있었다면, 지금은 그렇지 않잖아요. 현재 '레즈비언 페미니스트라고 본인이 인정하는 사람', '레즈비언인데 페미니스트인 사람', '페미니스트인데 레즈비언인 사람', 이렇게 나뉘어 있

는 상황에서, 내가 어떤 이야기를 더 풀어 나가야 할지……. 지금 엄청나게 강력한 여혐 시대에 필요한 이야기를 하자고 했던 것이니까, 독자들에게 어떤 이야기를 더 해야 되는 걸까, 약간 좀 갈피를 못 잡고 있는 상태입니다.

민우회에서 기획한 "'그런' 페미니즘은 없다" 강의를 할 때에 제가 원래 핵심을 맞춰서 얘기했던 게, "'나는 페미니스트입니다'라는 선언을 했는데, 선언 중요하다. 그런데 선언이 중요한 만큼, 그 뒤에 항상 따라붙어야 하는 것은 '선언 이후의 삶', '선언 이후의 실천'에 관한 이야기인데, 선언이 너무 중요하게 이야기되면, 선언으로 많은 것들이 이미 성취된 것처럼 느껴지게 된다"라는 것이었어요. 이게 현재 성적 소수자 운동 내에서 빠지기 쉬운 오류인 듯해서요. 커밍아웃하면 커밍아웃으로 끝나 버리는, 누가, 얼마나 더 유명한 사람이 더 유명해지도록 커밍아웃을 하는가를 중심으로 이야기가 가 버리는 것 같아요. 억압에 저항하기 위해 내가 여기 존재하고 있다는 걸 드러내는 것은 굉장히 중요하고, 가시화 전략으로 커밍아웃이 중요하게 얘기되지만, 커밍아웃을 한 번 하는 걸로 어차피 끝나지 않잖아요. 그런데 문제는, 상대방이 커밍아웃을 얼마만큼 받아들였느냐가 커밍아웃의 성공과 실패인 거예요. "나 커밍아웃 성공했어, 우리 엄마가 괜찮대"라고 하면 성공한 거고. "나 커밍아웃 실패했어, 집 나가래" 이렇게 되는 거예요. 성공과 실패가 상대의 반응으로 평가되어서는 안 된다고 생각해요. 사실 가장 중요한 것은 커밍아웃 이후 내 삶을 어떻게 바꾸어 나갈지, 내 삶이 어떻게 바뀔지를 이야기하는 것 같아요. 선언 이후의 이야기를 해야 하는데, 이것이 없이 선언을 중심으로 얘기를 하다 보니까. '나는 페미니스트입니다' 선언 이후에 많이들 혼란스러워하는 것 같았어요. 사람들이 '메갈로 가야 하냐', '메갈이 맞냐, 그르냐'를 두고 고민하고 있죠. 그런 것과 연결해서 이야기를 풀어 나갔으면 좋겠다고 생각을 하고 있어요.

권김 제가 알기로는 한채윤 선생님이 꽤 오랫동안 페미니즘에 대한 일정 정도의 위화감 같은 걸 가지셨던 것 같은데요, '레즈비언이지만 페미니스트는 아닌'이라고 자기를 정체화했던 적도 있고, 혹은 굳이 그런 구분이 필요 없다고 하신 적도 있고요. 그런데 저는 이 책의 독자들이 '사람들이 굉장히 다양한 경로를 통해 페미니즘을 이해하고 만나고 있구나'라는 걸 알아 갔으면 좋겠다는 생각을 가지고 있습니다. 그래서 한 선생님에게 페미니즘이 어떻게 나를 설명하는 언어가 되기도 했는지, 그럼에도 여전히 부족한 것이 있다면 무엇인지, 여기에 초점을 맞춰 주신다면 좋지 않을까 싶어요.

한 글을 쓰려고 정리를 하다 보니 몇 가지 기억나는 사건이 있어요. 가장 유명한 사건이 2000년대 초반에 있었던 강숙자 교수의 '참 레즈비언' 논쟁이죠. 다시 읽어 봐도 너무 어이없는 논문이에요. 그런데 당시 여성학회가 반박을 하려면 당당하게 실명을 밝히고 학회에 등록해서 반박하라는 태도를 보여서 다시 난리가 났죠. 그런 다음에 여성학회가 처음으로 레즈비언에 대해 다루는 세션을 열었는데, 그 이름을 '집담회'라고 붙였다가 또 난리가 나고……. 이런 과정을 거쳐 이제는 여성학회에서 동성애, 양성애, 트랜스젠더 등 다양한 주제가 매년 빠지지 않고 다루어지게 되었어요. 이러한 소위 '흑역사'들을 지금 이 글에서 정리를 해주는 것이 필요할지 아닌지에 대해 고민하다 보니, 글을 계속 썼다 지웠다 하고 있어요. '과거에 이런 적이 있대요'라고 고자질하고 끝날 수는 없으니까. 과거에는 이랬지만 이젠 좀 나아졌으니 희망적이라고, 순진하게 끝낼 수도 없고요. 그래서 할 말은 너무 많고 이걸로 길어질까 봐 걱정이에요.

손 사실은 '흑역사가 있었다'가 끝이 아니라, 얘기한 것처럼 흑역사는 계속되고 있고……

권김 앞으로도 계속될 거예요.

손 사실 그런 느낌도 좀 드는데, 예컨대 남자들이 중심인 집단에 페미니스트 포션(portion)으로 하나 끼워 주는 것처럼, 이성애자 잔뜩 있는 데에 포션처럼 성소수자 이슈를 넣어 주는 것 같은 느낌이 드는 자리들이 있단 말이에요, 여전히. 그런 것들을 같이 얘기하는 건 재미있지 않을까요? 아, 그리고 레즈비언 페미니스트 활동가로서, '나는 페미니스트가 아니야'라고 생각했던 그 시점과 그 이유에 대한 이야기들은 너무 궁금하네요.

권김 그리고 저는 다른 많은 레즈비언들이 그런 심정들을 가지고 있었던 시기가 있다고 생각하거든요. 지금도 여전히 그럴 거고요. 페미니즘과의 친연성을 되게 의아하게 생각하는 레즈비언들도 여전히 있고요.

나 그런데 드러난 사건이 없어서 책으로 딱 분석하기 난감한 점들이 있는 것 같아요. 논쟁이 끊긴 느낌? 사건이 없는 느낌?

한 얘기가 더 이상 안 되는 게 제일 문제 같아요. 차라리 그때는 논쟁을 했었는데, 지금은 이 부분 관련해서는 아예 논쟁을 안 하니까. 그러니 할 말이 없어요.

권김 아까도 말씀드렸지만, 저는 흑역사라고 생각하지 않거든요, 그래서. 그건 '논쟁의 역사'라고 보는 게 맞는 것 같고요. 끊겼다고 보는 게 더 좋아진 게 아니거든요, 사실. 더 말하기가 어려워진 것 같아요. 그걸 다 한채윤 선생님이 정리하실 수 있는 건 아닐지라도, 본인이 페미니즘과 만나면서 겪었던 부침에 대한 이야기들은 되게 재밌겠네요.

한 전 정말 20대 초반에는 '페미니스트들은 똑똑하고 센 분들'이라는 이미지가 강해서 저 같은 사람은 감히 페미니스트라고 말할 수 없다고 생각했어요. 지금 생각하면 부끄러운 역사지만. 나중에 더 활동을 하다 보니 페미니스트를 그렇게 정의 내리는 것 역시 편견임을 알게 되었고, '스스로를 낮추어서 페미니스트가 아니라고 할 이유는 없구나'라고 생각은 하게 되었어요. 그렇지만 이미 저는 제가 '레즈비언'인 것으로도 충분했기 때문에 굳이 페미니스트라고 말할 이유는 못 느끼며 지냈던 거죠. 그 사연을 본문 글에 어떻게 쓸 것이냐를 가지고 고민을 하고 있어요. 어디까지 자세히 써야 하지 그런 고민들⋯⋯.

페미니스트로서 운동하는 것, 동지와 조직에 관한 질문들

전 저는 거의 빈 종이를 앞에 두고 있는 상태이고요. 원래 제가 쓰려고 했던 것은⋯⋯ (깊은 한숨) 뭘 쓰려고 했을까요. 어쨌든 '100인위'에서 '살림'으로 이동하기까지, 그 사이의 과정이나 간극 같은 것을 설명하고 싶었어요. 초점은 '페미니스트로서 스스로 서는 것과 같이 운동하는 것', 그리고 '같이 계속 운동하는 것'이 될 것 같아요. 조직론의 문제일 수도 있고, '동지란 무엇인가'에 대한 문제일 수도 있고, 게릴라 액션이라는 운동 방식에 대한 성찰일 수도 있고. 무엇이 나를 뛰어들게 했는가, 마음을 막 뜨겁게 만드는 것은 또 무엇인가. 제가 친구 따라 건너건너 온 사람이기도 해서, 친구 따라 어디로 가게 됐는지, 그리고 그 친구와의 관계에서의 긴장은 무엇이었는지 등이 개인적으로 굉장히 중요한 이슈이기도 했거든요. 그것을 질문으로 만들 수밖에 없게 해준 경험이 100인위 경험이었고, 이 경험의 순화된 버전 내지는 작은 해답 같은 것이 '언니네트워크' 활동이었고, 그 활동을 정리하면서 제가 '다른 시즌으로 넘어간다', '나도 나이 드는구나', '페미니스트로 늙어가는 것에 대해 고민해야 한다' 이런 생각을 하면서 '살림'으로 이동하

| 전희경 |

는 과정이 있던 거예요. 이 과정에서 느낀 고민들을 설명해 보고 싶습니다.

민우회 강좌 때 제가 주로 했던 얘기는, 채윤 님이 얘기한 것처럼 '선언 그다음이 문제'라는 것이었어요. 선언하는 것이 다른 때와는 달리 지금 국면에서 갖는 의미, 중요성이 있지만, 그렇지만 인생은 계속되는 것이잖아요. 그래서 이 점들이 어떻게 만나 선을 만들고, 그 선을 무엇과 무엇 사이에 갖다 놓을지, 그것이 어떻게 면이 되고, 입체가 될지 이런 것에 대해 생각을 더 해보면 좋겠다는 얘기를 했어요. 그다음에 '최상의 연대는 입금'이 아니라고 생각한다는 얘길 했는데요, 소비자 파워로 연대를 보여 주는 것이 이 세대에 왜 그렇게 중요한 것일까. 어떤 면에서는 이해가 되기도 해요. 문화제의 시대에서 강좌의 시대로 운동하는 방식 자체가 넘어왔잖아요. 지금은 집단적 힘으로 문화제를 하기에는 모두가 너무 피곤하고 바쁘죠. 하지만 그렇게 계속 점점 홀로 똑똑해지는 것, 혹은 아직 충분히 똑똑하지 않다고 생각하는 것에서 벗어나, 페미니스트로서 '계속' 사는 데 필요한 다른 동력을 모색해 보아야 하지 않을까, 라는 얘기를 강좌 때 했었어요. 그래서 사실 처음에는 강의안으로 뭐 어떻게 해볼까 했는데 전혀 아닌 것 같고. 완전히 생으로 새로 써야 하는구나 생각이 들었고, 아까 처음 말씀드렸던 주제의 글을 고민하게 된 거죠. 글을 쓰려고 할 때 들었던 고민은 두 가지인데요, 하나는 100인위 이야기를 써도 되는가에 대한 고민이었고요. 두번째는 이게 개인사와 함께 버무려진 이야기를 쓰려다 보니 굉장히 검열을 하게 되더라고요. 약간 무슨 후일담식의 자기 고백처럼 읽힐까 봐…… '내가 뭐라고 이런 걸 쓰나? 이런 식의 글을 써도 되나? 이런 개인의 일기를 써도 되나?' 하는 검열이 좀 있었어요.

한 저는 두 개 다 들어가는 게 맞다고 생각해요. 100인위 이야기를 쓰시면 좋겠고, 그리고 그걸 자기 이야기로 썼으면 좋겠다고 생각해요. 저는 강력 지지합니다.

권김 저는 여기서 전희경 선생님께 질문 드리고 싶은 게 있는데요. 우리 중에 오랫동안 여성학이라는 지식 체계에 친근하게 살아오거나 연구자로 살아온 분들도 있는데, 그때 '개인의 이야기'라고 하는 걸 쓰는 방법론에 대한 공부를 했잖아요? (일동 웃음) 그 공부에도 불구하고 개인적인 얘기를 써도 되는가 고민을 하시는 이유가 따로 있으신지 궁금합니다.

전 저는…… 공부를 열심히 안 했었나 봐요. (웃음) 주로 청자를 이제 막 페미니스트가 되기로 마음먹은 분들, 주로는 20대 페미니스트를 상상하며 그들에게 좋은 책으로 읽혔으면 좋겠다고 생각을 하고 쓰려다 보니 검열을 하게 되는 것 같아요. 그냥 '많은 사람들한테 알리자'는 이런 게 아니기 때문에. 20대가 이런 식의 이야기를 들을 때, 어떻게 쓰여져야 하는가. 개인의 이야기를 쓰지 않아야 한다고 생각하는 건 아닌데, 어떻게 써야 할지 고민이에요, 청자 때문에.

권김 예컨대 모한티의 글이라든지 이런 글들을 보면, 자기 얘기로 시작하면서, 사회의 인식이 어떻게 만들어졌는지, 페미니즘이라고 하는 가치관이 내 삶과 내 주변에 어떤 영향을 미쳤는지에 대한 것으로 사람들을 안내하잖아요. 그런 글들이 굉장히 많은 여성학자의 서문들에서 발견되기도 하고요. 저는 그런 느낌이라고 생각을 했는데요. 그게 예를 들어, '100인위'나 '언니네트워크'나 '살림'과 같이 다 함께하는 일들의 후일담으로 생각하게 되면 어려움이 있으실 것 같아요. 왜냐하면 그건 가정사 얘기가 아니니까. 자기 얘기라기보다, 운동사의 평가에 가까운 얘기일 테니까. 그래서 그건 고민이 되실 것 같긴 한데.

전 가장 크게는 100인위 때문에 더 그런 고민이 있는 것 같아요.

권김 100인위는 사실 논쟁을 하고 난 이후에 얘기가 한 번 더 되거나 한 게 아니라, 그 자체가 약간 얼어붙어 버린 부분들이 있기도 하고, 굉장히 냉소적인 어떤 걸로 확 넘어간 것도 있고 이래서, 그 당사자 중의 한 명이었던 전희경 선생님의 입장이라고 하는 게 아직도 굉장히 뜨거울 거예요. 『오빠는 필요 없다』도 쓰셨고. 그리고 사실 아까 이야기를 쭉 들어 보았듯이, 어쨌든 1기, 2기, 3기가 정확히 나누어지는 분이기도 하잖아요. 남자들 가운데에서 싸움을 하다가, 페미니스트들과 함께 게릴라 액션을 하다가, 이제는 지역에 들어가서 다른 사람들을 페미니즘으로 어떻게든 끌어들이거나 혹은 '페미니즘이 세상을 이롭게 한다'라고 하는 운동으로 넘어가는. 개인적으로 전희경 선생님에게 놀라운 것은 그런 종류의 지역 운동에 가장 어울리지 않는 사람이었어요. 20대에 상상도 못했던 지역 운동을 하는 사람으로 바뀌게 되었다는 것은 무슨 천지가 개벽할 일이어서, 저는 그게 어떻게 가능하게 됐는지 궁금하긴 합니다.

전 답을 달라는 건 아니지만, 좀 솔직히 얘기해 주셨으면 좋겠어요. 100인위 얘기를 쓰는 걸 망설이는 이유 중 하나는, 100인위의 공과를 평가해야 할 시점에 100인위가 내부적으로 와해됐기 때문이거든요. 『오빠는 필요 없다』를 쓸 때도 그게 굉장히 검열이었는데, 저만 열심히 한 게 아니에요. 특히 1차 공개 때 굉장히 고생한 사람들이 있었는데, 중간에 탈퇴를 했어요. 이제 연락도 안 되는 사람들인 거예요. 근데 내가 마이크를 가지고 있는 사람이기 때문에, 글을 쓸 수도 있고 출판사에 접촉할 수도 있고, 그렇기 때문에 이런 책에도 참여하게 되는 거죠. 그래서 뭔가 남용하는 것 같은 기분이랄까. 그런 게 있어요. 내가 사실 조금 더 마음의 힘이 있으면, 그들 중 누구라도 연락을 해서 만나자고 하거나, 이런 작업을 사실 먼저 하고 나서 그 결과물로서 출판을 하는 게 올바른 순서일 텐데 제가 그걸 못하다 보니까요. 그래도 의미 있다고 생각하면서 이것을 쓰는 것이 맞을지……. 그냥 이거 자체를 쓸까요?

한 저는 그걸 본문 글의 각주로 다는 방식이 좋을 것 같은데요. "이견이 있을 수 있는데, 나는 이렇게 생각한다"라고 해서 그것을 각주로 남겨 주는 거랑 아닌 거랑은 큰 차이가 나는 거라 생각하거든요. 결국 전희경 선생님 말대로, 마이크와 지면이 사실 모두에게 공평하게 돌아갔으면 좋겠지만 그것은 불가능하고, 그러면 지면을 가진 사람이 최소한 논쟁이 있었다는 걸 기록으로 남겨 주는 것이 필요하단 생각이 들어요. 차후에 누가 이걸 참고할 때 이 사람 것만 참고자료로 삼아 분석하는 게 아니라, 다른 의견도 찾아볼 필요가 있다는 것을 알려 주는 것이 최소한의 도리라고 생각하거든요. 그런 글쓰기를 안 할 때 분노가 생기잖아요. 같이 동시대에 살고 있는 걸 뻔히 알고 있는데, 자기 지면 있다고 그런 식으로 글을 쓰고……. 마음의 부담이 아무래도 좀 있겠지만, 그런데 그런 이유로 아무도 말 안 하고 있으면 역사가 완전히, 기록이 없어져 버리니까.

김홍 그런데 100인위 이야기가 얼마만큼 비중을 차지하는지도 중요할 것 같아요.

전 제가 주로 쓰려는 이야기는 '동지', '조직론'으로 꿰어지는 것인데요. 100인위의 운동 방식이나 조직 형태, '우리는 대표자가 없는 개인 네트워크 조직이다'라고 했던 것이 가져왔던 폐해와, 그게 보장해 준다고 생각했지만 보장해 주지 않았던 것에 대해 쓰고 싶어요. 실제로 멤버들의 심리적인 상처나 이런 데 있어서 중요한 요소 중 하나가 사실 그거였다고 생각하거든요. 이 관계가 기대와 달랐던 것, 그리고 이 안에서의 '입장의 차이'라고 하는 것을 견딜 수 없었던 것이 제일 컸다고 생각하기 때문에. 그런데 그 얘기를 하자면 100인위에 대한 최소한의 얼개나 설명이 안 들어갈 순 없을 것 같아요.

나 저는 그 시대에 그런 조직의 문제는 되게 공통적이었던 것 같기도 해요. 100인위의 특수성이라고만 생각하지는 않아요. 그 당시에 수평적인 네트워크가 페미니즘적인 방식이라고 다 생각했던 시절이 있었잖아요. 그때 저도 다 실패했던 경험이 있고요. 작은 입장의 차이가 드러나면 와장창 깨져 버리는……. 그런 것들을 당시의 페미니스트들의 어떤 문화로서 얘기하고 평가해 주면 좋을 것 같아요.

그런데 100인위에서 주창했던 '피해자중심주의'나 이런 것들은 이후에 민우회에서 했던 작업["공동체, 성폭력을 직면하고 다시 사는 법: 공생의 조건" 토론회]도 그렇고, 후속의 책임까지 지는 과정이 있었다고 생각하거든요. 그 작업은 여전히 공동체 성폭력 사건을 처리하는 과정에서 다시 회자되고 있어요. 그래서 그 고민들이 그때에 그냥 남겨져 있는 게 아니라, 그후에도 여성 활동가들이 '2차 가해'와 같은 개념에 어떻게 접근해야 할지 고민해 왔고, 또 100인위에 대한 집단적 평가도 있었던 거라, 그런 것들을 잘 기록하고 정리하는 것도 필요할 듯해요.

김홍 '운동론', 왜 우리는 그때 수평적인 조직이 맞다고 생각했고, '게릴라식의 운동'을 지향했는지, 책임을 분배하지만 실은 아무도 책임지지 않을 수도 있는 그 구조에 대한 고민이 들어요. 우리는 왜 관계의 지속성보다도 더 급한 것들이 그렇게 많았나, 하는 고민의 연장선에 있는 것 같거든요. 그것에 좀더 집중해서 쓰면 100인위를 평가하게 되거나, 다른 사람들이 어떻게 생각하고 있는지 고민하면서 날 서게 되진 않을 것 같거든요. 키워드를 '운동의 이동' 쪽으로 보신다면 질문의 방향을 바꿔서 써 볼 수도 있지 않을까 싶어요. 그나저나 100인위와 관련한 글은 정말 언제 한 번 따로 나오면 좋을 것 같아요. 권김현영 선생님 말마따나 그 얘기가 정말 얼음이 되어 버려서. 그런데 지금 사람들은 그 얘기를 계속 하고 있고, 자기 마음대로. 어딘가에는 좀 실어야겠다는 생각이 들어요.

권김 운동론이나 방식까지 포함해서 쓰시면 마이크가 독점되는 문제도 같이 관련해서 이야기될 수 있겠죠. 책임을 분배하지 않고 참여하는 만큼 얻어 갈 수 있는 방식으로 했기 때문에, 참여한 만큼, 열심히 하신 만큼 계속 마이크가 오게 되는 그 곤란함이 있던 것 같거든요.

처음 사는 페미니스트로서의 삶

김홍 저는 '처음'이라는 것에 대해 생각을 하게 되더라고요. 윤여정이 "처음 예순 일곱을 산다"고 말을 했잖아요. 누구든 처음 인생을 사는 거라 아쉽고 안타까울 수밖에 없다고요. 저의 경험을 돌이켜보면, 처음 페미니스트를 하기로 했을 때, 너무 당연하게, 당위적으로 왔던 것 같아요. 제목을 '모자란 페미니스트가 얼결에 찾은 정주지(定住地)에 대하여'라고 썼었는데, 또 하나 생각했던 제목은 '페미니즘 고딕체'라는 거였어요. 마치 고딕체처럼 홀로 단단하게 페미니즘을 사유하고 살아왔던 시기들을 써보려 했어요. 페미니즘이 마치 신천지 같았던 그 시절에 너무나 당연하게 받아들였던 것들이 무엇인지 얘기해 보고 싶어요. 지금 페미니스트하기로 한 이들, 페미니스트 선언을 하고 있는 사람들이 혹시 나처럼 '고딕체'로 멈춰 있는 것은 아닌가. 그래서 아마 20대들이 불안한 거겠죠. 그래서 그 얘기로 시작을 했고요.

'80년대 영페미' 있잖아요. 민족민주민중 운동의 부문 운동이던 여성 운동이 '여성'이라는 이름을 내걸고 '여성단체연합'(여연)을 만들 당시의 영페미, 그리고 '95년의 영페미', '2015년 영페미' 이런 흐름이 있다고 한다면, 왜 그 시절의 영페미들은 '고딕체 페미니즘'을 고수하고 제도화되었는가. 이런 의문이 들더라고요. 어떻게 그 당차고 열렬했던 80년대 영페미니스트들이 페미니즘의 이름으로 '양성 평등'을 이야기하고 있나. 왜 페미니즘의 이름으로 얼토당토하지 않은 이야기를 너무 당연하게 받아들이고, 실천하고 있는지에 대해서. 뿐만 아니라 '95년 영페미'들은 어떻게 자기만의 고집을 피워 가면서 페미니스트란 이름으로 살고 있나. 그런 이야기를 한번 쓰고 싶어요.

그렇지 않게 '삶의 여성학', 페미니즘이 살아 있는 방식으로 살고 있는 여성주의자들도 한 축에 있잖아요. 그분들은 그럼 어떻게 살고 있나? 그분들이 살고 있는 것처럼 나는 살고 있나? 이런 질문들을 파고들다 보니 안 써지는 거예요. 계속 부끄럽고 창피한 일만 쓰게 되는 거예요. 내가 어떤 창피한 일을 했는가, 나는 왜 계속 창피한 짓거리들만 하고 있었나, 이런 얘기들을 쓰다 보니까. '분노 페미니즘'에 멈춰 있었던 시기, 페미니스트라는 것에 대해 집착하던, '왜 나는 ○○처럼 훌륭한 페미니스트가 될 수 없어요?'라는 이야기를 했던 그 시절, 뭐 그런 얘기를 쓰고 있어요.

'정주지가 없어야 하는 게릴라 페미니즘'을 추구하며, 그렇게 여기저기 한참 떠돌아다니다가 얼떨결에 취약해도 되는 땅을 만났어요. 왜 '취약함의 힘' 이런 제목의 책도 있잖아요. 취약해도 되는 땅이 있을 때, 취약함이 그때에만 힘이 되는 것 같다는 생각이 들어요. 그 공간이

전희경 선생님으로 치
면 생협, 마을 운동이고,
저는 '여성의전화'이고,
동네 엄마들이거든요.

권김 아까 세 세대의 '영페미
니스트'들을 얘기한 게
좀 인상적이었는데요.
80년대 후반의 '영페미
니스트'로서의 '여연',
90년대 중후반의 '영페
미니스트'들, 지금 2015

| 김홍미리 |

년의 영페미니스트들. 이 세 세대를 결절해서 분류하는 것을 어떻게
생각하시게 된 건가요? 부상하는 그룹들이 딱 그때 구분해서 있었다
고 생각하시는 건가요?

김홍 네, 있었던 것 같아요. 계보학적 분석을 제가 할 수는 없지만, 10년이
나 15년을 주기로 그동안 투쟁해 온 운동의 공과(功過)들이 영페미의
등장이라는 형태로 드러나는 게 아닐까 싶어요. 운동의 성과가 있었고
그 한계가 드러나기도 하는 시점인 거죠. 80년대 '영페미'인 여연 언니
들이 '제도화'라는 성과를 만들어 냈다면, 90년대에는 마치 언니가 없
는 것처럼 '우린 제도화랑 다르다'라는 것으로 얘기를 시작했죠. 그렇
다면 지금은, 곁에 의지할 수 있는 선배 페미니스트도 있고, 제도적인
토대도 있고, 여성주의 문화 운동도 과거에 비해 불모지가 아니며, 언
어도 이곳저곳에서 많이 만들어 두었는데. '그러면 우리는 여기에서
어떤 역할을 할 수 있는가, 40대 페미, 그러니까 90년대 영페미가 지금
어떤 역할을 할 수 있고, 해야 하냐'라는 질문이 있는 거죠.

그런데 80년대 영페미 훌륭했다고 생각해요. 책 보면 그렇잖아요. 그 당시에 성폭력은 무슨 성폭력이에요. '집안 문제'였지. 이런 식의 혁명적인 말을 내뱉었던 언니들이 지금은 다른 방식으로 포진해 있고, '고딕체 페미니즘'을 실현하면서 살고 있는 걸 종종 보게 되죠. 제가 거기에 대한 평가를 할 순 없지만, 그런 것에 대한 질문을 던지고, 그렇게 되지 않기 위해 메갈을 포함하여 페미니스트 선언을 하고 있는 이들이 마시멜로 같은 말랑말랑함을 찾을 수 있도록 문제의식을 던져 놓을 필요가 있겠다는 생각을 했어요.

나　되게 재미있는 것 같아요.

한　우리 책 너무 재미있을 것 같아요. 어떡하지? (일동 웃음)

나　지금 2015년에도 마치 처음 나온 것처럼 막 그런 느낌으로 하잖아요. 말씀하신 대로 그 공과가 분명 있는 것 같아요. 80년대 공과에 대해 '우리는 저렇게 안 하겠다'라고 하는 게 있었던 것 같고, 지금도 뭔가 그런 느낌이 있을 것 같은데 그게 뭔지 궁금하고 그러네요.

권김　그 얘기는 질문 중에 나오니까 그때 이 제안을 다시 한번 얘기하기로 할게요. 지금 김홍미리 선생님이 막혀 있는 부분은 흑역사를 써도 되는가에 대한 고민 같은데요.

김홍　100인위랑 비슷한 것 같아요. 얘기를 아무도 꺼내 본 적도 없고, 시작해 보는 사람도 없고, 추측해 볼 수도 없고.

권김　사건이나 그런 장면들이 있나요?

김홍　싸우고 물어뜯는 이야기인 거죠. (일동 웃음) 내가 너무 옳고. '나만의 정의로움'이란 이야기를 썼어요. '나만' 정의로웠던 96년, 97년의 저의 페미니즘에 대해서요. '나만 옳은 페미니즘'끼리 만났을 때 이들이 만나는 방식이 서로 싸우는 거 말고는 다른 어떤 방법이 있느냐. 그 관계에 대한 이야기를 하고 싶었어요.

간첩, 페미니스트, 그리고 퀴어

나 저도 비슷한 고민들을 했어요. '내 얘기 왜 하고 있지?' 물론 저도 글쓰기 방법론을 배우긴 배웠는데…… (일동 웃음) 성명서, 보도자료, 연구보고서 외에는 사실 이런 글을 쓸 기회가 그렇게 많지는 않았고, 에세이라는 것이 개인적으로 나에게는 필요 없는 그런 글인 것 같았거든요. 그런데 찾아보니까 너무나 많은 페미니스트 서적에 그런 경험들이 녹아 있는 거죠. '이 사람들은 어떻게 이렇게 잘 발전을 시킬까?' 개인의 경험에서 무언가를 깨달았다고 써야 하는데, 이게 굉장히 내면적인 얘기이기도 하고……. 물론 동료들과 운동에 대한 얘기이지만, 어떤 내면적인 변화나 성장, 이런 것이기도 하잖아요. 그런 걸 말로 어떻게 표현해야 할지 잘 모르겠다는 어려움이 있었어요. 그리고 또 하나 어려운 것은, '지금 도움이 되는 이야기', '여혐 시대에 좀 필요한 이야기' 이런 건 정말 모르겠더라고요. 그런 게 제일 어려웠고요.

저도 '출발'에 대해 생각할 수밖에 없었는데요. 성소수자 운동을 하다 보면, 이른바 혐오 세력이 아니라 정치인들이 우리를 바라보는 방식, '일단 빼고 가자' 이런 걸 느낄 때가 있잖아요. 특히 '차별금지법' 관련한 싸움을 할 때 정치인들을 마주하다 보면, 저는 학생 운동 때 '국가보안법'을 둘러싸고 느꼈던 감정이 너무 떠오르는 거예요. '얘네는 근본적으로 다르게 대우해도 되는 애들.' 그런 게 '간첩'에 대한 감각이 뭔지 이제 좀 알겠다'는 생각이 들게끔 하죠. 페미니스트라는 것 자체가 어떤 불온성을 가지고 있는 것이고, 타자화되는 것이잖아요. 좀 다른 세계관에 대해, 전복적인 무언가에 대해 거부하는 그런 사람들의 마음. 이런 것들이 공통적으로, 저에게 감정적으로 연결되는 느낌이 있는 거예요. 간첩, 페미니스트에 대한 것, 소수자에 대한 것도 그렇고

| 나영정 |

요. 그리고 '퀴어'란 단어까지 저에게는 연결되는 감정들이 있어요. 이러한 감정들로 인해서, 국가가 도대체 뭐냐, 시민권이라는 게 뭐냐, 민족이 뭐냐, 이런 걸 바라볼 수 있게 하는 위치가 되었던 것 같아요. 성소수자 운동이나 소수자 운동이 저에게 의미 있는 건, 이런 느낌들 때문이에요.

페미니스트라는 정체성을 갖게 된 이후에도 계속 새로운 사람들을 만나고, 새로운 지형에 서게 되고 하면서 끊임없이 이동했던 것 같아요. 대학 졸업 이후에 책에서만 보던 영페미니스트들을 만났고 그후에는 레즈비언 운동으로 다른 페미니스트나 여성 운동과 관계를 맺었고, 한동안은 소수자 여성 운동이라는 좌표에 집중했던 것 같아요. '다름으로닮은여성연대'가 해소하고 난 뒤에는 트랜스젠더 운동을 만나면서 페미니즘 자체를 질문하기도 했고 소수자라는 키워드, 어젠다가 퀴어로 이어지면서 국가나 시민권의 문제에 좀더 관심을 가지게 된 것 같고요.

저에겐 정체성이라기보다는 질문의 이동 과정이 있었는데, 이게 제가 운동의 현장이나 주제 이런 것들을 옮겨 오는 과정이랑 비슷했던 것 같아요. 제가 지금 '장애여성공감'에 있어서이기도 하지만, 최근 들어 재생산권 이슈를 다루면서 국가에 대한 고민을 다시 하게 되었어요. 국가가 누구를 배제하는가, 누구를 태어나게 하고 말게 하는가. 이런 게 페미니스트 퀴어 방법론이나 시각과 연결되는 측면들인 것 같아요.

장애학도 그런 거잖아요. 페미니즘이 여성에 대한 학문이 아니라 젠더를 분석하는 것처럼, 장애학 역시 장애인에 대한 학문이 아니라 사회가 건강이나 질병을 다루는 방식에 대한 이야기를 하는 것이잖아요. 페미니즘의 관점이 어떻게 장애의 관점으로 연결될 수 있을까 고민하고 있어요.

권김 정체성이 아니라 의제 중심으로, 가치관, 태도 이런 것들로 옮겨 갔다는 부분을 약간 더 설명해 주시면 좋을 것 같아요. 얘기를 쭉 들어 보니까, 저는 가장 주목받지 못하거나 소수자인 사람들에게로 계속 마음이 쓰여 갔다는 느낌처럼 이러한 이동이 읽혀서요. 그런데 그게 아니라 의제 중심으로 이동을 했다는 얘기를 하고 싶어 하시는 것 같은데, 그렇게 되었던 이 연결에 대해 얘기를 좀더 듣고 싶기도 하거든요.

나 그 연결은 사실은 굉장히 자연스러운 연결이기는 해요. 누구를 만나서…….

권김 다들 누구를 만나서 (일동 웃음)

전 친구 따라

나 성전환자인권연대 '지렁이'가 생겼고, '성전환자 인권실태조사'를 하다 보니, '아, 국가가 신체를 이렇게 다루는구나' 하는 생각이 들었고. 그런 연결 과정은 경험적으로 쓰여질 것 같기는 한데요. '시민권'이라는 키워드로 타자들을 어떻게 바라볼 것인가, 이것이 나에게 왜 중요한 정치적인 기획인가를 설명하는 과정이 될 것 같아요. 그런데 이거는 정말 저 개인적으로는, 너무 친구들 문제라서. 어딘가를 이동할 때 대의는 저의 머릿속엔 없어요, 사실.

권김 유형화하는 건 이상한데, 경로가 좀 있는 것 같긴 해요. 전희경 선생님은 제가 어릴 때부터 굉장히 자주 봤지만, 전형적인 '대의형 페미니스트'였다가 '관계형 페미니스트'로 변화한 놀라운! 인간 형질이 변했다니까요, 진짜로. 전형적인 대의형 페미니스트였어요. 그런데 완전 관계형으로 바뀌었어요. 이게 진짜 놀랍고. 저는 나영정 선생님을 오랫동안 지켜봐 왔는데, 굉장히 대의 중심적인 사람인 줄 알았거든요. 그런데 알고 보니 친구 중심적으로 살았다니, 제가 이해했던 것과 전혀 달랐던 것 같아요. 우연함과 친구로 인해 이것이 결정됐다는 건 대단히 재밌는 얘기네요.

나 때로는 정말 한 명이었던 것 같아요. 대의를 발견하고 그 실현에 소명을 느꼈다면 정치인이었을 것 같은데, 저와는 전혀 다른 거죠. 만나고 듣고 겪는 느낌. '이기자'가 아니라 '죽기 전까지 뭐라도 같이 하자'였어요. 뭘 하려면 내가 같이 뭘 하겠다고 약속하게 되고, 그 약속을 따라 그냥 살아 왔던 것 같아요.

김홍 마음이 또 움직이는 거잖아요. 단 한 명이라도.

나 나한테 그게 오는 느낌인 거고. 약간 운명론적인.

권김 마치 〈파주〉 같네요. 〈파주〉라는 영화가 있어요. "왜 계속 그 운동을 하게 됐어요?"라고 질문을 하니, 이선균이 하는 대답이 "계속 사람들이 찾아와서. 일이 끝나지 않아서". (일동 웃음) 이런 느낌이거든요.

한 '나는 페미니스트인가?'라는 갈등 같은 것도 있어요?

나 지금은 페미니스트라는 이름 때문에 갈등하지는 않아요. 왜냐하면 페미니스트로서 한창 활동했을 때의 저의 고민이나 지향이 지금은 퀴어나 장애라는 이름으로 이어지는 측면도 있고요. 어차피 어떤 이름이든 끊임없이 변화와 갱신은 필요한 것일 테니까요. 하지만 지금 페미니스트라고 얘기하는 어떤 현장이 있고, 사람들이 있기 때문에 상대적으로 저는 그 현장이나 사람들과의 차이에 대해서 고민하게 돼요. 페미니스트 선언이 일어났을 때에 이런 생각들을 정리하게 됐어요.

'무뇌아적 페미니즘' 논란 그리고 페미니스트 선언

권김 작년[2015년]에 한창 트위터를 뜨겁게 달궜던 '나는 페미니스트입니다' 선언을 비롯하여 여러 가지 새로운 페미니즘 물결이 있었을 때, 그 대중들, 트위터리안들에게 언급됐던 몇몇 스피커들이 민우회에서 기획한 대중 강좌에서 강의를 하게 됐습니다. "'그런' 페미니즘은 없다"라는 제목의 대중 강좌였죠. 이 책에 참여한 필진 중 세 분이 강의를 하셨는데요, "'그런' 페미니즘은 없다"라는 기획이 우리 책의 시작점이었다고도 할 수 있죠. '페미니스트가 어떻게 그럴 수가 있어!'라는 부르짖음에서처럼, 어떤 방식으로든 오해를 받았던 경험들이 있으셨을 것 같아요. 혹은 그 오해에 대해 어떻게 대답을 하셔야 하는지에 대한 얘기를 강의 때 하셨을 수밖에 없을 것 같은데요. 그 강의 때 얘기를 들어 볼까요? 혹은 "'그런' 페미니즘은 없다"라고 하는, 그 오해에 대한 이야기를 들어 보면 어떨까 싶은데요.

손 민우회에서 기획했던 강의와 관련해서 먼저 운을 떼 볼게요. 2015년 페미니즘이 대중적으로 주목을 끌게 된 그 계기 아시잖아요. 김군이 '나는 페미니스트가 싫어요'라고 하면서 IS에 합류하기 위해 터키로 가고, 김태훈이 여기에 대해 '무뇌아적 페미니즘이 문제다' 이런 얘기를 하면서, 페미니즘이 밥그릇 싸움을 하고 있다는 식으로 발언을 했었죠.[1] 이렇게 페미니즘이 폄하되어 이야기되는 맥락 안에서 "'그런' 페미니즘은 없다"는 이야기가 나왔던 것 같아요. 사실 저는 2015년에 가장 핫한 키워드였던 '여성혐오'를 그전부터 계속 이야기하고 다

---

1 김태훈, 「IS보다 무뇌아적 페미니즘이 더 위험해요」, 『그라치아』 48호, 2015년 2월.

넸기 때문에 그 자리에 가게 되었던 것 같아요. 더불어서 '그런 페미니즘'이라는 것은 사실 페미니즘 혐오, 페미니스트 혐오에서 나오는 것들이잖아요. 그래서 여성혐오, 페미니스트 혐오, 이렇게 연결해서 이야기를 했었죠.

권김 그러면 덧붙여서 잠깐, 미디어 비평을 하시기도 하니까, 김태훈 같은 칼럼니스트가 '무뇌아적 페미니즘'에 관해 쓴 칼럼에 대한 코멘트를 들어 보고 싶기도 한데요. (웃음)

손 사실 그 칼럼의 의미는 2015년까지의 한국의 페미니즘 지형이랄까, 아니면 문화적 지형이랄까, 여혐 지형도를 분명하게 보여 주는 징후적 칼럼이었다는 점에 있는 것 같아요. 그야말로 페미니즘에 대해서 아무것도 모르는 사람이 아무 말이나 해도 괜찮은 사회. 그게 한국사회이자, 한국사회의 페미니스트 혐오였던 거고요. 여러 가지 현실적인 상황들이 중첩되면서 염증을 느끼고 있던 여성들이 드디어 '악!' 하고 소리를 지르는 결정적인 계기를 마련해 준 것 같아요. 그리고 저 같은 경우에는 '이렇게 어처구니없는 글을 써도 남자들은 부끄러움 없이 지면을 쓰는구나. 그러니까 우리도 부끄러워하지 말자' 이런 생각을 하기도 했고요. 우리는 그런 어처구니없는 글은 안 쓰잖아요. (웃음) 그리고 그때부터 더 적극적으로 '지면은 기회가 오면 무조건 잡아서 누구든지 내가 동료라고 생각하는 사람들과 나눈다'라는 생각을 했어요. '저 사람들이 더 이상 그런 식으로 활개를 치게 놔두면 안 된다' 이런 생각을 하게 됐던 것 같아요.

권김 그것이 작년 손희정 선생님의 활약의 이유였군요.

손 최선을 다했습니다. (웃음)

전 과로의 이유 (일동 웃음)

손 그러면서 생각이 같든 다르든 간에 페미니스트라고 하는 사람들을 만나 논쟁이든 뭐든 얘기 나눌 수 있었던 게 되게 즐거웠던 것 같아요.

권김 페미니즘에 대한 오해에 어떤 것들이 있을지 조금 더 들어 보고 싶은데요. 오해나 그런 식의 낙인, 어처구니없는 식의 발언에 대한 약간의 고발의 시간이면 좋겠어요. 혹시 그런 얘기 들은 게 있으신가요? 너무 많겠지만요.

전 글쎄요. 대중 강의에 가면 20년째 똑같은 이야기를 듣게 되긴 하죠. '안경 쓴 사람일 줄 알았다', '머리 짧을 줄 알았다', '결혼 안 하셨죠?' 등등. 이제 그런 건 굉장히 편안한 마음으로, '다루기 쉬운 강의 재료'라고 생각하고 일합니다. 그런데 이건 좀 다른 이야기일 수 있는데요. 저는 이력상 한동안 어떤 청정 지대 안에 있다가 '살림'을 통해 지역에 있는 여성 활동가들과 만나 이야기하고 일을 하게 되면서 새롭게, 오랜만에 그런 이미지 같은 것들을 대면하게 됐어요. 음, 그걸 '낙인'이라는 센 말로 표현하고 싶지는 않고요.

확실히 그런 건 있는 것 같아요. '굉장히 동질적이고 자기들끼리 이미 서로서로 잘 아는 집단'이라고 상상되고 있다는 것. 그래서 가령 어떤 A라는 페미니스트가 어떤 고민 때문에 일을 하다 그만뒀는데, 그걸 사전에 다른 페미니스트가 몰랐다는 사실에 너무너무 놀라워하면서 "너네끼리 안 친하냐?"고 물어 보신다든지. 그리고 우연히 '살림'에서 활약하고 있는 페미니스트들 중에 비혼이거나 퀴어가 많기 때문에, 이들에 대해 '굉장히 조심해야 된다', '어떤 것은 묻지 말아야 돼' 이런 것도 있죠. 그리고 약간 친한 척을 하기 위한, '나는 너네 혐오하지 않아' 이런 것을 보여 주기 위한 여러 가지 활동들? 그래서 서로 조심하면서 굉장히 천천히 알아가는 그런 과정들을 겪고 있는 중인 것 같고요. 어떨 때는 뭔가 도루묵인 것 같아서 힘이 달릴 때도 있지만…… 저한테는 아직까지 창립총회 때 그 약발이 남아 있거든요. "우리 동네에 페미니스트가 들어와서 참 좋다"는 얘기를, 페미니스트가 되고 나서 처음 들어 봤기 때문에, 그 약발로 5년째 버티고 있습니다. 아무리 0으로 되돌아가는 것 같아도, '아니야, 희망이 있어' 이렇게 생각하면서 다시 계속 친절하게 대하려고 하고 있어요. (일동 웃음)

나　5년밖에 안 됐다니.

전　민우회 기획 강연 이야기로 돌아와 보면, 저는 마지막 강의를 맡았어요. 일종의 마무리 역할 같은 것이었죠. 기획 단계에서 민우회 활동가들과 이야기를 한 적이 있었는데요. '나는 페미니스트입니다' 해시태그 운동이 한창 진행될 때에 많은 트위터리안들이 민우회에 대거 가입을 한 거예요. 그래서 즐거운 비명을 지르면서 불안하기도 한 가운데, 우리가 지금 기뻐하면서 '회원이 늘었어'라고 박수치고 있을 상황이 아닌 것 같다, 정신 똑바로 차리고 이제 이들과 어떤 다른 관계를 새롭게 만들지 않으면 부메랑이 되어서 돌아올 것이다, 이런 얘기가 있었대요. 실제로 그후에 그런 일들도 있었고요. 막 '입금합시다!' 이렇게 한 다음에, '민우회가 이 사안에 성명을 안 내더라', '왜 침묵하는가!', '탈퇴합시다!'라고 하는 경우가 실제로 있었으니까요. 그런 것들을 우려하면서 조금 더 오프라인의 액션이나 오프라인의 관계망으로 한 발 들어올 수 있도록 매개점을 만들어 주면 좋겠다는 게 저에게 부여된 강의에서의 미션이었어요. 저는 그걸 중심으로 강의했고요.

권김　자연스럽게 강의했던 분들의 이야기를 먼저 듣게 되었는데요. 한채윤 선생님은 어떠세요?

한　저도 어쨌든 손희정 선생님이 말씀하셨던 것처럼, 이런 일이 있을 때 사람들에게 끊임없이 레즈비언, 퀴어, 성소수자 이야기, 이게 다 페미니즘 안에 원래 기본으로 깔린 이야기라는 걸 환기시키고, 그것들이 병렬이 아니라 늘 같이 고민되어야 하는 문제라는 이야기를 해야겠다고 생각했어요.

권김 한편 "'그런' 페미니즘은 없다"고 얘기할 때, '기존 페미니스트는 우리가 원하는 페미니즘을 하지 않는다'라고 생각하는 그룹들도 있었잖아요. 김홍미리 선생님, 메갈리아가 그런 그룹의 정서이기도 한 건가요?

김홍 제가 트위터를 잘 안 해서, 어떤 논쟁이 어떻게 있는지 정확히는 모르겠어요. 다만 제가 2015년 전에 봤던 "'그런' 페미니즘"은 '페미니즘이 할 말을 다 했다' 그 지형이었던 것 같아요. 할 말을 다 했기 때문에 페미니스트는 더 이상 새로운 말이 없고, 해도 안 먹혔고, 자기들끼리만 모임이 있었던 거고. 단체들은 단체들대로 나름대로 열심히 하는데 '왜 안 되니' 이러고만 있었던 거고. 이런 와중에 김태훈처럼 아무 말이나 해도 된다는 사람들이 나타날 수 있었던 것 같거든요. 저의 경우에, '여성의전화'에 들어갈 때 '여성의전화를 뜯어고쳐야 된다'라고 하는 나만의 페미니즘이 명확히 있었어요. '할 말을 다 했다고 생각하지만, 할 말을 사실은 하고 있지 않다, 이건 책임 방기다' 이런 약간의 오만함이, 약간이 아니라 대단한 오만함이 있어서 들어갔었죠. 알고 보니 제가 생각했던 것들이 이미 여성의전화에서 많이 논의가 되고 있었고요. 사실 지금 전혀 새로운 얘기를 하는 건 아니잖아요. 기존에 페미니스트들이 했던 얘기를 하고 있고. 그런데 그게 들리는 사람들, 들어 줄 수 있는 사람들, 준비된 사람들이 그간에 좀 있었던 게 아닌가, 그런 생각이 좀 들어요. 여하튼 "'그런' 페미니즘"은 '페미니즘이 죽었다', '너는 자격이 안 되는 페미니즘이다'부터 시작해서, 페미니스트인데 '페미니스트 아니다'라는 사람까지, 각자 그냥 다 떠돌아다니고 있었던 게 아니었나 싶어요.

권김 여러 가지 단상이 떠오르기도 하는데요. 90년대 초반에 글로리아 스타이넘이 '왜 젊은 여자들이 자기를 페미니스트라고 안 하는가'라고 하는 신드롬을 얘기했을 때 '페미니스트이다'라는 선언이 갖고 있는 의미가 있었다면, 2015년의 이 '나는 페미니스트입니다' 선언은 또 어떤 의미를 가지고 있을까요? 젊은 여자들이 더 이상 페미니스트가 아니라고 얘기하는 게 신드롬으로 존재했던 시기에, 2015년의 한국의 젊은 여자들이 자기가 페미니스트라고 선언을 했단 말이에요. 이건 또 되게 재밌는 변화였던 것 같아요.

이 변화 과정에서 있었던 몇몇 장면들이 기억나는데요. 남자 지식인들, 남자 논자들이 페미니즘에 대해 이야기하는 방식을 떠올려 보면, 페미니즘을 진단한 문장 중 가장 유명한 말은 김규항이 했었죠. 2001년인가요. 『씨네21』에 실린 「그 페미니즘」이라는 칼럼에서,[2] '그 페미니즘'('주류 페미니즘')이 점점 제도화되면서 권력화되고 있다고 말한 바람에, '제도화와 권력화라니, 그런 식의 이야기를 하는 이 좌파들이 갖고 있는 권력도 성찰하지 않고 뭐 하는 짓이냐, 그렇게 페미니즘을 하나로 볼 수 없다'고 분노의 포화를 맞은 적이 있었죠. 나중에 김규항이 이걸 가지고, 자기가 하려고 했던 건 사실 연대와 존경의 표현이었다고, 굉장히 수세적인 의미에서 후일담식으로 얘기했어요. 페미니즘을 공격하려는 의도가 아니라 페미니즘을 갱신하자고 하는 얘기였다, 이렇게 얘기한 거죠. 페미니즘만큼 내외부에서 담론과 실천의 갱신이 필요하다고 이야기되는 영역도 없는 것 같아요. (웃음) 그만큼 논쟁도 많았고 학문적인 성장도 있어 왔다고 생각하는데, 신자유주의가 모든 공론장을 잡아먹던 2000년대 중반부터는 일정 정도 교착 상태에 빠져 있었죠. 그래서 2015년 초에 김태훈이 했던 이야기는 사실 '갑툭튀'라

---

2 김규항, 「그 페미니즘」, 『씨네21』 349호, 2002년 4월 23일자.

고 보기는 어려울 것 같 고, 그전의 맥락이 있었 다고 봐요. 아까 김홍미 리 선생님이 얘기했듯, 몇 년간 무주공산처럼 페미니스트들 스스로도 '왜 이렇게 얘기가 통하 지 않는 것인가', '왜 이 렇게 페미니즘이 사회 변혁에 대한 기획으로 수용되지 않는가', '왜

| 권김현영 |

우리 사회는 이렇게까지 보수화되고 있는가'라는 분위기가 있었던 것 같아요.

그런데 저는 단순히 페미니즘 기획의 실패 때문만은 아니라고 봐요. 우리 사회의 전반적인 진보적 기획이 거의 힘을 잃어 가고 있었고, 협 동조합 운동이라든지, 지역 운동이라든지 이런 걸 제외하고는 사회 개 혁에 대한 아이디어들이 고사가 되고 있는 상황이었죠. 마찬가지로 페 미니즘도 '과연 희망이 있나' 이런 식의 고민들을 했던 시점이었던 것 같아요. 근데 재밌는 건, 사실 2015년에 김태훈이 쓴 글(「IS보다 무뇌아 적 페미니즘이 더 위험해요」)이 2002년에 김규항이 쓴 「그 페미니즘」보 다 훨씬 수준 낮은 글이라는 점이에요. 논하기도 좀 어려운 굉장히 수 준 낮은 글이 등장한 거죠. 한편, 김규항이 '주류 페미니즘(?)은 갱신 되어야 한다'고 문제 제기를 하면서 페미니스트들에게 얘기를 걸었다 면, 이제는 자기들이 페미니즘을 얘기하는 가장 적절한 논자라고, 즉 페미니즘은 블루오션이라고 선언하는 남성 논자들이 등장하고 있어

요. 그러니까 사회 전체의 변화에 대한 아이디어가 고갈되기 시작한 시기에 페미니스트 기획도 대단한 어려움에 처해 있을 때, 페미니스트라고 자기를 선언함으로써 새로운 종류의 정치적 입장으로서의 매력을 유지할 수 있는 것은 남자들밖에 남지 않았던 상황이 있었던 것이 아닌가. 여자는 자기가 페미니스트라고 얘기해 봤자 낙인이 되거나 아니면 어떤 종류의 제한에 걸려 있다면, 남자는 '페미니스트이기까지 해'라고 할 수 있는 거죠. 몇 안 되는 그 '토큰'마저 남자들이 싹싹 긁어간 상황이 너무 명백하게 보이지 않았나, 그런 생각이 들기도 합니다.

손 근데 또 주목해야 할 것 중 하나는, 저는 해시태그, '#나는 페미니스트입니다'가 가능했던 건 정확하게 트위터이기 때문이었던 것 같거든요. 몇 안 되는 진보 남성들이 페미니즘을 가져가 자기 자원으로 삼을 수 있는 공간도 트위터밖에 없었고요. 실제로 저는 김태훈이랑 김군까지 가기 전에 트위터 안에선 계속 징후들이 있었고 자원들이 모아지고 있었다고 생각해요. 예컨대 권김현영 선생님이 인터뷰도 하셨던 '나꼼수 비키니 사진 사건' 있었잖아요. 그때 여성 트위터리안들이 완전 분노했죠. 그리고 여성 시나리오 작가가 빈곤 때문에 사망하는 일이 발생하자, 소조 조영일이 "문학계에 여성작가가 많은 것은 상대적으로 생계에 대한 부담이 적기 때문이다. 팔리면 좋고 그렇지 않아도 상관없다. 부모 또는 남편이 있기에"라는 식의 얘기를 해서 문단에 있던 여성들을 비롯해서 또 사람들이 트위터에서 분노하고, 이런 분위기였어요. 그리고 설날이나 추석이 되면 '시월드'에 대한 분노를 서로 공유하기도 했고요. 이런 분위기 속에서 대중 페미니즘은 사실은 '나는 페미니스트'라고 아무도 말은 안 했지만 마치 삼국카페[여초 커뮤니티 사이트 '소울드레서', '화장발', '쌍화차코코아']에서 논의가 됐던 것처럼 쌓여오고 있던 부분이 있었던 것 같아요. 저는 개인적으론 이게 90년대 영페미니스트 문화 운동하고는 완전히 다른 결이라고 생각하는데, 거기서 미끄러져 나온, 삼국카페에 모여 있었던 언니들의 그 인터넷 문화 같은 것들이 트위터의 진보적인 언니들의 흐름과 만나고, 이게 결국 여기까지 왔다는 생각이 들거든요.

여성 논자들의 부재

권김 제일 궁금한 건 그거예요. 이명박 정부 초기 시절에 '배운 여자', '촛불 소녀' 이런 식으로, 그리고 삼국카페라고 하는 집단적 여성 흐름이 분명 있었는데, 그게 '나꼼수 비키니 사진 사태'를 정점으로 싹 사라지고, 남은 건 이 몇 명의 남성 논자들이라는 거죠. 이 망해 가는 트위터에서 왕 노릇을 하고 있는 몇몇 남성 논자들이 남았다는 게 지금 어쨌든 우리에게 남아 있는 현실이라는 거죠. (웃음) 그러니까 이 단절들이 어디에 있었는지가 궁금하다는 거예요.

손 제가 사실 트위터 헤비 유저였는데요, 저 같은 사람들이 와글와글 모여서 '김어준 싫어'라고 공분했을 때, 페미니스트로서 발언하는 사람이 권김현영 선생님밖에 없었던 걸로 기억해요.

권김 그렇지는 않아요. 변혜정 선생님이 인터뷰하셨고, 김수진 선생님이 관련 연구들을 발 빠르게 발표하기도 하셨죠.

김홍 분명히 그건 있었던 것 같아요. 말할 사람이 누가 있었냐를 생각해 보면, 입을 열고 있는 사람들, 지면을 할애받는 그 문제가 아니라, 인터뷰를 했을 때 응할 사람, 그것을 분석해서 담론에 끼어들 사람이 그 시점에 성장해 있었냐는 문제가 있는 것 같아요. 저는 우연한 기회에 어린이집 CCTV 설치 문제를 두고 일다에 글을 기고하게 되었는데, 얼마 후에 조이여울 편집장이 페미니즘 관점으로 글을 쓸 필진이 너무 없다는 고민을 전하셨어요. 그게 저한테 지면이 주어지게 된 계기였죠.

손 메갈에 대해 쓸 사람이 없다?

김홍 메갈에 대해서가 아니에요. 2015년 2월쯤이니까 메르스 갤러리가 열리기 전이었어요. 편집장님의 고민은 필진이 생겨나지 않는다는 거였고, 저는 그 이야기를 페미니스트 저널 『일다』가 그런 필진을 발굴하고 성장시킬 책무를 느끼는 것으로 이해했어요. 정희진, 권김현영 선생님, 이분들이 계시지만 '20년 사이에 새롭게 등장하는 글쓰는 페미가 없다'는 고민이요. 글을 쓰는 사람, 즉각즉각, 예를 들어서 김태훈이든 IS든 그런 일이 있을 때 간단하게라도 기사를 던질 사람이, 여성학자 내지 페미니스트가 있냐. 거기서 고민이 있었던 것 같고 저도 여기에 공감했어요. 그래서 저를 포함해서 여성학과 박사 과정 몇몇이 지면을 받았죠. 그리고 저는 처음부터 메갈리안으로 글 쓸 생각은 없었어요. 그때 다른 주제로 기사를 쓰려 했었죠. '맨스플레인'으로 쓰려고 했나? 글을 준비하던 5월 말에 메르스 갤러리 소식을 접하게 되었는데, 그걸 목격하고는 안 쓸 수가 없어서 썼던 거죠. 근데 저에게 『일다』라는 지면이 없었으면, 아예 지면을 받을 수 없었을 거예요. 제가 어딘가에 알아서 기고할 것도 아니었을 테고요. 그러지 않았겠나. 그럼 도대체 우리는 어떤 사람들의 성장에 도움을 주거나 어떤 토양에서 뭔가 시도는 했었나. 김규항 때도 조순경 선생님이 논쟁에 붙었던 거잖아요.[3] 2001년에도.

손 여러 명 붙었던 걸로 기억해요. 『일다』에서도 여기에 대한 반론을 냈

---

3 조순경, 「아무 말이나 해도 되는 '용기'를 어디서 얻었을까?」, 『여성신문』, 2002년 5월 10일자.

고, 『씨네21』에도 최보은, 김영옥 선생님 등이 반론 글을 기고하기도 했고요.[4]

김홍 그땐 여러 분이 있었는데, 최근 들어서는 페미니즘을 꿰차려고 하는, 페미니즘을 진단할 수 있다고 믿어 의심치 않는, 스스로에 대한 확신에 찬 그런 사람들 하고 계속 맞붙어 주는 사람이 실은 없었던 거예요.

권김 제가 덧붙여서 꼭 얘기하고 싶은 게 뭐냐면, 언론사들의 내부 정치를 아주 잘 아는 건 아니지만, 언론계 안에 굉장한 강성 페미니스트 1세대 그룹이 있었어요. 사실은 『이프』를 중심으로 이 네트워크가 유지될 수 있었던 것이기도 하죠. 『이프』가 기본적으로 언론계에 있던 여성들이 만든 것이기도 했으니까요. 『이프』에 모여 있던 여성 언론계 페미니스트들, 류숙렬부터 시작해서 서명숙에 이르기까지 꽤 파워풀했던 이 여성 그룹들이, 새롭게 등장하는 20~30대 여성 그룹들이 생기면, 키우고 논쟁하면서 밀고 왔던 힘이 있었더라고요. 그런데 이 언니들이 다 아프고 와해되면서, 언론계 남성들이 아무도 눈치 볼 사람이 없었다고 저는 들었어요. 그러면서 페미니즘 필자 그룹의 계보가 이어지지 않게 되었던 거죠. 그 중 정희진 선생님이 유일하게 정말 글을 잘 써서 남아 있게 된 거고요. 저는 우리가 대중 페미니즘 담론을 이끌어 가는 걸 하지 않았다고 생각하지 않아요. 하려고 했다고 되는 문제도 아니었다고 생각하고요. 『이프』를 중심으로 한 여성 언론계 페미니즘의 하나의 흐름이 완전히 와해된 것의 효과가 그렇게 이어지고 있었다고 보아야 한다고 생각해요. 적어도 오프라인 지면에서는 말이죠.

---

4 김영옥, 「'덜 떨어진' 맑시스트와 '제대로 안 떨어진' 맑시스트의 차이?」, 『씨네21』, 349호, 2002년 4월 23일자; 최보은, 「'그 페미니스트' 최보은의 김규항에 대한 반론」, 『씨네21』, 353호, 2002년 5월 21일자.

제가 『이프』에 동의하건 동의하지 않건 그 힘이라고 하는 것이 확실히 있었다는 걸 나중에야 깨달았어요. 소위 진보 언론이라고 부르는 곳들의 여성 네트워크가, 사실상 언론 내에서의 페미니즘 코어가 사라졌다고 보는 게 맞아요. 그래서 논자가 등장할 수 없는 구조였던 거예요.

한 최근에는 페미니스트들에게 모든 차별, 억압, 해방에 대해 말해 달라고 하면서, '가장 억압을 오래 받으신 전문가로서 한 말씀 해주시죠' 이런 식으로 얘기가 되어 버리는 것 같아요. 그러면서 페미니스트가 조금이라도 성차별과 관련한 구체적인 이야기를 하면, 왜 맨날 그런 식으로 국한된 얘기를 하느냐고, 왜 남자들 무시하는 얘기를 하느냐고 하잖아요. '그 페미니즘', '그런 페미니즘' 이런 식으로 밥그릇 싸움처럼 매도되는 이유가 궁금하기는 해요. 그간 어떤 흐름이 있어 왔던 것일지.

김홍미리 선생님 얘기를 들으니까, 저도 트위터를 보면서 느꼈던 것이 생각났어요. 최근 트위터를 보면서, 확실히 과거 5~6년 전과 달라졌다는 생각이 들어요. 사람들이 분노하는 거예요. 전 굉장히 오랫동안 사람들이 분노를 하지 않는 게 신기했거든요. '이런 상황에서 왜 분노를 안 해? 이렇게 억압을 많이 받고, 차별을 받고 있는데?' 사람들이 요즘 조그만 일에도 분노하는 게 좋았어요. '내 남자친구가 나한테 뭐 이러라는 거 있지?' 그럼 막 같이 붙어서 분노해 주고 이러는 거요.

권김 '다시 분노하라'는 게 새로운 구호로 등장하기도 하는데, 우리가 그런 장면들을 작년에 보기도 했죠. 한 10년쯤 전부터 미국에서는 어쨌든 '포스트-페미니즘'(post-feminism) 이렇게 얘기하는 흐름도 있었고, 포스트-페미니즘의 한 흐름으로 '아이(i)페미니즘'(individualist feminism, ifeminism),[5] 혹은 '파워 페미니즘'(power feminism), 혹은 '피메일리즘'(femalism) 이런 식의 이름으로, 조직에 가담하지 않고,

여성 단체하고는 같이 뜻을 하지 않으나, 나 개인적으로는 페미니스트이고 또 그래야 한다고 생각하는 1인 페미니스트들이 목소리를 크게 내는 운동들을 하나의 경향으로 보고 있다고 들었어요. '그런 모습 중의 하나일까?' 하는 생각을 하기도 했어요. 조직 안에 들어 있지 않은 개인 여성들의 분노가 표출될 수 있는 창구가 마련됐고, 그게 블로그가 되기도 하고 혹은 트위터가 되기도 하고요.

나 셀렙이랑 연결되기도 하고.

권김 네 셀렙이랑도. 자기가 어떻게 유명해지고 싶은가에 대한 욕망과도 연결되고. 그런 흐름 중의 하나로 이걸 볼 수 있는 걸까, 이런 생각이 들기도 했는데요.

나 그리고 이미 셀렙이 그런 얘기를 하는 게 너무 중요해진 것 같아요.

손 '셀렙 페미니즘'

권김 그렇죠. 작년에 미국에서는 그런 식으로 퍼트리샤 아켓의 '동일임금' 얘기가 미국 사회를 강타했고, 전 세계에서 엠마 왓슨이…… 근데 엠마 왓슨이 한국에서 고종석에게 멘스플레인을 당했죠. (일동 웃음)

한 트위터가 생긴 시점부터 사람들이 마침내 분노할 수 있게 된 것이 아니라, 트위터가 생기면서 원래 느끼고 있던 분노를 드디어 표출할 수

---

5 '아이페미니즘'(ifeminism)은 여성을 남성과 동등하게 대우해 달라는 자유주의 페미니즘과 남성이 여성의 지배자라는 급진주의 페미니즘의 태도에 모두 반대하며, 제3의 물결 페미니스트로 자신들을 정의하고 포스트-페미니즘과 선을 긋는다. 이들은 이전 페미니즘을 올드 페미니즘으로 규정한다. 또한 이들은 섹스 엔터테인먼트에 대한 새로운 시각을 수용하고, 성적 피해자로서 여성을 재현하고 제도적인 장치를 세분화하는 것에 반대하며, 여성을 위한 자유를 더욱 확장하고 궁극적으로는 동일한 "권력"을 가지게 되기를 원한다. 뛰어난 여성들의 실패에 분개하기보다는 성공에 주목할 것을 요구한다. 알파걸, 파워 페미니즘, 피메일리즘 등을 아이페미니즘의 다른 버전이라고 볼 수도 있다. 대표적으로는 웬디 맥엘로이, 캐시 영, 카밀 파글리아 등이 있다.

있는 공간이 생긴 것이라는 의견에 동의해요. 사람들이 서로의 일기를 공유하는 셈이기도 하니까.

김홍 표출해도 된다는 신호가 있었죠.

권김 아까 얘기했듯 셀럽이 어떤 식의 신호탄을 던져 주기도 했고요. 또 레진코믹스에서 지금 1위를 차지하고 있는, 〈단지〉라고 하는 만화가 집 안에서의 성차별 얘기를 정말 구구절절 해서 엄청나게 많은 호응을 얻고 있다고도 들었어요. 그러니까 그런 이야기를 들어줄 수 있는 분위기가 형성된 건 사실인 것 같아요. 예전보다 훨씬 더.

대중문화와 페미니즘

손 사실 저 같은 경우는 여성학을 전공한 게 아니고 여성학자가 아니잖아요. 그런데 이렇게 페미니즘에 대해 이야기를 할 수 있는 상황이 된 건 이게 대중문화랑 깊게 연관되어 있기 때문이라고 생각하거든요. 그래서 기본적으로 저의 정체성은 '영화 연구자'이고 '대중문화 연구자'인데, 그간 대중문화 안에서의 젠더 문제나 여성혐오 문제, 페미니즘 얘기를 했어요. 실제로 이게 지금 한국의 페미니즘 자체랑 너무 붙어 있다 보니, 제가 할 수 있는 얘기가 많아진 상황이었던 것 같아요. 그래서 2015년 이후 등장한 새로운 페미니스트 주체들을 저는 '파퓰러 페미니스트'(popular feminist)라고 부르곤 하는데요. 대중문화로부터 페미니즘의 의제에 익숙해지고 거기에서부터 싸움을 시작한 사람들인 거죠. 그게 지금 봐야 할 부분인 것 같아요. 그래서 결과적으로 대중문화에 기반하고 있기 때문에 아까 전희경 선생님이 얘기하신 것처럼 분출될 수 있는 현실적인 운동의 방향이 다 '소비자 운동'이랑 연결되는 거죠. 퇴출 운동이라든지, 사지 않겠다든지, 이런 식의 방식들. 근데 이게 의미 없다고 생각하진 않는데, 고민은 되는 거죠. 이게 유일한 방법론이 되는 건 고민이 될 수밖에 없는 것 같아요.

권김 사실 장동민 하나를 반성하게 만드는 것이 불가능했죠. (일동 웃음) 소비자 운동의 한계가 명백히 보인 사건이기도 했고요.

손 소비자 운동의 가장 성공적인 사례는 『맥심』(MAXIM) 정도로 기록될 수 있을 것 같긴 한데요. 문제는 소비자 운동이 '우리'만의 방법론이 아니라는 것에 있죠. 넥슨 성우 계약해지 사태나 『시사IN』 절독 사태 같은 걸 보면 말이죠.

권김 그런데 한편으로 저는 촛불 때부터 소비자 운동의 힘이라는 게 되게 독특하게 있었던 것 같거든요. 예를 들면 광우병이라는 걸 문제 제기할 수 있었던 근저에는, '영국에서는 수입이 안 되는데 왜 한국에서는 수입이 되는가' 이걸 깨달았던 해외 직구러들의 혜안이 있었거든요. 아주 눈 밝은 직구러들이 왜 저 화장품이 우리나라에만 수입이 가능했는가를 보다가, 성분을 보게 되고 여기에 대한 문제 제기가 화장품을 공유하는 삼국카페 같은 데에 퍼지게 되고, 이게 운동에서 굉장히 큰 계기가 되었죠.

한 그게 헌법1조로 결국 연결된.

권김 대한민국이 정상 국가가 아니라는 걸 그때 깨달은 거죠, 언니들이. 소비자 운동이라는 걸 분명히 하나로 얘기할 순 없는 것 같아요. 그런데 어쨌든 2015년을 중심으로 대중 페미니즘이라고 하는 것이 분출한 걸 징후적이라고 보시는 거죠?

손 그래서 지금 제일 봐야 하는 건 김숙인 것 같고요. (일동 웃음) 이게 트위터 안에서 연결되는 흐름이 분명 있거든요. 〈겨울왕국〉, 그러니까 셀렙 페미니즘이랑 같이 뜨는 '디즈니 페미니즘'의 흐름에 〈매드맥스〉가 붙고, 그 진행 과정 위에 또 김숙이 있는 것 같아요.

'갓숙'

아까 '최상의 운동은 입금', '소비자 운동'으로 표출되는 방식에 대한 이야기가 나왔고, '1인 페미니즘', '셀렙 페미니즘' 이런 말들도 나왔는 데요. 민우회 강의할 때도 그게 고민이었어요. 새로운 환경이나 조건 에서 의미 있고 중요한 어떤 현상들, 움직임이 출현한 것은 사실이죠. 그런데 마음속에 이런 의구심, 질문들이 드는 거예요. 지금 시대에 1인 페미니즘이나 셀렙 페미니즘이 왜 그렇게 중요한가. 이건 이 신자유주 의적인 어떤 주체 양식이라는 것과 관련이 있다는 생각이 들어요. 팀 워크 안에서의 누군가가 되는 게 아니라, 홀로 누군가가 되는 것이 자 연스럽고, 당연하고, 추구할 만하고, 매력적인.

그래서 저도, 아 '저도'라고 하면 안 되고, '저는' (웃음) 처음 페미니스 트가 되었던 시점에 '더 센 것, 더 PC한 것, 더 뾰족한 것' 이런 것에 대 한 매혹이라는 것과, 워너비 중산층의 교육열의 수혜자인 첫째 딸로 서 갖고 있는 자의식 사이에 모종의 친화력 같은 것이 있었다고 생각 해요. '나'라는 페미니스트도 시대의 자식일 테니까요. 그렇다면 지금 의 20대는 어떻게 페미니스트가 될까? 어떤 경로로, 무엇 때문에? 이 런 걸 생각하다 보면, 어떻게 살 때 자기 자신을 '멋진 사람', '괜찮은 사람'으로 느끼게 되는가 하는 것과도 연결이 되는 거예요. 저는 트위 터를 잘 모르지만, '조리돌림'이라든가 '셀렙'이 너무 중요하다든가 하 는, 아까 위험하다고 보신 그 징후들하고 페미니스트가 되는 이 주체 양식, 스위치 하고 어떤 연관성이 있지 않나 하는 생각을 하게 됩니다. 그래서 제가 민우회 강의를 할 때 제일 많이 하고 싶었던 이야기는 두 가지였어요. 우선 여기 모인 모두가 다 중요한 사람들이고 다 반가운 사람들이다. 그런데 첫째 우리를 '판의 일원'으로 생각할 수 있는지가 중요하다. 당신하고 나하고 페미니스트 판, 이 판에서, 이런 식의 얘기를 할 수 있는 사이가 될 것인지. 두번째는 '5년 후에도 또 만나요' 이런 거였죠. 5년 후에도 계속 이거 하고 있을 건지. '계속 페미니스트로 사는 것에 대한 상상이 있어야 한다. 그런데 모든 사람과 계속 절교하면서 살 수는 없기 때문에 어떤 식으로든 관계를 만들고 팀을 만들고, 이런 것에 대한 토론과 실험이 필요하다.' 그런 이야기를 좀 던지고 싶었던 거예요. 그렇습니다.

손 이게 정말 중요한 게, 실제로 저도 진지하게 고민하던 지점이 그거였는데, 2015년에 페미니즘이 확 뜨고 너도나도 페미니스트라고 할 때, 굉장히 중요하게 얘기됐던 전략 중 하나가 '페미니즘을 스타일리시하게 만들어야 한다'였어요. 그러니까 '나는 페미니스트는 아니지만'이라고 하는 걸 촌스러움의 문제로 만들어 버리자는 식의 얘기들이 많이 나왔던 거죠. 그러면서 그거랑 같이 언급됐던 게 예전에 조한혜정 선생님이 얘기했던 '싸우지 말고 도태, 낙후시켜라'와 같은 말이었어요. 신자유주의 시대에 상대방을 도태시킬 수 있는 것은 '촌스러움', '힙하지 못함', '노잼' 이런 거잖아요. 그런 식으로 얘기될 때 페미니즘의 진정성이라는 것은 그럼 어떻게 가져가야 하지? 내가 스타일 중의 하나로 페미니즘 '귀걸이'를 걸었을 때, 스타가 될 수 있고, 셀렙이 될 수 있고, 이런 액세서리가 돼 버리면 안 되는 거잖아요. 나는 이런 거랑 싸워야 하는 게 페미니즘이라고 생각하는데. 그런 곤란함이 좀 있었던 것 같아요.

권김 아까 전희경 선생님이 얘기했던 것처럼 그 전 세대는 정말로 엘리트들이 페미니스트였다면, 우리[90년대 중후반의 영페미니스트들]는 대중적인 시대에 페미니스트가 된 거죠, 사실은. 대학 교육이 대중화되고 난 다음에 페미니스트가 됐고, 그때 '페미니스트의 초상'이라고 하는 건 제가 기억하기로는 좀 잘난 여자애들이 하는 거였어요. 페미니스트가 되는 건 굉장히 힙한 일이기도 했어요. 전 그런 역사가 있었다고 생각하거든요. 서울 중심이긴 했지만. 그러니까 사실 지금도 대학에서 여성학 강의를 하면 100명 중에 15명 정도는 페미니즘에 매혹당하는 이들이 있어요. 그런데 이 15명에 대한 사회의 시각이 달라지고 있었다는 생각이 들어요. 예전에는 이 15명에 대해 '공부를 좀 하거나, 혹은 사회에 대해서 생각이 좀 있거나, 이런 의견을 가지고 세게 얘기하고 싶어 하거나 그런 애들이 페미니스트이구나'라고 봤다면, 최근 들어서는 이 15명이 점점 '좀 이상하거나 너무 나대거나 너무 모난 애들'로 보이기 시작했구나 생각이 들어요. 15명은 변하지 않아요. 그런데 85명의 시선이 변하고 있다는 생각이 들기 시작했어요.

예전에 '또하나의문화'에서 만난 선생님들은 그렇게 얘기했죠. "스타일리시하게 가자", "우리 너무 막 피해자 얘기하고, 뭐 분노하고 이럴게 아니라. 우리가 정말 다른 삶을 살고 있는 걸 보여 주자". 강의 첫 시간에 딱 들어오자마자 "나 레즈비언인데 뭐 문제 있니?"(일동 웃음), "여자들에게 페미니즘은 성인식 같은 거야" 이렇게 얘기를 시작하는. "그런 것으로 만들자 우리도", 이렇게 얘기하는 분위기 말이죠.

최근에는 저는 페미니스트로서 받게 되는 질문이 좀 달라졌다고 생각하는데, 이전에는 '페미니즘은 지금 내가 가지고 있는 고민들과 관련해서 어떤 답을 가지고 있는가'라는 질문이었다면, 요즘은 '당신은 어떻게 그런 수많은 구박에도 불구하고 살아남을 수 있었는가, 아직도 페미니스트라고 얘기할 수 있는가'를 궁금해하더라구요. 전 이 질문이 처음에는 전혀 이해가 안 갔다가 '정말로 보는 눈이 완전히 달라졌구나'라고 생각하게 됐고, 그러면서 예전에는 라이프스타일 페미니즘, 스타일리시 페미니즘 하면 되게 구리다고 생각했지만 이제는 '그게 좀 필요하기도 하겠구나'라고 생각하게 되었어요.

손 지금 얘기하는 게 약간 다른 지점이라고 생각하는데, 그러니까 '페미니스트이고 페미니스트의 삶이 괜찮은 걸로 보이는 것'과 얘기가 연결되어 있으면서도 약간 빗나가는 건, 페미니즘을 그냥 스타일로 만들어 버리는 문제가 저의 고민이라고 할 수 있어요. 예컨대 트위터 같은 곳에서 "나야말로 페미니스트"라고 떠들고 그렇게 트위터에서의 영향력을 키워 가는데, 실제로 삶의 태도나 사유는 전혀 페미니스트적인 실천을 보이지 않는 사람들도 있잖아요. '페미니즘'을 온라인에서의 인정 투쟁, 주목 경쟁의 자원으로만 활용하는 것에 대한 고민이 있는 거죠.

나 그러니까 정말 페미니스트가 봐줄 만하고 되게 볼 만한 사람이라고 했을 때, 고군분투하는 사람이 누구나 가질 어두운 이면과 실패, 고통과 노력의 서사에도 관심이 있을까가 궁금해요. 그 감정을 나누고 자기에게 가져가고 같이 책임을 만들어야만 페미니스트 성과나 장점을 단지 스타일리시의 장치로만 가져가는 것이 아니게 될 텐데.

전 지난주에 묘한 계기로 어떤 화장품 회사에서 연 대중 강연에 가게 됐는데, 20~30대 100명이 왔어요. '페미니즘이란 무엇인가' 이게 강의 제목인데. (일동 웃음)

권김 요즘 그런다니까요. 작년부터 그랬어요, 진짜.

전 그러니까. 너무 신기하더라고요. 화장품 회사에서 이걸? 그런데 화장품 회사에서 광고를 보고 100명이? 너무 깜짝 놀랐어요.

한 자기가 어떻게 살아야 되는지와 같은, 시중에 나와 있는 자기계발서라든지 이런 걸로는 해결이 안 되는 질문들이 있는데, 제가 느낄 땐 페미니즘 관련된 강의에 가면 그 답을 줄 것 같다는 생각을 가지고 오는 것 같았어요.

김홍 저도 그렇게 생각해요. 어떤 거냐면, 소비자로서 운동을 할 수 있잖아요. 소고기 안 먹고 소고기 수입 반대하고. 그런데 소비자로서의 자기 정체성만으로는 설명이 안 되는 거예요. 소비자가 어떻게 정치학의 뭔가를 해석하거나 할 수 있냐, 바로 이 지점에서 페미니즘이 뭔가 불을 지피거나 언어를 줄 수 있겠다는 기대가 있는 게 아닌가 싶어요. 그래서 뭔가 단지 유행이라거나, 그냥 백 정도의 액세서리거나, 그 정도는 넘어섰겠다고 생각해요. 왜냐면 고민이 있지 않고서는, 화장품 회사의 그 강의를 들으러 올까 하는 생각이 사실 들거든요. 호기심 내지는 절실함일 수도 있을 것 같고, 그런 뒤섞인 감정으로 페미니즘을 찾을 때, 그러면 기존에 페미니스트로 살고 있는 사람들이 어떤 걸 줄 수 있냐, 이게 이제 이 책인 거잖아요?

저는 그때 '향이네' 글을 쓰면서 그런 생각을 많이 했는데요. 그 촛불 소녀들이 어떻게 해서 데이트 폭력 피해자가 되어 나타났을까라는 질문을 많이 했어요. '피해자야 나, 나 정말 피해자거든?' 이런 피해자라는 언어 말고, 그 위치 말고는 이들이 등장할 다른 어떤 공간은 없었을까……. 그러면서 둘러보니 가해자가 되어 나타난 '남성 논객들'이 보이더라구요. 촛불 소년들은 '남성 논객'이 되었고 촛불 소녀들은 '남성 논객의 전 여친'이 되어 나타난 이 광경. 보니까 남성 논객이 성장한 경로가 온라인이더라고요. 전 몰랐지만 거기에서 논쟁하고, 싸우기 위해서 싸우고, 지네끼리 웃고 떠들고 싸우고 하면서 남성 논객인 누구 누구에게 발탁되어 양성되는 요런 과정이더라고요. 굳이 노력하지 않아도 이미 활짝 열려 있는 공간이 있어서 지지받고 성장할 수 있었던 거고. 그렇다면 우리는 이런 장을 만드는 일을 조금 더 의식해야 되지 않겠나 하는 생각이 들어요. 저는 그게 그냥 호기심만은 아닌 것 같아요. 그렇게 모여든 사람들이 이렇게 폭발적으로 터져 나오는 것은, 우리가 놓치고 왔던 뭔가가 분명히 있기 때문인 것 같아요. 우리는 여성학 강의도 하고, 강의도 듣고, 수혜를 입은 세대에서 성장을 했지만, 지금 20대나 이런 분들은 그런 곳 없이 척박하게 살아낸 건 아닌가 싶고요. 그러면 지금 우리는 어떻게 맞이해야 되냐. 우리가 그때 미처 하지 못했던 거라면, 언니들이 했던 걸 다시 만들든, 아니면 다른 방식을 찾든, 뭘 좀 만들어야 하는 그런 시점에 있는 것 같아요.

한 저는 같은 얘기 잠깐 짧게 할게요. '내가 여기서는 답을 얻을 수 있지 않을까'라는 사람들도 있고, 그런 사람들 옆에서 뭔데 뭔데 하면서 '저거 힙한 건가, 핫한 건가?' 하고 붙는 사람들도 있는 것 같아요. 저는 두 가지가 다 맞을 거라고 생각을 하거든요.

손 사실 저는 그런 고민을 하는데요. 예컨대 여성혐오는 가부장제의 유구한 어떤 감정 상태이지만, 동시에 이 시대의 특수한 여성혐오 같은 것들이 있잖아요. 경제적 위기와 불안, 정치적 공백, 계속되는 재난과 중산층의 붕괴 같은 것들. 그런 상황 속에서 약자인 여성에 대한 혐오가 강화되는 방식인 건데. 이런 시대적 상황들이 타자화의 동학인 혐오를 강화시킬 때, 여성들도 그 혐오의 감정을 공유하고 있다고 생각하거든요. 남자들만 힘든 게 당연히 아니니까. 그래서 여성들 안에서도 또 다른 소수자, 약자에 대한 혐오가 생기기도 하는 거죠. 어쨌거나 이렇게 먹고사는 것 자체가 너무 힘든 현실적 조건 안에서 '#나는 페미니스트입니다' 이런 운동이 가능했다고 생각해요. 이런 운동을 통해서 터져나오는 현실적인 고통들이 있는 거죠. 이 사회를 그냥 둬서는 도저히 생존할 수 없는 상황이 됐기 때문에, 해결책을 찾아야 되고 아니면 분노를 터뜨릴 구석이 있어야 되고, 이런 것들 안에서 우연하게 여러 가지 것들이 중첩돼서 '다시 페미니즘'을 말하게 되었다는 생각이 들어요. 그랬을 때 이 '다시 페미니즘'이 그런 것들을 다 해결할 수 있는 방안들을 함께 모색해 가는 과정이 되어야 하는데, 한편으로는 트위터라는 특수한 상황이나 인터넷이라는 특수한 상황 때문에 스타일이 되어 버리는 것으로 소모되고 사라져 버리는 것은 아닐지, 염려가 돼요.

나 저는 그게 되게 고민인 것 같아요. 무언가 놓치고 왔다는 그 감각이 저도 있는데, 그럼 지금 이 상황에서 어떤 힘을 누가 만들 수 있는가, 누가 더 얘기할 수 있고, 계속 얘기할 수 있고, 그리고 그것이 흩어지지 않도록 어느 공간에서 그것을 자임하고 해나갈 수 있을까, 그게 여전히 안 보이는 것 같긴 해요. 사람들은 그걸 여성 단체에 요구하기도 하고, '거기 가 보자' 해서 가 보기도 하고, 찾고 있다고 생각하는데. 저는 요즘 그 감각이 많이 비어 있는 상황이거든요. '누가 나오면 좋겠다', '했으면 좋겠다' 이런 마음이 있고, 누군가 글을 쓰면 계속 잘 써 주면 좋겠다, 이런 것들이 있기는 한데…… 그래서 저는 이 책에서 우리가 하고 있는 얘기가 구체적으로 어떤 힘이 될 수 있을지, 궁금해요.

한 힘이 되었으면 좋겠다고 생각하며 쓰고 있기는 해요. 근데 힘을 줄 수 있나?

권김 최근 힐러리 클린턴과 버니 샌더스 관련해서 잠깐 얘기하면, 20대 페미니스트들, 20대 여성들이 힐러리 클린턴을 지지하는 1세대 페미니스트들한테 엄청 분노했잖아요. 글로리아 스타이넘이나 콘돌리자 라이스가 "너네들 남자친구 따라가서 버니 샌더스 찍는 거지?" 이렇게 얘기해서 엄청 분노를 자아낸 적이 있죠. 그전 세대들이 잘못된 메시지를 잘못 전달했을 때 어떤 파국이 일어나는지, 이 사건이 단적으로 보여 주었다고 생각해요. 그전 세대 페미니스트들이 20대들에게 굉장히 잘못된 메시지를 준 거예요. '남자친구 따라서 투표하지 마' 이런 식으로 얘기하니 진짜 빈정이 상한 거죠. 지금 새롭게 페미니스트로 부상한 사람들이 기존의 페미니스트들에게 그런 이야기를 들어 봤을 수도 있을 것 같아요. 그래서 예를 들면 "다이어트를 해도 돼요?", "화장해도 되나요?", "저 남자친구 사귀는데 괜찮을까요?" 이런 식의 얘기를 듣게 되기도 하는 거죠.

한 그렇죠. 그런 질문들은 90년대에 끝난 줄 알았는데, 듣고 깜짝 놀랐어요. "페미니스트가 화장해도 되나요?" 이런 얘기.

권김 우리가 꼰대가 될 수도 있는 시기를 살고 있기 때문에 메시지를 잘 전달해야겠다는 생각이 들고 하는 것 같아요. 지금의 흐름, 기세들이 있는데, 그 기세들이 혐오적인 방식으로 터져 나올 때가 있잖아요. 인종차별적이거나, 성소수자에 대해 차별적인 발언을 하기도 하고요. 생존이 어려워지고 있는 상황, 그리고 그 안에서 굉장히 차별받고 있다는 분노가 함께 공존해 있다는 생각이 드는데요. 사회가 전혀 공정하지도 정의롭지도 않다는 것을 집단적 각성을 통해 깨달은 젊은 여성들의 분노가 부상하고 있는 이때, 우리는 어떤 얘기를 할 것인가, 우리가 얘기를 건네는 게 가능하긴 할까요? (일동 웃음)

페미니즘이 힘이 되었던 순간들

권김 마지막으로 페미니스트로 살면서 각자 기억에 남는 좋았던 경험들이나, 페미니즘이 나한테 힘이 됐던 순간들, 그런 얘기들을 좀 해주시면 좋을 것 같아요. 계속 어두운 이야기들을 하게 되었는데, 이런 이야기들을 해주시면, 사람들에게 페미니즘이 매력적이고, 도움이 되는 것이라는 인상을 줄 수 있지 않을까 싶어요. 그런 얘기를 좀 들어 볼까요? 마지막으로? 힘이 됐던 순간들. 전희경 선생님 잠깐 얘기했던 것 같은데, 지역에서 환영받았던 경험 같은 거?

한 '살림'의 정관에 '여성주의로'라고 들어가 있잖아요. 그게 너무 멋진 거예요. 이런 문구를 과감하게 넣는 것, 눈치 보지 않고 넣고, 그걸 통과시켰다고 하는 것. 모든 사람이 총회 때 그걸 읽잖아요. 가 보진 못했고 전설로 들었지만 그런 것들, 그것 자체가 너무 멋지다고 생각했어요. 정말 너무너무 멋지다.

손 전희경 선생님 표정이 막 온화해지고 있어요. (일동 웃음)

한 어떤 효과를 가져올지 되게 궁금하고. 그것들이 좀 정리가 되면 좋겠어요. 생각보다 거부감이 생겼을 수도 있고, 사람들이 점점 변하더라가 있을 수도 있고, 그렇게 해서 뭔가 따라 하고 싶다가 있을 수도 있고요. 그런데 똑같이 따라 할 수는 없잖아요? 각각의 곳에서 그걸 나름대로 응용해야 할 텐데 그 응용을 어떻게 할 수 있는지를 살림에서 얘기를 해주면 조금씩 조금씩 따라 할 수 있지 않을까요?

전 저도 몇 년 후에는 '살림' 가지고 뭘 쓰게 되지 않을까 생각하고 있지만 지금은 잘 모르겠는데요. 저보다 먼저 '여성주의 의료생협을 만들겠다'고 마을에 들어가서 3년 동안 터를 닦은 친구가, 언젠가 '내가 이상하게 변하는 게 혹시 아닌지 한번 들어봐 달라'고 하면서 저한테 물어 봤던 질문이 있어요. "진짜 성격 개차반인 페미니스트하고, 성격 진짜 좋은데 마초인 사람이 있으면 둘 중 누구랑 친구하고 싶냐." 그 질문을 요즘도 가끔 생각해요.

작년에 살림에서 조직활동가 교육을 받았는데, 그런 명제가 있더라고요. '조직될 생각이 없으면 조직할 수가 없다.' 그래서 지금 제 생각에는, 열심히 하는 만큼 받아들여지고 있다고 생각하고요. 근데 그 힘은 제가 무슨 멋진 말을 했기 때문이 아니라, 진짜로 거기에 투신하고 있기 때문에 받아들여지는 것 같아요. 그러니까 '몸빵'. (웃음) 진짜 많은 시간을 보내고, 누가 개업식 한다더라 하면 찾아가고, 얼굴 보여 주고 뭐 이런 식의. 왜냐면 그게 거기에서의 문법이기 때문에. 반찬 나눠 주는 것으로 어떤 관심을 표현하면 그 빈 그릇을 채워 돌려주고, 집에 초

대하고. 이런 식의 문법에 맞는 어떤 것에 최선을 다하고, 이렇게 관계 맺는 것을 통해서, '이 사람은 믿을 만하다, 괜찮은 사람이다', 그러니까 '이 사람이 하는 여성주의라는 것도 잘은 모르지만 좋은 것일 게 분명하다' 이렇게 받아들여지는 것.

음……아무튼 그래서 성소수자 이슈도 그렇고 여성주의 이슈도 그렇고, '살림' 안에서는 사람 얼굴, 그 사람의 행동, 이것을 통해서 사실 대변되고, 전달되는 것 같아요. 그것이 여성주의에 대해서 얘기하는 강의를 한 꼭지 넣었을 때 그걸 들으러 오게 하는 힘이고요. 강의가 끝난 후 설문 조사지를 돌리는데, '다음에 강의를 듣게 된다면, 어떤 문제에 관심이 있으신가요?'라고 묻거든요. 항상 맨 첫번째로 성소수자 이슈를 넣었는데, 성소수자 이슈에 체크하는 사람들이 있어요. 그게 2단계인 거예요. 1단계가 아니라. 그래서 얼굴을 보고 싶다 내지는 표정을 봐야 된다, 이런 생각을 많이 가지고 있어요. 이상한 결론이긴 한데, 하여튼 에세이 형식으로 글을 쓰기로 한 건 잘한 것 같습니다.(일동 웃음)

나 저는 그거를 '스킨십'이라고 표현하거든요. 그 내용도 쓰는 내용 중에 있는데, 사실 저도 스킨십, '몸빵'이 너무나 중요하다고 생각해요. 얼굴을 보고. 그리고 저는 좀더 나아가서 음……. 제가 장애여성공감에서 스킨십을 하는 건 되게 달랐던 것 같아요. 사실 페미니스트들이 모여 캠프하면서 스킨십이 있었을 땐, 뭔가 불편하고 '왜 자꾸 손을 잡으라고 할까', '왜 자꾸 등을 맞대라고 할까', '이런 프로그램 꼭 해야 되나' 막 이랬거든요. '공감'에서 활동보조로 하는 스킨십은 꼭 해야 되는 거였죠. 활동보조 제도화가 되기 전에는 동료로서 당연히 해야 하는 일이었어요. 그런데 그렇게 서로 만져 보지 않았으면 여전히 몰랐을 것들이 있고, 그걸 통해서 뭔가 느낌이 바뀌는 게 저한테는 중요했던 것 같아요. 저는 최근에 게이 혐오나 트랜스 혐오 이런 얘기를 할 때도 스킨십의 문제에 대해서 생각하게 됐어요. 몸을 막 쓰고 막 굴리는 게 되게 다른 느낌으로 자유로움을 주는 게 있고, 그리고 이런 걸 하지 않으면 사실 트랜스젠더 게이나 레즈비언을 성적 대상으로 우리가 인식할 수 있을까? 저는 그 스킨십이 누군가에게 성적 매력을 느끼고 그 사람과 관계를 어디까지 갈 수 있는가에 있어서도 중요한 문제 같아요. 장애를 갖고 있는 몸이 나에게 성적 매력을 갖게 될까, 그것은 되게 추상적인 얘기일 수도 있는데 실제로 만져 보지 않으면 저는 모를 수 있는 부분이라고 생각하거든요. 그리고 그걸 직면하지 못하는 사람이 되게 많아요. 여성의 성기 무서워서 못 본다는 게이들 되게 많고. 그러면 비수술 FTM 게이를 어떻게 사귀겠어요. 그래서 요즘은 '혐오'가 가지고 있는 문화적 현상뿐만 아니라 그 기저에 있는 감정적인 근원에 대해서 좀더 생각하게 돼요. 기괴하고 보기 싫고 더럽다고 느끼는 그 감각이 변화 가능할까? 어떻게 가능할까? 이런 질문을 하게 돼요.

손 나 또 감동…… (일동 웃음) 감동의 연속 속에서 너무 피곤하다, 감정이 막 여기서 훅 하고 움직이고 저기서 훅 하고 움직이고.

김홍 앞에서 '스킨십', '지역 운동' 얘기하시니까 생각이 나는 게 있는데요. '들을 귀가 생겼다'는 얘기랑 좀 연결되는데요. 내가 너무 페미니즘이라는 공간에서 안전해져 버리면 다른 사람하고 만날 때 어려운 게 있잖아요. 예를 들어 같이 밥 먹으러 가고, 커피 마시고, 같이 김장하고 그러면서 그냥 일상적인 이야기를 할 수는 있겠지만, 페미니스트라는 내 몸이 장벽이 되어 버리는 거. 과연 내 피부는 함께 어울려서 살갗끼리 부벼질 수 있을까? 센 척하지만, 나만 아는 이 취약함을 '저들에게' 들켜도 되나. 이방인처럼, 이물감 같은 게 사이에 끼어 있는 것처럼요. '나도 당신의 얘기를 듣고 싶다'라는 걸 전하는 이런 관계를 만드는 것까지가 되게 어려운 것 같아요. 지역은 더 어렵고요. 나를 적대시하는 건 아니지만 그 사람들 입장에서는 삶에서 열외에 있는 사람들, 혹은 상상 범주 밖에 있는 사람, 나와는 다른 인종처럼 생각되는 어떤 사람(페미니스트)하고 만나는 건데, 같이 김장을 담그면 그 상황에서는 똑같이 그냥 '김장 담그는 사람'이잖아요. 어떤 면에서는 제가 취약하다는 걸 스스로 알았을 때, '괜찮다, 약해도 괜찮다'라고 생각하게 되었을 때, 다른 사람을 만날 용기? 이런 게 좀 생겼던 것 같아요. 아이러니하게도 '페미니스트 아니어도 괜찮다' 이런 생각을 했을 때 좀 편안해지는 게 있었어요.

한 아 본인이 페미니스트가 아니어도 괜찮은……?

김홍 네, 저 개인, 저한테는 그런 느낌이었어요. 그랬을 때 더 힘이 나는. 왜냐하면 다른 사람을 더 편하게 만날 수 있고, 이 사람하고 만나면 정말 피부가 닿으면서 더 좋은 사람이 돼 가는 것 같은 거예요, 더 나은 사람. 이 사람이 또 저를 만나면서 조금씩 바뀌어 가는 과정이 있고. 공이 많이 들긴 하죠. 근데 그 공이 '운동을 해야 된다' 그러면 너무 힘든데, 그게 아니면 별로 힘들지 않은 것 같아요. 내가 더 좋은 사람이 되는 것 같고, 내 피부는 좀더 얇아지는 것 같고, 심지어 섞이고, 이런 감각이 생기는 것 같아요. 그래서 운동은 여성학과 시절이 제일 힘들었고요. 오히려 '나 원래 요 모양 요 꼴이야' 이랬을 때 좀더 편해지는 게 있었어요. 특히나 지역 운동, '여성의전화'도 지역 운동을 하는 단체고 저도 지역 운동팀에 있었는데, 지역에 들어가서 나 원래 요 모양 요 꼴이라는 걸 오픈할 필요가 있거든요. 그리고 또 한편으로 '나 페미니스트야, 나 뾰족해, 나 별 볼 일 없지만 되게 날카롭고 냉철해, 니가 이걸 장점으로 받아들일지는 모르겠지만' 이런 식으로 취약함 중 하나를 밝히는 거죠. (일동 웃음) 그러니까 그런 날카로움은 또 한 축에서는 필요한 것 같아요. 살림 정관에는 '여성주의를 표방한다'는 내용이 있잖아요.

권김 좋았던 경험들을 좀더 나눠 볼까요?

나 저도 페미니즘이 좋았던 기억에 대해 한마디 덧붙여도 될까요? 사실 잘 안 떠오르는 거예요. 그래서 문제인데……. (웃음) 지금 얘기를 들으면서 좀 생각이 나는 건데, 페미니스트가 된다고 하면, 사실은 처음엔 되게 힘들잖아요. 나를 바꿔야 되고, 내가 생각해 왔던 방식을 다 바꿔야 되고, 관계도 다시 조정을 해야 되고, 부모도 다시 바라봐야 되고, 이런 것들이 되게 힘들었는데, 그래서 좋았던 경험을 얘기할 수는 없을 것 같아요. 그런데 한국에서 누군가, 특히 어떤 여자가 만족스러운, 뭐랄까 더 나은 사람 혹은 좀더 살 만한, 살아 보겠다라는 느낌을 갖기 위해서는 이것을 통과하는 게 너무나 좋은? 그냥 그런 느낌인 것은 맞는 것 같아요. 그럼 그다음에는 어떻게 할 건지는 답은 없고 한데, 확실하게 얘기할 수 있는 건 이것을 통과하지 않고서는 행복할 수 없다는 것일 듯해요. 사실 행복이라는 말은 이데올로기이자 환상이고, 반동적으로 많이 활용되기 때문에 그동안 저도 안 쓰던 말인데요. 요즘은 오히려 그 오염된 자리에 서 있는 행복이라는 말을 써 보고 싶어요.

손 '행복'이라는 얘기가 나와서 그런데, 벨 훅스의 『행복한 페미니즘』이란 책 있잖아요, 원제는 'Feminism is for Everybody'인데, 그 번역이 영 마음에 안 드는 거예요. 이게 왜 '행복한 페미니즘'이지? 페미니즘은 행복을 위한 게 아니라는 생각이 계속 들거든요, 하면 할수록. 근데 이 언어를 가지고 20대들하고 만나긴 되게 힘들어요. 행복하기 위한 것도 아닌데 그럼 왜 페미니즘을 해야 돼? 제 마음속에는 '정의'(justice)? (웃음) 막 이런 생각이 있지만.

그럼에도 불구하고 페미니스트였기 때문에 행복했던 순간을 얘기하려면, 결국은 다시 '여성영화제'로 화제를 돌려야 할 것 같아요. '페미니즘이 힘이 되었던 순간이 언제인지' 질문을 던지시자마자 떠올랐던 것들은, 예컨대 〈OUT: 이반 검열 두번째 이야기〉 GV라든지 〈우리들은 정의파다〉 등 여성영화제에서 상영했던 어떤어떤 영화들을 여성들과 함께, 페미니즘이라는 이름으로 앉아서 함께 볼 때 느끼는 엄청난 에너지 같은 것들이었어요. 실제로 내가 페미니스트이기 때문에 행복했던, 가장 강렬하게 기억이 남는 순간들인 것 같아요.

일상을 살면서 페미니스트라고 생각을 해서 행복한 순간은 실은 없었어요. 유일하게 정말로 '페미니스트다'라고 생각하고 '페미니스트로 산다'라고 생각했던 순간은 영화를 틀고 극장 안에 들어가서 그 영화를 보기 위해 모인 특정한 여성 관객들을 만날 때였던 것 같거든요. 이게 어떻게 설명될지는 잘 모르겠어요. 이게 정말로 페미니즘적인 순간이라고 얘기할 수 있는지도 사실 자신이 없긴 한데……. 혹시 이게 내가 영화에 가지고 있는 특별한 페티시 때문인가 싶기도 하고요. 극장에 대해 가지고 있는 페티시즘이 있거든요.

전 근데 많은 사람들이 그런 장면들을 기억할 것 같은데요. 여성영화제 극장 안에서 다 같이 웃거나, 어떤 사람들은 안 웃었던 특정한 장면들.

손 근데 고민이 되는 건 이런 거예요. 강의 가거나 이럴 때 늘 하는 얘기 중 하나가 사람이 아름다워서 운동을 하는 게 아니라는 거예요. 활동하거나 조합을 꾸리거나 이러면 정말로 이상한 사람들 늘 만나는데, 사람이 아름다워서 인권에 대해서 말하는 게 아니고, 여성을 비롯한 성소수자들이 아름다워서 페미니즘에 대해 얘기하는 게 아니라고, 그런 얘기들을 계속 생각하거든요? 페미니즘이 행복한 것도 아니고, 더럽고 치사한 사람들 계속 만나도 할 수밖에 없는 것이 나한테 페미니즘인데, 그럼 이걸 어떻게 설명할 수 있을까. 나의 행복을 위한 것도 아니고, 네가 아름다워서 하는 것도 아니면 대체 왜 하고 있을까.

한 페미니스트들이 모여서 얘기하면 다 비슷한 얘기를 할 것 같았는데, 다 달라서 재미있네요. 저에게는 행복한 순간이 되게 명백하게 있어요. 이런 거죠. 가령 예를 들어, '호모포비아'를 가지고 차별을 이야기할 때 주로 남성 동성애자를 중심으로 이야기하게 돼요. 사람들이 게이들에게 가지고 있는 편견, 낙인에 준거해서 만들어진 단어이니까요. 그런데 '성차별'이나 '이성애 중심주의'를 가지고 설명할 때는 레즈비언의 현실도 좀더 담아낼 수 있지요. 그러니까 레즈비언에게 힘이 되는 이론과 게이에게 힘이 되는 이론이 조금 달라요. 그런데 한국에는 이 단어가 한꺼번에 동시에 들어오잖아요. 처음엔 '호모포비아'나 '헤테로섹시즘'이나 다 똑같은 건 줄 알았는데 계속 공부하다 보니 다른 단어이고 다른 의미와 다른 효과가 있더군요. 처음으로 '여성 정체화된 여성'이나 '레즈비언 연속체'라든지 '여자는 열등하지 않다' 이런 식의 페미니즘 초기 자료들을 봤을 때, 그때 느꼈던 희열을 지금도 기억해요. 그리고 내가 감당해야 할 현실을 직시할 힘이 생겼죠. '아, 사실 이건 전혀 나의 문제가 아니고, 세상이 어떻게 만들어져 있는가의 문제이고, 너무나도 부당하기 때문에 이 문제에 대해서는 싸워야 되겠구나'라고 자세를 잡게 되었지요. '나는 피해자이고, 힘들어 죽을 것 같아' 이런 생각 대신 '야, 열 받지 않냐, 가서 싸우자' 이렇게 할 수 있는. 그래서 페미니즘 서적을 읽으면서 정말 '눈이 뜨인다'고 하는, 그런 느낌을 받았던 순간의 행복감은 굉장히 컸어요.

글을 쓰면서 '내가 페미니즘을 좋아하는 것'과 '나는 페미니스트'인 것의 차이에 대해 많이 고민하게 돼요. 사실 성적 소수자 인권 운동을 하면서 지난 세월 동안 페미니스트들하고는 좀 서운하기도 하고 삐치기도 하고 뭐 이런 되게 복잡한 마음도 있었거든요. 페미니스트들이와서 "힘내! 파이팅" (일동 웃음) 이러면서 뭔가 약간 강 건너 불구경하는 느낌을 준다든지, 때론 "아, 내가 이성애자가 아니라면 좋을 텐데……레즈비언이 못 되어서 슬퍼" 이럴 때요. 그런 마음까지 이해 못하는 건 아니지만 그 말이 그렇게 끝나면 안 되잖아요. 그래서 한동안 페미니스트들이 왜 이걸 벗어나는 얘기를 못하는가? 내가 배운 페미니즘은 그런 게 아닌 것 같았는데 왜 배운 것과 다르게 말하지? 이런 의아함이 있었어요. 그러니까 저는 계속 '난 페미니스트가 아니야'라는 묘한 자세도 유지하게 되었던 것 같아요.

하지만 제가 '나는 페미니스트입니다' 선언에 동참했던 이유는, 글에도 썼는데 '의리' 때문이었거든요. (웃음) '의리'라는 말이 남성 문화를 대표하는 말로 더 많이 쓰이다 보니 제가 '의리'라고 하면 좀 이상하게 생각하는 경우도 있어요. 근데 제가 생각하는 의리는 '네 편'과 '내 편'으로 나누어서 무조건 우리 편에만 유리하게 생각하는 그런 의리, '남자들끼리의 우정만이 진짜 가치가 있는 거지' 이런 식의 의리가 아니에요. 시시때때로 변하는 이해관계에 따라 달라지는 것이 아니라, 제일 처음 마음, 그 초심을 잃지 않는 것이 저에겐 의리예요. 그리고 편을 나누는 것이 아니라 나에게 힘을 준 어떤 상대가 힘든 그 순간에 도망

가지 않고 옆에 있어 주는 것이 의리죠. 트위터에서 '나는 페미니스트입니다' 선언이 시작되었을 때 동참했던 건, 지금은 바로 그 선언에 참여하는 사람의 수와 마음이 모이는 것이 중요한 순간이니까. '나도 같이 싸우겠다'는 걸 조금이나마 보태야 한다고 생각했어요. 페미니스트라고 제 입으로 말하는 건 처음이라 혼자 방 안에서 엄청 낯간지러워하면서 썼어요.

손 빼도 박도 못하게 페미가 되었네요. (웃음)

권김 페미니스트 타자화에 대한 한채윤 선생님의 자기 고백을 들어 보았습니다. (일동 웃음) 그래서 자신은 페미니스트들한테 한 번도 복잡한 감정을 느낀 적이 없다, 페미니즘은 언제든 행복한 것이라고 생각했다, 이런 식의 얘기를 하신 것 같아요.

이 기획 자체가 사실 민우회 강의로부터 시작됐으니까 민우회 얘기를 잠깐 하면, 최근 2~3년 동안 민우회가 여성 운동을 하는 가장 대중적인 여성 단체로서 자기를 쇄신해 가면서 굉장히 재밌는 기획들을 하기 시작했잖아요. 『뚱뚱해서 죄송합니까』라든지 『새록세록』이라든지, 약간 커다란 이야기, 차별, 폭력, 평화, 평등 같은 것이 아니라, 얘기를 훨씬 더 삶 가까이 끌어 내려서 사람들에게 구체적으로 말을 거는 거죠. '우리는 이렇게 생각해요'라고 하는 성명을 붙이는 게 아니라, '어떻게 생각해?'라고 물어 보기 시작했던 것 같아요. 저는 그거에 사람들이 답하기 시작하면서, 내가 페미니스트가 될 수도 있는 가능성을 열었다고도 생각이 들더라고요. 예를 들면 여성의전화에서도 그 전까지는 '어떤 것이 폭력이야'라고 명명하는 정치가 있었다면, 작년에는 '그것은 사소하지 않습니다'라고 얘기했고, 사람들에게 '어떤 게 사소하지 않게 너를 건드렸니?'라고 하며 얘기를 듣는 이런 식으로 언어나 문법이 약간 바뀌기 시작했던 것 같아요. 그게 우리가 새롭게 발견하고 있는 페미니즘의 진화의 한 모습일 수도 있다는 생각이 들었고요. 그렇게 발 빠르게 변화하고 있는 부분에서, 페미니즘이 정말 장점을 갖고 있다는 생각이 들기도 하더라고요.

전 저는 페미니즘이 '행복'이라는 단어랑 연결되는 게 아니라 '자부심'이 라는 단어랑 연결된다고 생각해요. 제가 '살림'에서 한 5년쯤 묵히자 이제 조금씩 듣게 되는 얘기가, "사실 이런 얘기는 여기 '살림' 와서 얘 기하기 부끄러워서 못했다. 남편이랑 지지고 볶는 얘기 같은 거. 사실 은 페미니즘이 싫어서가 아니라 페미니즘을 알고 나면 30년 동안 겨 우 맞춰 온 평화를 다시 깨야 되기 때문에 알기가 싫다. 쪽팔려서 못하 는 얘기다", 이렇게 얘기를 하는 거예요. 페미니즘이 날 비난할 것이 다, 내 인생이 지금 구리니까. 어쩌면 많은 사람들이 이런 모드에 있을 지도 모른다는 생각이 들어요. 페미니즘 운동이 비난하려고, '잘못 살 고 있다'고 혼내려고 하는 운동이 아니라는 것을 어떻게 잘 전달할 수 있을까. 이런 게 '살림'에서 큰 고민인 상태예요. 페미니즘이 '자부심 을 준다', 이거는 절대적으로 훌륭해진다기보다는 '옛날의 나보다 나 은 사람이 된다', 그리고 '괜찮은 사람들과 같은 팀이 된다'는 것일 텐 데요. 그것이 주는 자부심의 가능성, 이런 걸로 요즘 꼬시는 중입니다.

권김 저는 조금 더 개인 차원에서는 '아무리 그렇다 해도 나를 이렇게 취급 하면 안 돼'라고 하는 인권 의식 같은 거요. 이런 게 좀더 생겼으면 좋 겠어요. '아무리 그래도, 내가 아무리 별로여도 이렇게 취급하면 안 되 는 거잖아'까지 딱 가면 좋겠어요. 그게 자부심으로 이어지고, 나중에 는 팀 체제로 갈 수 있으면 좋겠다는 생각이 듭니다. 선생님들이 쓰시 고 계시는 글들이 그런 연결들을 찾아낼 수 있었으면 하고 바라 봅니 다. 글들이 나올 수만 있다면 정말 재미있는 책이 될 것 같습니다. 모두 수고 많으셨습니다. 대담은 이것으로 마치겠습니다.

지은이 소개 (글 수록순)

권김현영

『언니네 방』1·2, 『남성성과 젠더』의 편저자이고, 『성의 정치 성의 권리』, 『성폭력에 맞서다』, 『양성평등에 반대한다』, 『대한민국 넷페미사』 등 다수의 공저가 있다. 「병역의무와 근대적 국민정체성의 성별정치학」, 「평화의 정치학을 위한 모성적 사유」, 「민족주의 이념 논쟁과 후기 식민 남성성」, 「1950년대 1공화국 국가 건설기 공적 영역의 형성과 젠더 정치」 등의 논문이 있다. 한국성폭력상담소, 언니네트워크 등에서 일했고 여러 대학에서 여성학, 섹슈얼리티, 젠더와 정치 등의 과목을 가르쳤다. 배제된 사람들의 목소리를 세계에 기입하는 방법을 찾고 있는 중이다. 여성주의 연구활동가라고 불리는 걸 가장 좋아한다.

손희정

대중문화를 연구하는 페미니스트이자, 홍시와 호두의 집사. 영화학을 전공했고, 서울국제여성영화제에서 세계와 문화를 보는 눈을 배웠다. 온오프라인 여기저기에서 만난 이상한 사람들과 함께 조금은 다른 세계를 상상하는 일에 관심이 많다. 역서로는 『호러영화』, 『사춘기 소년』, 『여성괴물』 등이 있고, 공저로 『다락방에서 타자를 만나다』, 『10대의 섹스, 유쾌한 섹슈얼리티』, 『대한민국 넷페미사』, 『그럼에도 페미니즘』 등이 있다.

한채윤

1997년에 '또하나의사랑'의 대표시삽이 되면서 성적 소수자 인권 운동에 발을 살짝 넣게 되었다. 1998년에 잡지 『버디』(BUDDY)를 창간했고, 2001년부터 '퀴어문화축제' 기획자로도 활동하기 시작했다. 2002년에 '한국성적소수자문화인권센터'를 창립해서 지금까지 일하고 있으며, 2009년에 덕질 하듯이 '한국 퀴어아카이브 퀴어락'을 만들었으며 '퀴어 아카데미'도 매년 열고 있다. 현재 '비온뒤무지개재단'에서 상임이사도 맡고 있다. 해온 일을 열거하는 것은 나에 대한 소개만은 아니다. 이 모든 것을 혼자 했을 리는 없으니! 이 모든 일을 가능하게 한 멋진 사람들이 있음을, 그리고 함께 만든 이 멋진 성과들을 더 알리고 싶기 때문이다.

나영정

여기저기 계속 옮겨 다니며 새로운 사람들을 만나 지금 하지 않으면 견디기 어려울 것 같은 일들을 해왔다. 위험한 진실에 다가갈 수 있는 의지와 이야기를 들려줄 누군가를 잃지 않기를 바라며 살고 있다. 퀴어 활동가로서 장애여성공감, 청소년성소수자위기지원센터 띵동, 한국HIV/AIDS감염인연합회, 『말과활』 편집위원회, 연구모임 POP 등에 몸담고 있다. 최근에 쓴 글로 「퀴어한 시민권을 향해」, 「치안국가에 맞서는 성정치에 대한 메모」, 「재생산권리는 사회를 어떻게 바꾸는가」, 공편저로 『수신확인, 차별이 내게로 왔다』, 공저로 『전환극장』, 『남성성과 젠더』 등이 있다. 장애와 남성성, 장애와 퀴어의 교차를 통한 탈병리화 방법론, 게이 섹슈얼리티의 쾌락과 위험 등에 대한 글을 준비하고 있다.

김홍미리

페미니스트 때려치우기를 최소 네 번, 최대 스물일곱 번 정도 해본 걸로 기억하는 20년차 페미니스트. 벨 훅스의 책 『행복한 페미니즘』에 위로받아 페미니스트 한 번 더 해보기로 한 지 10여 년이 지나간다. '페미니스트 아닌 것보다는 모자란 페미니스트인 게 낫다'는 록산 게이의 말에 백만 프로쯤 공감하면서 젠더폭력 연구자이자 페미니스트 액티비스트로 산다. 페미니즘 모른다면서 나보다 급진적인 동네 친구들과 어울리며, 함께 엄마 노릇들을 해내는 분투 속에서 삶의 방식으로서의 페미니즘이 무엇인지 알아가는 중이다.

전희경

운동권 가부장제와 성폭력에 대한 문제의식에서 시작했는데, 지금은 나이 문제를 연구하고 의료협동조합 운동을 하고 있다. 앞으로 인생이 또 어디로 흘러갈지는 알 수 없지만, 계속 페미니스트 친구들 틈에서 진화하는 영혼으로 살고 싶다. 공저로 『성폭력을 다시 쓴다: 객관성, 여성운동, 인권』, 저서로 『오빠는 필요 없다: 진보의 가부장제에 도전한 여자들 이야기』가 있고, 나이와 젠더에 관한 책을 쓰는 중이다. 「공동체 성폭력 '이후', 새로운 관계를 상상하다」, 「1960~1980년대 젠더-나이체제와 '여성' 범주의 생산」, 「마을공동체의 '공동체'성을 질문하다: 서울시 마포·은평 지역 비혼/퀴어 페미니스트들의 경험을 중심으로」, 「'젊은' 여성들의 질병 이야기와 시간 다시-읽기」 등의 논문이 있다.